에듀윌과 함께 시작하면,
당신도 합격할 수 있습니다!

오랜 직장 생활을 마감하며 찾아온 앞날에 대한 막연한 두려움
에듀윌만 믿고 공부해 합격의 길에 올라선 50대 은퇴자

출산한지 얼마 안돼 독박 육아를 하며 시작한 도전!
새벽 2~3시까지 공부해 8개월 만에 동차 합격한 아기엄마

만년 가구기사 보조로 5년 넘게 일하다, 달리는 차 안에서도
포기하지 않고 공부해 이제는 새로운 일을 찾게 된 합격생

누구나 합격할 수 있습니다.
시작하겠다는 '다짐' 하나면 충분합니다.

마지막 페이지를 덮으면,

에듀윌과 함께
공인중개사 합격이 시작됩니다.

공인중개사 1위

15년간 베스트셀러 1위
에듀윌 공인중개사 교재

탄탄한 이론 학습! 기초입문서/기본서/핵심요약집

기초입문서(2종)

기본서(6종)

1차 핵심요약집+기출팩(1종)

출제경향 파악, 실전 엿보기! 단원별/회차별 기출문제집

단원별 기출문제집(6종)

회차별 기출문제집(2종)

다양한 문제로 합격점수 완성! 기출응용 예상문제집/실전모의고사

기출응용 예상문제집(6종)

실전모의고사(2종)

* 2023 대한민국 브랜드만족도 공인중개사 교육 1위 (한경비즈니스)
* YES24 수험서 자격증 공인중개사 베스트셀러 1위 (2011년 12월, 2012년 1월, 12월, 2013년 1월~5월, 8월~12월, 2014년 1월~5월, 7월~8월, 12월, 2015년 2월~4월, 2016년 2월, 4월, 6월, 12월, 2017년 1월~12월, 2018년 1월~12월, 2019년 1월~12월, 2020년 1월~12월, 2021년 1월~12월, 2022년 1월~12월, 2023년 1월~12월, 2024년 1월~12월, 2025년 1월~8월 월별 베스트, 매월 1위 교재는 다름)
* YES24 국내도서 해당분야 월별, 주별 베스트 기준

합격을 위한 비법 대공개! 합격서&부교재

이영방 합격서	심정욱 합격서	임선정 합격서	김민석 합격서	한영규 합격서
부동산학개론	민법 및 민사특별법	공인중개사법령 및 중개실무	부동산공시법	부동산세법

오시훈 합격서	신대운 합격서	심정욱 핵심체크 OX	오시훈 키워드 암기장
부동산공법	쉬운민법	민법 및 민사특별법	부동산공법

핵심 테마를 빠르게 공략하는 단기서

이영방 합격패스 계산문제	심정욱 합격패스 암기노트	임선정 그림 암기법	김민석 테마별 한쪽정리	오시훈 테마별 비교정리
부동산학개론	민법 및 민사특별법	공인중개사법령 및 중개실무	부동산공시법	부동산공법

시험 전, 이론&문제 한 권으로 완벽 정리! 필살키

이영방 필살키	심정욱 필살키	임선정 필살키	오시훈 필살키	김민석 필살키	한영규 필살키	신대운 필살키

더 많은 공인중개사 교재

* 해당 교재의 이미지는 변경될 수 있습니다.

공인중개사 1위

공인중개사,
에듀윌을 선택해야 하는 이유

9년간 아무도 깨지 못한 기록
합격자 수 1위

합격을 위한 최강 라인업
1타 교수진

공인중개사

합격만 해도 연 최대 300만원 지급
성공 DREAM 지원금

업계 최대 규모의 전국구 네트워크
동문회

* 2023 대한민국 브랜드만족도 공인중개사 교육 1위 (한경비즈니스)
* KRI 한국기록원 2016, 2017, 2019년 공인중개사 최다 합격자 배출 공식 인증 (2025년 현재까지 업계 최고 기록) * 에듀윌 공인중개사 과목별 온라인 주간반 강사별 수강점유율 기준 (2024년 11월)
* 성공 DREAM 지원금 신청은 에듀윌 공인중개사 VVIP 프리미엄 성공패스 수강 후 2027년까지 공인중개사 최종 합격자에 한해 가능합니다. (상세 내용 홈페이지 유의사항 확인 필수)

에듀윌 공인중개사

1위 에듀윌만의
체계적인 합격 커리큘럼

온라인 강의
합격자 수가 선택의 기준, 완벽한 합격 노하우

① 전 과목 최신 교재 제공
② 업계 최강 교수진의 전 강의 수강 가능
③ 합격에 최적화 된 1:1 맞춤 학습 서비스

쉽고 빠른 합격의 첫걸음 **합격필독서 무료** 신청

직영학원
최고의 학습 환경과 빈틈 없는 학습 관리

① 현장 강의와 온라인 강의를 한번에
② 시험일까지 온라인 강의 무제한 수강
③ 강의실, 자습실 등 프리미엄 호텔급 학원 시설

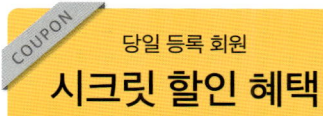 

COUPON 당일 등록 회원 **시크릿 할인 혜택**

설명회 참석 당일 등록 시 **특별 수강 할인권** 제공

친구 추천 이벤트

"**친구 추천**하고 한 달 만에
920만원 받았어요"

친구 1명 추천할 때마다 현금 10만원 제공
추천 참여 횟수 무제한 반복 가능

친구 추천 이벤트 바로가기

※ *a*o*h**** 회원의 2021년 2월 실제 리워드 금액 기준
※ 해당 이벤트는 예고 없이 변경되거나 종료될 수 있습니다.

자세한 내용이 궁금하다면 1600-6700

* 2023 대한민국 브랜드만족도 공인중개사 교육 1위 (한경비즈니스)

공인중개사 1위

합격자 수 1위 에듀윌
7만 건이 넘는 후기

고○희 합격생

부알못, 육아맘도 딱 1년 만에 합격했어요.

저는 부동산에 관심이 전혀 없는 '부알못'이었는데, 부동산에 관심이 많은 남편의 권유로 공부를 시작했습니다. 남편 지인들이 에듀윌을 통해 많이 합격했고, '합격자 수 1위'라는 광고가 좋아 에듀윌을 선택하게 되었습니다. 교수님들이 커리큘럼대로만 하면 된다고 해서 믿고 따라갔는데 정말 반복 학습이 되더라고요. 아이 둘을 키우다 보니 낮에는 시간을 낼 수 없어서 밤에만 공부하는 게 쉽지 않아 포기하고 싶을 때도 있었지만 '에듀윌 지식인'을 통해 합격하신 선배님들과 함께 공부하는 동기들의 위로가 큰 힘이 되었습니다.

이○용 합격생

군복무 중에 에듀윌 커리큘럼만 믿고 공부해 합격

에듀윌이 합격자가 많기도 하고, 교수님이 많아 제가 원하는 강의를 고를 수 있는 점이 좋았습니다. 또, 커리큘럼이 잘 짜여 있어서 잘 따라만 가면 공부를 잘 할 수 있을 것 같아 에듀윌을 선택했습니다. 에듀윌의 커리큘럼대로 꾸준히 따라갔던 게 저만의 합격 비결인 것 같습니다.

안○원 합격생

5개월 만에 동차 합격, 낸 돈 그대로 돌려받았죠!

저는 야쿠르트 프레시매니저를 하다 60세에 도전하여 합격했습니다. 심화 과정부터 시작하다 보니 기본이 부족했는데, 교수님들이 하라는 대로 기본 과정과 책을 더 보면서 정리하며 따라갔던 게 주효했던 것 같습니다. 합격 후 100만 원 가까이 되는 큰 돈을 환급받아 남편이 주택관리사 공부를 한다고 해서 뒷받침해 줄 생각입니다. 저는 소공(소속 공인중개사)으로 활동을 하고 싶은 포부가 있어 최대 규모의 에듀윌 동문회 활동도 기대가 됩니다.

다음 합격의 주인공은 당신입니다!

더 많은
합격 비법

* 본 합격수기는 실제 수강생의 솔직한 의견을 포함하고 있습니다. (이벤트 혜택을 제공받았음)
* 에듀윌 홈페이지 게시 건수 기준 (2025년 8월 기준)
* 2023 대한민국 브랜드만족도 공인중개사 교육 1위 (한경비즈니스)

에듀윌이
너를
지지할게
ENERGY

시작하는 방법은
말을 멈추고
즉시 행동하는 것이다.

– 월트 디즈니(Walt Disney)

➕ **합격할 때까지 책임지는 개정법령 원스톱 서비스!**

법령 개정이 잦은 공인중개사 시험. 일일이 찾아보지 마세요!
에듀윌에서는 필요한 개정법령만을 빠르게! 한번에! 제공해 드립니다.

| 에듀윌 도서몰 접속 (book.eduwill.net) | ▶ | 우측 정오표 아이콘 클릭 | ▶ | 카테고리 공인중개사 설정 후 교재 검색 |

개정법령 확인하기

2026

에듀윌 공인중개사

기초입문서 1차

부동산학개론 | 민법 및 민사특별법

성공적인 첫걸음을 위한
응원 메시지

학개론
이영방
에듀윌 공인중개사
부동산학개론
전임 교수

값진 노력이 합격의 기쁨으로 이어지길!

부동산학개론은 사회과학의 한 분야로 이론과목입니다. 사회과학은 기초용어나 기초개념이 정말 중요합니다. 기초를 잘 정리하면 공부가 쉬워집니다. 이 책을 통해 부동산학개론의 토대를 만들어 드리겠습니다.

민법
심정욱
에듀윌 공인중개사
민법 및 민사특별법
전임 교수

올해는 합격해! 모두 다 합격해!

두꺼운 책, 수많은 판례들, 막막하신가요? 제가 해결해드립니다.
법 과목은 추상적인 부분이 많아 제도의 핵심을 이해하고 사례를 통해 접근해야 합니다. 끝까지 믿고 잘 따라 오십시오.

중개사법
임선정
에듀윌 공인중개사
공인중개사법령 및
중개실무 전임 교수

핵심은 쉽게, 합격은 빠르게!

공인중개사 시험은 자신의 재산 보호를 위해, 타인의 재산을 보호해 주기 위해 꼭 필요한 공부입니다. 공인중개사법령 및 중개실무는 실제 실무와도 깊게 연관되어 있는 과목입니다. 이 책을 통해 기초는 물론 다른 법률과의 연계까지 복합적 사고 능력을 키울 수 있도록 도와드리겠습니다.

공법
오시훈

에듀윌 공인중개사
부동산공법
전임 교수

합격까지 늘 함께 하겠습니다.

부동산공법은 방대한 양 때문에 많은 수험생들이 어렵게 느끼는 경향이 있고, 특히 휘발성 또한 강하기 때문에 수험생 입장에서는 공부하기에 매우 힘든 과목에 속합니다. 하지만 먼저 정확한 개념원리를 파악한 후 체계적인 흐름을 잡아둔다면 충분히 쉽게 접근할 수 있는 과목이기도 합니다. 공법을 좀더 친숙하고 재미있게 공부할 수 있도록 이 책을 통해서 그 방법을 제시해 드리도록 하겠습니다.

공시법
김민석

에듀윌 공인중개사
부동산공시법
전임 교수

여러분의 시간과 노력은 분명 훌륭한 결실을 맺을 것입니다.

기초입문서는 처음 공부를 시작하는 수험생을 대상으로 쉽고 친절하게 집필된 책입니다. 기초적인 내용과 절차적인 흐름을 이해하여 공부한다면 무난하게 부동산공시법을 시작할 수 있습니다. 재미있고, 희망과 용기를 주는 부동산공시법이 될 수 있도록 만들어 드리겠습니다.

세법
한영규

에듀윌 공인중개사
부동산세법
전임 교수

기초가 탄탄하면 합격이 쉬워집니다.

부동산세법은 내가 부동산을 취득, 보유, 양도한다고 생각하면서 전체적인 흐름 위주로 공부하셔야 합니다. 처음 세법을 접하시는 분들을 위해 이러한 큰 그림을 그릴 수 있도록 집필하였습니다. 미루지 말고 따라만 오십시오. 부동산세법은 할만한 과목입니다.

시험안내

01 시험일정   연 1회, 1·2차 동시 시행

구분	인터넷/모바일(App) 원서 접수기간		시험시행일
2026년도 제37회 제1·2차 시험 (동시접수·시행)	정기(5일간)	8월 초 월요일 09:00~금요일 18:00 예정	매년 10월 마지막 주 토요일
	빈자리(2일간)	9월 말이나 10월 초 예정	

※ 정확한 시험 일정은 큐넷 홈페이지(www.Q-Net.or.kr)에서 확인이 가능합니다.

02 응시자격   제한 없음

※ 단, ① 「공인중개사법」 제4조의3에 따라 공인중개사 시험 부정행위자로 처분받은 날로부터 시험시행일 전일까지 5년이 경과되지 않은 자, ② 법 제6조에 따라 공인중개사 자격이 취소된 후 시험시행일 전일까지 3년이 경과되지 않은 자, ③ 시행규칙 제2조에 따른 기자격 취득자는 응시할 수 없음

03 시험과목 및 방법

구분	시험과목	문항 수	시험시간	시험방법
제1차 시험 1교시 (2과목)	1. 부동산학개론(부동산감정평가론 포함) 2. 민법 및 민사특별법 중 부동산 중개에 관련되는 규정	과목당 40문항 (1번~80번)	100분 (09:30~11:10)	객관식 5지 선택형
제2차 시험 1교시 (2과목)	1. 공인중개사의 업무 및 부동산 거래신고 등에 관한 법령 및 중개실무 2. 부동산공법 중 부동산 중개에 관련되는 규정	과목당 40문항 (1번~80번)	100분 (13:00~14:40)	
제2차 시험 2교시 (1과목)	부동산공시에 관한 법령(부동산등기법, 공간정보의 구축 및 관리 등에 관한 법률) 및 부동산 관련 세법	40문항 (1번~40번)	50분 (15:30~16:20)	

※ 답안은 시험시행일에 시행되고 있는 법령을 기준으로 작성

04 합격기준

구분	합격결정기준
제1차 시험	매 과목 100점을 만점으로 하여 매 과목 40점 이상, 전 과목 평균 60점 이상 득점한 자
제2차 시험	매 과목 100점을 만점으로 하여 매 과목 40점 이상, 전 과목 평균 60점 이상 득점한 자

※ 1차·2차 시험에 동시 응시는 가능하나, 1차 시험에 불합격하고 2차만 합격한 경우 2차 시험은 무효로 함

05 시험범위 및 출제비율

구분	시험과목	시험범위	출제비율
제1차 시험 1교시 (2과목)	부동산학개론	1. 부동산학개론	85% 내외
		2. 부동산감정평가론	15% 내외
	민법 및 민사특별법 중 부동산 중개에 관련되는 규정	1. 민법	85% 내외
		2. 민사특별법	15% 내외
제2차 시험 1교시 (2과목)	공인중개사의 업무 및 부동산 거래신고 등에 관한 법령 및 중개실무	1. 공인중개사법 2. 부동산 거래신고 등에 관한 법률	70% 내외
		3. 중개실무	30% 내외
	부동산공법 중 부동산 중개에 관련되는 규정	1. 국토의 계획 및 이용에 관한 법률	30% 내외
		2. 도시개발법 3. 도시 및 주거환경정비법	30% 내외
		4. 주택법 5. 건축법 6. 농지법	40% 내외
제2차 시험 2교시 (1과목)	부동산공시에 관한 법령 (부동산등기법, 공간정보의 구축 및 관리 등에 관한 법률) 및 부동산 관련 세법	1. 부동산등기법	30% 내외
		2. 공간정보의 구축 및 관리 등에 관한 법률 제2장 제4절 및 제3장	30% 내외
		3. 부동산 관련 세법 (상속세, 증여세, 법인세, 부가가치세 제외)	40% 내외

학습전략

01 과목별 성격 & 학습 TIP

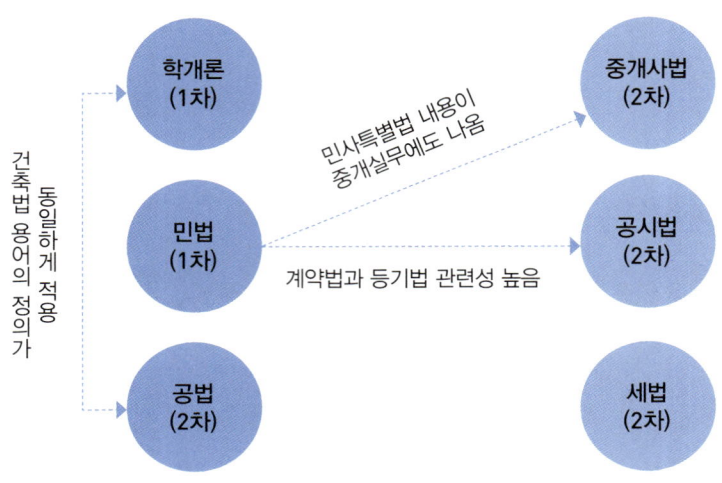

TIP 조급한 마음은 버리고, 반복하여 암기하면 체계가 잡힙니다.

TIP 출제가 잦았던 단원에 집중하여 전략적으로 학습하시기 바랍니다.

02 과목별 합격전략점수 & 학습비중

1차		
과목	합격전략점수/만점	학습비중
학개론	70 / 100	40%
민법	65 / 100	60%

2차		
과목	합격전략점수/만점	학습비중
중개사법	80 / 100	30%
공법	60 / 100	30%
공시법	40 / 60	20%
세법	25 / 40	20%

※ 합격전략점수는 최근 10년간 합격자 평균 점수를 기준으로 함

03 과목별 학습전략

1차

학개론
- 공인중개사 시험의 다른 과목들과 달리 법이 아닌 사회과학을 다룸
- 시험에 나오는 용어(표현)를 정확히 이해하는 것이 중요
- 부동산학 각론의 전 범위가 고르게 출제되므로 체계를 이해하며 학습

민법
- 모든 법 관련 과목의 기초가 됨
- 시험의 85%(약 34문제) 이상이 판례문제이므로 판례 학습 필수!
- 사례를 다각도로 묻는 문제에서 당락이 결정되므로 이를 충분히 익히고 연습해야 함

2차

공법
- 2차 과목 중 시험 범위가 가장 넓고 분량이 많아 고득점이 어려움
- 기출분석을 통해 주로 출제되는 부분 위주로 학습 필요
- '국토의 계획 및 이용에 관한 법률'의 출제 비중이 약 30%로 비교적 높고, 각각 출제율 약 15%인 '도시개발법', '도시 및 주거환경정비법'과의 관련성도 매우 높으므로 우선 학습

중개사법
- 2차 과목 중 고득점의 가능성이 가장 높음
- 70점 이상을 목표로 2차 과목 전체 평균을 높이는 데 활용
- 약 12문제 출제되는 실무보다 28문제 정도 출제되는 법령에 치중하여 학습

공시법
- '공시법'과 '세법' 2과목이 하나로 묶여 출제
- 공시법은 약 24문제로, '공간정보의 구축 및 관리 등에 관한 법률'에서 12문제, '부동산등기법'에서 12문제 출제
- 암기만 잘 하면 점수를 얻기 쉬운 '공간정보의 구축 및 관리 등에 관한 법률'에서 고득점을 노려야 함

세법
- '공시법'과 '세법' 2과목이 하나로 묶여 출제
- 세법은 약 16문제 출제됨
- 세법은 납세자의 입장이 아닌, 과세 관청의 입장에서 이해하고 판단해야 함

※ 위 전략은 일반적인 예시로 절대적인 기준이 아닙니다. 본인의 상황과 수준에 맞게 전략을 수립하여 학습하세요.

책의 구성과 특징

합격의 시작! 모두 합격 플래너(PDF)

공인중개사 공부를 시작하는 수험생들을 위하여 합격까지 그 마음을 이어 갈 수 있도록 모두 합격 플래너를 제공합니다. 계획적인 학습으로 기초부터 탄탄하게 실력을 쌓아 보세요!

※ PDF제공: 에듀윌 도서몰(book.eduwill.net)
　▶ 도서자료실(부가학습자료)

올바른 학습 방향 설정!

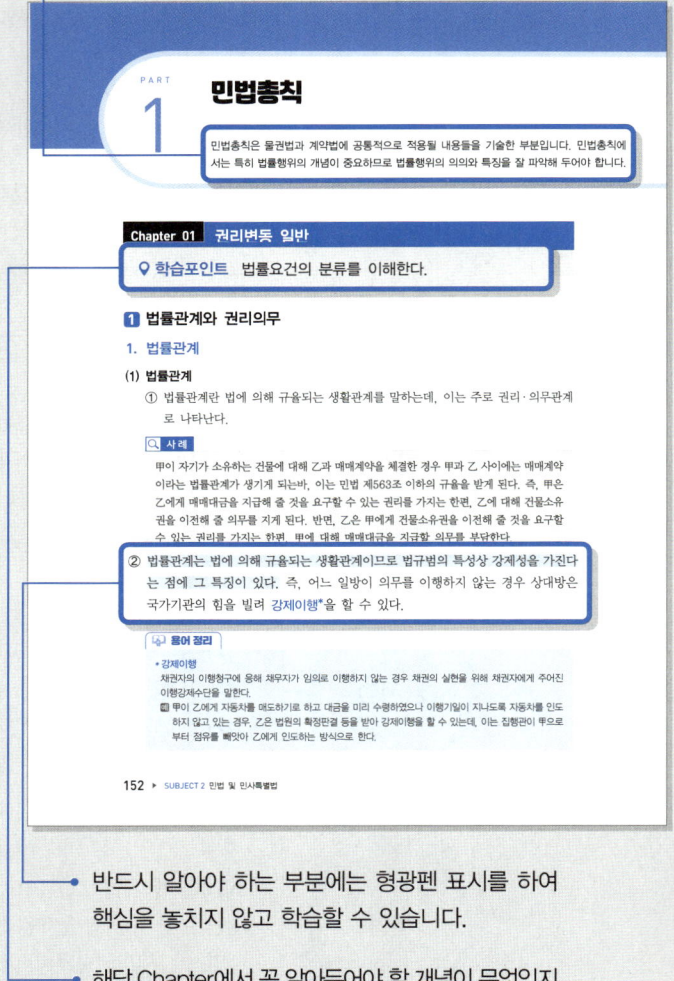

- 학습 시작 전, 해당 PART에서 어떠한 내용을 어떻게 공부해야 할지 정확하게 확인할 수 있습니다.

- 반드시 알아야 하는 부분에는 형광펜 표시를 하여 핵심을 놓치지 않고 학습할 수 있습니다.

- 해당 Chapter에서 꼭 알아두어야 할 개념이 무엇인지 파악할 수 있습니다.

다양한 학습장치로 이해 쏙쏙!

다양한 시각자료를 통하여 글로 나열된 이론들을 효과적으로 이해할 수 있습니다.

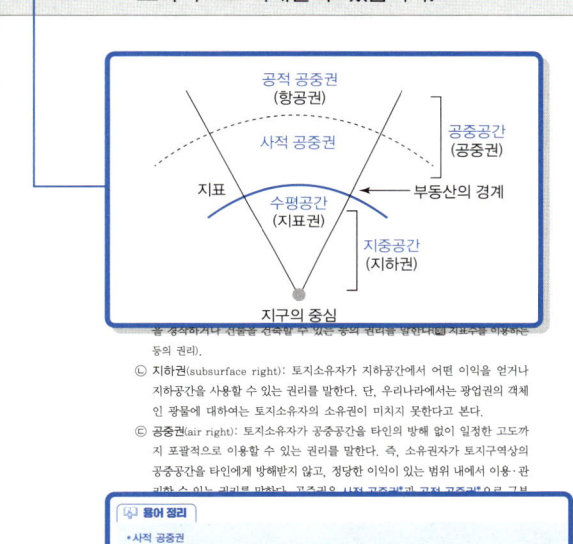

을 경작하거나 건물을 건축할 수 있는 등의 권리를 말한다(☜ 지표수를 이용하는 등의 권리).
ⓒ 지하권(subsurface right): 토지소유자가 지하공간에서 어떤 이익을 얻거나 지하공간을 사용할 수 있는 권리를 말한다. 단, 우리나라에서는 광업권의 객체인 광물에 대하여는 토지소유자의 소유권이 미치지 못한다고 본다.
ⓒ 공중권(air right): 토지소유자가 공중공간을 타인의 방해 없이 일정한 고도까지 포괄적으로 이용할 수 있는 권리를 말한다. 즉, 소유권자가 토지구역상의 공중공간을 타인에게 방해받지 않고, 정당한 이익이 있는 범위 내에서 이용·관리할 수 있는 권리를 말한다. 공중권은 사적 공중권*과 공적 공중권*으로 구분

> **용어 정리**
> • **사적 공중권**
>   일정 범위의 공중공간을 토지소유자 개인이 사용할 수 있는 권리를 말한다.
> • **공적 공중권**
>   일정 범위 이상의 공중공간을 공공기관이 공익목적의 실현을 위해 사용할 수 있는 권리로서, 항공기의 운항이나 전파의 교신 등에 이용된다.

(3) 위치
① 위치란 어떤 특정 장소가 갖는 시장성·지형·지세를 의미한다. 부동산은 위치가 중요하다는 것을 마샬(A. Marshall)은 '위치의 가치'라고 표현하였다. 허드(R. M. Hurd)는 "지가는 경제적 지대에 바탕을 두며, 지대는 위치에, 위치는 편리함에, 편리함은 가까움에 의존한다."라고 하여 지가가 접근성*에 의존함을 강조하였다.

'용어 정리'를 통해 이론학습과 동시에 어려운 용어들까지 쉽게 익힐 수 있습니다.

필수 용어는 한 번 더! 필수 용어집(PDF)

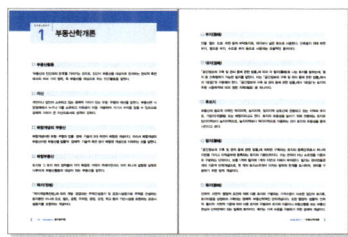

낯설고 생소한 공인중개사 용어에 익숙해질 수 있도록 주요 용어와 개념들을 모아 '필수 용어집'으로 제공합니다.

※ PDF제공: 에듀윌 도서몰(book.eduwill.net)
▶ 도서자료실(부가학습자료)

차례

SUBJECT 1 | 부동산학개론

PART 1 부동산학 총론

Chapter 01 부동산학 서설 …………………………………………………………… 16
Chapter 02 부동산의 개념과 분류 ……………………………………………………… 19
Chapter 03 부동산의 특성 ……………………………………………………………… 30

PART 2 부동산학 각론

Chapter 01 부동산경제론 ……………………………………………………………… 35
Chapter 02 부동산시장론 ……………………………………………………………… 54
Chapter 03 부동산정책론 ……………………………………………………………… 67
Chapter 04 부동산투자론 ……………………………………………………………… 78
Chapter 05 부동산금융론 ……………………………………………………………… 94
Chapter 06 부동산개발 및 관리론 ……………………………………………………… 104

PART 3 부동산 감정평가론

Chapter 01 감정평가의 기초 …………………………………………………………… 123
Chapter 02 부동산의 가격(가치)이론 …………………………………………………… 126
Chapter 03 감정평가의 3방식 ………………………………………………………… 133
Chapter 04 부동산가격공시제도 ……………………………………………………… 143

SUBJECT 2 | 민법 및 민사특별법

PART 1 민법총칙

Chapter 01 권리변동 일반 ··· 152
Chapter 02 법률행위 ··· 158
Chapter 03 의사표시 ··· 170
Chapter 04 법률행위의 대리 ··· 177
Chapter 05 법률행위의 무효와 취소 ··· 184
Chapter 06 조건과 기한 ··· 188

PART 2 물권법

Chapter 01 물권법 일반 ··· 192
Chapter 02 물권의 변동 ··· 197
Chapter 03 점유권 ··· 200
Chapter 04 소유권 ··· 206
Chapter 05 용익물권 ··· 213
Chapter 06 담보물권 ··· 223

PART 3 계약법

Chapter 01 계약법 총론 ··· 234
Chapter 02 매매 ··· 249
Chapter 03 교환 ··· 261
Chapter 04 임대차 ··· 262

PART 4 민사특별법

Chapter 01 주택임대차보호법 ··· 276
Chapter 02 상가건물 임대차보호법 ··· 284
Chapter 03 집합건물의 소유 및 관리에 관한 법률 ··· 291
Chapter 04 가등기담보 등에 관한 법률 ··· 295
Chapter 05 부동산 실권리자명의 등기에 관한 법률 ··· 297

SUBJECT

1

부동산학개론

PART 1   부동산학 총론

PART 2   부동산학 각론

PART 3   부동산 감정평가론

오리엔테이션　#1차 시험 #1교시 제1과목 #50분, 40문제

- 유일하게 법과목이 아닌 사회과목의 이론과목
- 이론적&실질적 기초 제공
- 부동산학 총론, 부동산학 각론, 부동산 감정평가론 등 학습
- 부동산학에 대한 전체적인 개념과 부동산시장 및 정책, 금융, 투자는 물론 부동산의 가격이론, 감정평가의 3방식에 대해서 학습

TIP 계산문제 공식 암기, 용어정리 필수, 부동산시장 상식과 정책 체크!

PART 1

부동산학 총론

부동산학 총론에서는 부동산학에 대한 전체적인 개념을 학습합니다. 이 PART에서는 부동산과 관련된 용어가 주로 나오기 때문에 용어의 의미에 주의하며 공부해야 합니다.

Chapter 01 부동산학 서설

학습포인트 부동산학의 정의와 연구대상 및 연구분야, 일반원칙에 대해 이해한다.

1 부동산학의 이해

1. 부동산학의 정의

① 우리나라에 부동산학을 처음 소개한 김영진 교수는 "부동산학이란 부동산활동의 능률화의 원리 및 그 응용기술을 개척하는 종합응용과학이다."라고 정의하였다.
② 조주현 교수는 "부동산학은 부동산의 가치증진과 관련된 의사결정과정을 연구하기 위하여 부동산에 대해 법적·경제적·기술적 측면에서 접근을 시도하는 **종합응용사회과학***이다."라고 정의하였다.[1]
③ 안정근 교수는 링(Alfred Ring) & 다소(Jerome Dasso)의 정의를 따라 "부동산학은 토지와 토지상에 부착되어 있거나 연결되어 있는 여러 가지 항구적인 **토지개량물(land improvement)***에 관하여 그것과 관련된 직업적·물적·법적·금융적 제 측면을 기술하고 분석하는 학문연구의 한 분야이다."라고 하였다.[2]

> **용어 정리**
>
> * **사회과학**
> 인간과 인간 사이의 관계에서 일어나는 사회현상과 인간의 사회적 행동을 연구하는 과학의 한 분야를 말한다.
>
> * **토지개량물(land improvement)**
> 노동이나 자본과 같은 인위적인 힘을 통해 정착 또는 부착하여 토지의 효용성을 증가시키는 건축물·구조물·관개시설 등을 말한다.

---

1) 조주현, 「부동산학원론」, 건국대학교출판부, 2003, p.3
2) 안정근, 「현대부동산학」, 법문사, 2004, p.3

2. 부동산학의 학문적 성격

부동산학의 학문적 성격을 살펴보면 인간 사회의 여러 현상을 과학적·체계적으로 연구하는 사회과학에 해당하는데, 구체적으로 인간과 부동산의 상호작용을 연구하는 학문이다. 또한 순수과학과 달리 복잡한 현실적 사회문제를 해결하고자 하는 응용과학이다. 그리고 부동산활동과 현상을 연구할 때 경제학·법학·행정학·사회학·심리학 등 여러 분야의 학문과 연계되어 있다는 점에서 종합과학의 성격을 지니고 있다. 부동산학은 그 밖의 실천과학이며, 경험과학, 규범과학에 해당한다.

3. 부동산학의 여러 측면과 복합개념

부동산의 개념과 범위는 인간의 눈에 비치는 유형적 측면(기술적 측면)과 관념적으로만 인식될 수 있는 무형적 측면(법률적 측면, 경제적 측면)으로 파악할 수 있다.[1] 부동산학은 여러 부동산현상을 이해하고 분석하거나 부동산결정을 행하고 부동산활동을 전개해 나가기 위해 주로 복합개념의 사고원리를 사용한다. 따라서 부동산을 유형·무형의 법률·경제·기술의 3대 측면이 복합된 개념으로 이해하는 것을 **복합개념의 부동산***이라고 하며, 부동산을 복합개념으로 이해하는 것은 부동산활동을 위한 의사결정에 있어서도 중요하다.

> 📖 **용어 정리**
>
> * **복합개념의 부동산**
> 부동산을 유형·무형의 법률·경제·기술의 3대 측면이 복합된 개념으로 이해하는 것을 말한다.

2 부동산학의 연구대상

1. 부동산현상(real estate phenomena)

부동산에서 비롯되는 모든 기술·경제·제도 및 기타 제 현상, 즉 부동산활동을 에워싼 모든 현상을 말한다. 이는 인간의 부동산활동으로부터 생기기도 하지만, 부동산의 본질로부터 오는 경우도 있다.

---

1) 방경식, 「부동산학개론」, 범론사, 2000, pp.93~95
이창석, 「부동산학개론」, 형설출판사, 2000, pp.7~8

2. 부동산활동(real estate activity)

'부동산과 인간과의 관계'를 가리키는 것으로, 인간이 부동산을 대상으로 전개하는 관리적 측면에서의 여러 가지 행위, 즉 부동산을 대상으로 하는 인간활동을 말한다.

3 부동산학의 일반원칙

부동산학의 일반원칙이란 부동산과 인간의 관계개선이라는 부동산학의 이념을 실현하기 위한 부동산활동의 행동방향을 말한다.

➕ 부동산학의 일반원칙을 부동산활동의 일반원칙이라고도 한다.

1. 능률성의 원칙

부동산학은 부동산소유활동의 능률화를 위해서는 최유효이용의 원칙을, 부동산거래활동의 능률화를 위해서는 거래질서 확립의 원칙을 지도원리로 삼고 있다. 이 원칙이 주장하는 능률성은 실무활동의 능률성, 부동산학이론의 개발 및 그 전달과정의 능률성, 부동산학이론의 개발과정에 있어 실무활동의 능률화에 대비하는 노력 등에 관한 것이다.

2. 안전성의 원칙

부동산활동에 있어서는 거래사고와 관련하여 안전성을 강력하게 의식하여야 한다. 그러나 안전성을 강조하다 보면 능률성이 소홀해지기 쉽고, 능률성을 강조하다 보면 안전성이 소홀해지기 쉽다. 즉, 능률성과 안전성은 상호 견제의 관계에 있다. 특히, 안전성의 개념에 있어서는 복합개념의 논리에 따라 법률적 안전성·경제적 안전성·기술적 안전성을 고려하여야 한다.

3. 경제성의 원칙

부동산활동은 경제성의 원칙을 추구한다. 경제원칙이란 최소의 희생으로 최대의 효과를 올리는 것으로 이해하는 것이 일반적이다. 이 원칙은 부동산활동 전반에 걸친 합리적 선택의 원칙이라고도 할 수 있다.

Chapter 02 부동산의 개념과 분류

학습포인트 부동산의 개념과 분류에 대해 이해한다.

1 부동산의 개념과 속성

1. 법·제도적 개념

(1) 협의의 부동산

협의의 부동산이란 '**토지 및 그 정착물**'을 말하는데(민법 제99조 제1항), 이를 「민법」상 부동산이라고도 한다. 따라서 부동산 이외의 물건은 동산이라고 할 수 있다(민법 제99조 제2항).

① **토지**: 「민법」에서는 "토지의 소유권은 정당한 이익있는 범위 내에서 토지의 상하에 미친다(민법 제212조)."라고 토지소유권의 범위를 입체적으로 규정하고 있다. 토지소유권은 토지의 구성부분과 토지로부터 독립성이 없는 부착물에도 그 효력이 미친다. 다만, 광업권의 객체가 되는 미채굴의 광물에 대해서는 토지소유권자의 권리가 미치지 못하는 것으로 하고 있다.

② **토지정착물**: 토지의 정착물이란 토지에 고정되어 있어 용이하게 이동할 수 없는 물건으로서 그러한 상태로 사용되는 것이 그 물건의 통상적인 성질로 인정되는 것을 말한다. 건물, 수목, 교량, 돌담, 송전탑 등이 그 예이다. 반면, 계속성이 없는 판잣집, 가식(假植)의 수목, 토지나 건물에 충분히 정착되지 않은 기계 등은 토지의 정착물이 아니며 동산으로 취급된다. 토지정착물은 토지로부터 독립된 정착물과 토지에 종속되어 있는 정착물로 구분할 수 있다.

(2) 광의의 부동산

광의의 부동산이란 협의의 부동산에 **준부동산(의제부동산)***을 합한 개념이다. 준부동산이란 특정한 동산이나 일체로 된 부동산의 집단을 부동산으로 의제하여(준하여) 취급하게 된 데에서 비롯된 표현이다. 따라서 이러한 준부동산은 협의의 부동산과 같이 등기부나 등록부에 등기·등록하도록 하는 공시수단을 사용한다.

> **용어 정리**
>
> * **준부동산(의제부동산)**
> 본질은 부동산이 아니지만 등기·등록 등의 공시방법을 갖춤으로써 부동산에 준하여 취급되는 특정의 동산이나 동산과 일체로 된 부동산의 집단을 말한다.
> 예 공장재단, 광업재단, 어업권, 선박, 항공기, 자동차, 건설기계 등

2. 경제적 개념

(1) 자산*

부동산은 시장경제에서 누구나 이를 소유하고 자유로이 이용·처분하여 거기서 수익을 얻을 수 있으므로 경제적 가치가 큰 자산으로서의 성격이 강하다.

> **용어 정리**
>
> *자산(資産, assets)
> 개인이나 법인이 소유하고 있는 경제적 가치가 있는 유형·무형의 재산을 말한다.

(2) 자본

토지를 생산요소보다 자본이나 자본증식의 수단으로 보는 견해가 많다. 특히, 주택은 소비자 자본(consumer's capital)이라고 하여 자본재와 구별하기도 한다. 경제학에서는 토지를 인간이 만든 것이 아니므로 자본재에 포함시키지 아니하나, 부동산활동에서 토지는 자연자본(natural capital)으로서 역할을 하는 경우가 많다. 생산을 해야 하는 기업의 측면에서 토지는 다른 자본재와 같이 임차하거나 매수해야만 하는 재화이다. 따라서 토지는 기업의 입장에서는 자본재로서의 성격을 지닌다.

(3) 생산요소*

토지는 노동, 자본 등과 더불어 생산요소 중 하나이다. 생산요소로서의 토지는 제품생산에 필요한 부지를 제공할 뿐만 아니라 자연이 준 양식자원, 섬유, 건축자재, 광물, 에너지자원, 기타 원료를 제공해 주는 공급처로서의 역할을 수행하고 있다.

> **용어 정리**
>
> *생산요소
> 생산요소는 인간에게 필요한 재화나 서비스를 생산하기 위해 반드시 필요한 요소이다. 전통적으로 생산요소는 노동(인적 자원), 자본(생산된 물적 자원), 토지(자연 자원)로 분류된다.

(4) 소비재

토지는 생산요소 및 생산재로서의 성격을 갖지만 동시에 인간생활에 편의를 제공해 주는 최종소비재의 성격도 가지고 있다. 토지는 내용연수가 존재하지 않지만 용도면에서 주택용지, 빌딩용지, 공장용지, 공원용 토지 등 각종 개량물이 들어서면 다른 용도로는 이용할 수 없으므로 최종소비재의 성격을 갖는다고 할 수 있다.

(5) 상품*

부동산은 소비재이며 또한 시장에서 거래가 되는 상품이다. 부동산 자체는 지표에 고정되어 있어 움직이지 않지만 부동산의 소유권은 시장에서 빈번히 유통된다. 이것은 시장에서 부동산과 화폐의 교환, 소유권과 화폐의 교환 형태로 나타난다.

> **용어 정리**
>
> *상품
> 재화나 서비스 중 시장에서 교환되는 것, 즉 매매의 대상이 되는 것을 말한다.

3. 물리적 개념

(1) 자연

토지를 자연으로 파악할 때에는 자연환경(natural environment)으로 정의할 수 있다. 자연환경은 햇빛, 바람, 기후, 강, 하천, 지하자원, 토양 등을 일컫는다. 자연물로서의 토지는 공급량이 한정되어 있으므로 경제이론의 원칙이 그대로 적용되기가 어렵다. 이용에 있어서도 국가적인 차원의 합리적인 조정이 필요하며 사회성·공공성이 특히 강조된다.

(2) 공간

① 부동산은 수평공간, 공중공간, 지중공간의 3차원 공간으로 구성되어 있다.
  ㉠ **수평공간**: 지표와 연관된 택지·농경지·계곡·평야 등을 말한다.
  ㉡ **공중공간**: 주택, 빌딩, 상점, 기타 공중을 향하여 연장되는 공간을 말한다.
  ㉢ **지중공간**: 지표에서 지중을 향하는 공간을 말하며, 이를 지하공간이라고도 한다.
② 부동산의 공간 개념은 건물의 고층화, 집합건물의 등장으로 인해 그 중요성이 높아지고 있으며, 고가도로, 지하철, 터널 등은 입체공간의 개념과 관계가 있다.
③ 부동산의 재산가치는 3차원의 공간 개념인 수평공간, 공중공간, 지중공간의 가격으로 평가한다.
④ 부동산의 소유권은 공간적 범위에 따라 지표권, 지하권, 공중권 등으로 구분된다.

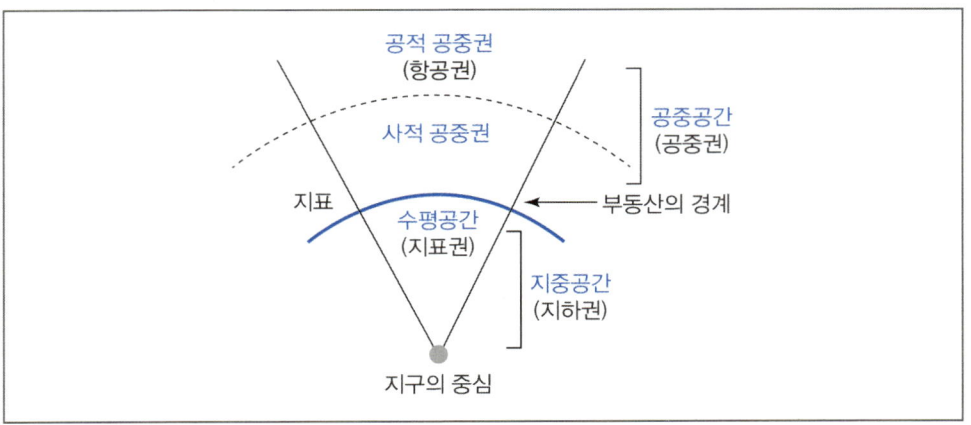

㉠ **지표권**(surface right): 토지 지표를 토지소유자가 배타적으로 이용하여 작물을 경작하거나 건물을 건축할 수 있는 등의 권리를 말한다(예 지표수를 이용하는 등의 권리).

㉡ **지하권**(subsurface right): 토지소유자가 지하공간에서 어떤 이익을 얻거나 지하공간을 사용할 수 있는 권리를 말한다. 단, 우리나라에서는 광업권의 객체인 광물에 대하여는 토지소유자의 소유권이 미치지 못한다고 본다.

㉢ **공중권**(air right): 토지소유자가 공중공간을 타인의 방해 없이 일정한 고도까지 포괄적으로 이용할 수 있는 권리를 말한다. 즉, 소유권자가 토지구역상의 공중공간을 타인에게 방해받지 않고, 정당한 이익이 있는 범위 내에서 이용·관리할 수 있는 권리를 말한다. 공중권은 **사적 공중권*** 과 **공적 공중권*** 으로 구분할 수 있다.

> **용어 정리**
>
> *** 사적 공중권**
> 일정 범위의 공중공간을 토지소유자 개인이 사용할 수 있는 권리를 말한다.
>
> *** 공적 공중권**
> 일정 범위 이상의 공중공간을 공공기관이 공익목적의 실현을 위해 사용할 수 있는 권리로서, 항공기의 운항이나 전파의 교신 등에 이용된다.

(3) 위치

① 위치란 어떤 특정 장소가 갖는 시장성·지형·지세를 의미한다. 부동산은 위치가 중요하다는 것을 마샬(A. Marshall)은 '위치의 가치'라고 표현하였다. 허드(R. M. Hurd)는 "지가는 경제적 지대에 바탕을 두며, 지대는 위치에, 위치는 편리함에, 편리함은 가까움에 의존한다."라고 하여 지가가 **접근성*** 에 의존함을 강조하였다.

> **용어 정리**
>
> *접근성(accessibility)
> 어떤 목적물에 도달하는 데 시간적·경제적·심리적·거리적 부담의 정도를 말한다.

② 부동산의 위치가치는 부지의 선정주체·용도·규모에 따라 그 높고 낮음이 다양하게 부여된다. 또한 토지의 위치가치는 환경가치와 밀접한 관련이 있어 상호 경쟁·보완적 영향을 준다.

③ 위치의 좋고 나쁨에 따라 부동산의 유용성이 달라지고 가격의 차이가 발생한다. 즉, 용도에 맞는 접근성이 좋을수록 부동산의 입지조건이 양호하고 그 가치가 크다. 그러나 어떤 대상물에 대한 접근성이 좋아도 그 대상물이 인간생활에 위험을 주는 대상이거나 혐오의 대상이라면 감가요인이 된다. 또한 대상물이 인간생활을 위해 필요한 경우라도 지나치면 오히려 불리한 경우가 있고(예 시장 안의 주택), 거리가 가까워도 접근성이 나쁜 경우도 있다(예 근거리이지만 일방통행 관계로 우회해야 하는 경우).

④ 접근성의 중요성과 평가기준은 부동산의 용도에 따라 달라진다(예 주거지는 쾌적성과 편리성, 상업지는 수익성, 공업지는 생산성이 높은 곳이 유리하다).

(4) 환경

부동산의 환경이란 어떤 부동산을 에워싼 자연적·사회적·물리적·경제적 제 상황을 말한다. 부동산은 환경의 구성분자로서 환경으로부터 큰 영향을 받는다. 즉, 환경은 부동산활동을 지배하고 부동산현상에 영향을 미친다. 부동산활동 및 현상은 환경으로부터 지배와 영향을 받으며 적응하도록 하고 있다.

4. 복합개념의 부동산

복합개념이란 유형·무형의 법률·경제·기술의 3대 측면이 복합된 개념이다. 따라서 **복합개념의 부동산이란 부동산을 법률적·경제적·기술적 측면 등이 복합된 개념**으로 이해하는 것을 말한다.

> **복합부동산**
>
> 토지와 그 토지 위의 정착물이 각각 독립된 거래의 객체이면서도 마치 하나의 결합된 상태로 다루어져 부동산활동의 대상이 되는 부동산을 말한다.

| 한눈에 보기 | 부동산의 3대 측면

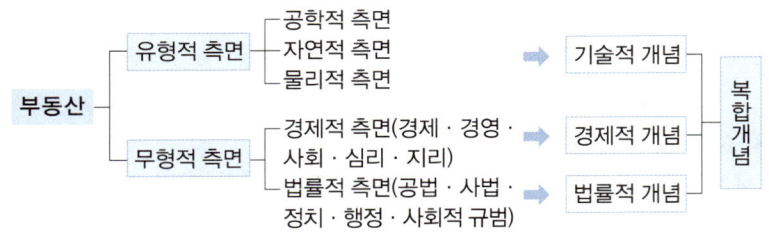

■■ 부동산의 용어

- 오늘날 미국에서 부동산이라는 표현으로 많이 사용되는 말은 'real estate'이다.
- 과거 우리나라에서는 부동산이라는 표현 대신 토지와 가옥이라는 용어를 사용해 왔다. 현재의 부동산이라는 용어는 메이지유신 후 일본에서 사용하다가 우리에게 전해져 사용하기 시작하였다.

2 부동산의 분류

1. 감정평가상의 용도적 종별

(1) 지역종별

지역종별은 부동산이 속한 지역의 용도에 따른 구분을 말하며, 택지지역·농지지역·임지지역·예정지지역·이행지지역 등으로 구분된다. 또한 택지지역은 주거지역·상업지역·공업지역으로 세분되고, 농지지역은 전지지역·답지지역으로 세분된다.

(2) 토지종별

토지종별은 지역종별에 의해 분류되는 토지의 구분을 말하며, 택지·농지·임지·예정지·이행지로 구분된다. 그리고 지역종별의 세분에 따라 토지종별도 택지는 주거지·상업지·공업지로 구분되고, 농지는 전지와 답지로 구분된다.

2. 정착물 유무관계 등에 의한 분류

> **한눈에 보기** 대지와 부지의 관계

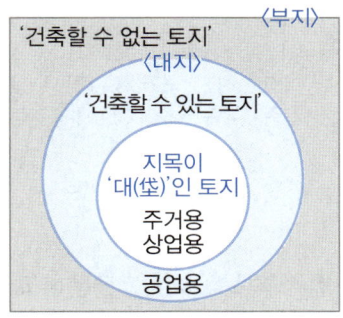

(1) 택지(宅地)

부동산 감정평가상의 용어로서 택지는 주거·상업·공업용지 등의 용도로 이용되고 있거나 해당 용도로 이용할 목적으로 조성된 토지를 말한다(표준지공시지가 조사·평가 기준 제2조 제6호). 법률상 택지는 법률에서 정하는 바에 따라 개발·공급되는 주택건설용지 및 공공시설용지를 말한다. 따라서 주택을 건설하는 용지뿐만 아니라 도로, 철도, 공항, 주차장, 광장, 공원, 학교 등의 기반시설이 포함된 공공시설용지를 포함하는 개념이다.

(2) 부지(敷地)

부지는 도로부지, 하천부지와 같이 일정한 용도로 이용되는 바닥토지를 말하며 하천, 도로 등의 바닥토지에 사용되는 포괄적 용어이다. 건축용지 외에 하천부지, 철도용 부지, 수도용 부지 등으로 사용되는 포괄적인 용어이다.

(3) 대지(垈地)

「건축법」에서 '대지(垈地)'란 건축할 수 있는 토지를 말한다. 「공간정보의 구축 및 관리 등에 관한 법률」에 따라 각 필지(筆地)로 나눈 토지를 말하는데, 필지 중 건축행위가 가능한 필지를 말한다. 이는 「공간정보의 구축 및 관리 등에 관한 법률」에서의 '대(垈)'와 구분해야 한다. 「공간정보의 구축 및 관리 등에 관한 법률」에서 '대(垈)'는 토지의 주된 사용목적에 따라 정한 **지목(地目)*** 중 하나이다.

> **용어 정리**

* **지목(地目)**
  지목이란 토지의 주된 용도에 따라 토지의 종류를 구분하여 지적공부에 등록한 것을 말한다. 이는 토지의 주된 사용목적을 구분한 것으로서 다음과 같이 28개의 지목으로 구분되고 있다.
  지목은 전·답·과수원·목장용지·임야·광천지·염전·대(垈)·공장용지·학교용지·주차장·주유소용지·창고용지·도로·철도용지·제방(堤防)·하천·구거(溝渠)·유지(溜池)·양어장·수도용지·공원·체육용지·유원지·종교용지·사적지·묘지·잡종지로 구분하여 정한다(공간정보의 구축 및 관리 등에 관한 법률 제67조 제1항).

(4) 농지

전·답, 과수원, 그 밖에 법적 지목(地目)을 불문하고 실제로 농작물 경작지 또는 다년생식물 재배지로 이용되는 토지이다(농지법 제2조 제1호).

(5) 임지

산림지와 초지를 모두 포함하는 포괄적인 용어이다.

(6) 후보지와 이행지

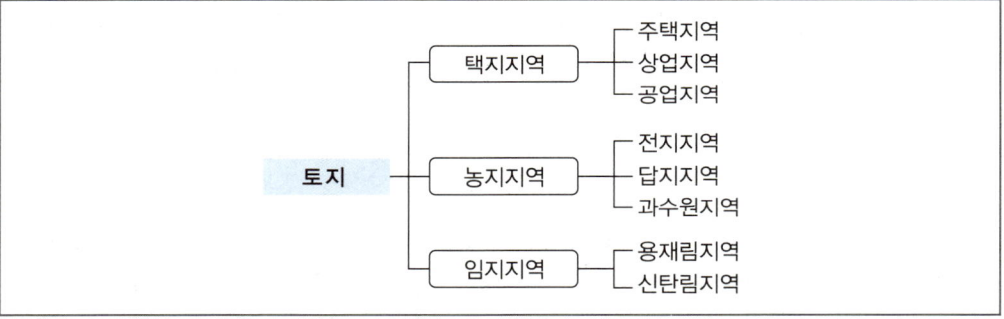

➕ 후보지와 이행지는 전환 중이거나 이행 중인 토지에 붙이는 용어이다. 전환이나 이행이 이루어지고 난 후에는 바뀐 후의 용도에 따라 부른다는 것에 유의한다.

① **후보지**: 부동산의 용도적 지역인 택지지역, 농지지역, 임지지역 상호 간에 전환되고 있는 지역의 토지로, 가망지(可望地) 또는 예정지라고도 한다. 토지의 유용성을 높이기 위해 전환되는 토지로 임지지역보다 농지지역으로, 농지지역보다 택지지역으로 이용하는 것이 토지의 유용성을 증대시킨다고 보는 것이다.

② **이행지**: 부동산의 용도적 지역인 택지지역(주택·상업·공업지역 간의 이행), 농지지역(전·답·과수원지역 간의 이행), 임지지역(용재림지역* · 신탄림지역* 간의 이행) 내에서 전환이 이루어지고 있는 토지이다.

 **용어 정리**

* **용재림지역**
  연료 이외의 건축·가구 등의 용도로 쓰이는 임지지역을 말한다.

* **신탄림지역**
  땔나무와 숯 등의 용도로 쓰이는 임지지역을 말한다.

(7) 맹지(盲地)

타인의 토지에 둘러싸여 도로에 어떤 접속면도 가지지 못하는 토지로, 맹지 위에는 「건축법」에 의해 원칙적으로 건물을 세울 수 없도록 되어 있다.

(8) 대지(袋地)

어떤 택지가 다른 택지에 둘러싸여 좁은 통로에 의해 도로에 접하는 자루형의 모양을 띠게 되는 택지이다.

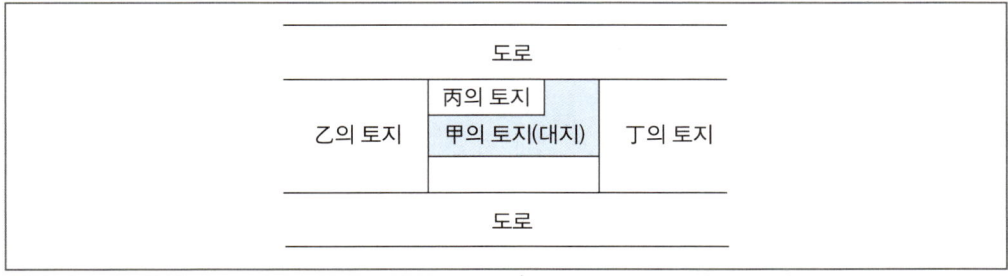

(9) 필지(筆地)

「공간정보의 구축 및 관리 등에 관한 법률」에 의하면 구획되는 토지의 등록단위로서 하나의 지번을 가지고 지적공부에 등록되는 토지의 기본단위이다. 이는 면적이 아닌 소유권을 기준으로 구분하는 단위이다. 보통 1개의 필지에 1개의 지번과 지목이 부여된다. 필지는 권리변동관계의 기준적 단위개념으로, 한 개의 토지소유권이 미치는 범위와 한계를 표시하며, 권리를 구분하기 위한 법적 개념이다.

(10) 획지(劃地)

인위적·자연적·행정적 조건에 의해 다른 토지와 구별되는 가격수준이 비슷한 일단의 토지로, 토지이용을 상정하여 구획되는 경제적·부동산학적인 단위개념이다. 또한 행정적·법률적·인위적·물리적·자연적 기준에 따라 다른 토지와 구별되어 토지의 이용이나 부동산활동 또는 부동산현상의 단위면적이 되는 일획의 토지이다. 획지는 가격수준을 구분하기 위한 경제적 개념이다.

한눈에 보기 필지와 획지

필지(筆地)	획지(劃地)
• 「공간정보의 구축 및 관리 등에 관한 법률」상의 용어 • 하나의 지번이 붙는 토지의 등록단위 • 토지소유자의 권리를 구분하기 위한 표시 • 권리를 구분하기 위한 법적 개념	• 감정평가에서 중시 • 인위적·자연적·행정적 조건에 의해 다른 토지와 구별되는 가격수준이 비슷한 일단의 토지 • 부동산활동 또는 부동산현상의 단위면적이 되는 일획의 토지 • 가격수준을 구분하기 위한 경제적 개념

➕ 필지와 획지는 면적의 단위가 아님에 유의해야 한다. 면적의 단위는 제곱미터(m²)로 한다.

(11) 나지(裸地)

'나지'란 토지에 건물이나 그 밖의 정착물이 없고, 지상권 등 토지의 사용·수익을 제한하는 사법상의 권리가 설정되어 있지 아니한 토지를 말한다(표준지공시지가 조사·평가 기준 제2조 제4호). 또한 경작이나 농업용 토지로도 이용되지 않고 있는 토지이며, 지상에 건축물이 없으므로 거래에 번거로움이 없어 시장성이 높다.

(12) 건부지(建敷地)

건물이 들어서 있는 부지를 말한다. 건부지의 평가액은 일반적으로 나지에 비해 낮게 평가되는데, 이를 **건부감가*** 라고 한다.

> **📖 용어 정리**
>
> *** 건부감가**(建附減價)
> 나지 상태의 가격에 비해 건부지의 가격이 낮은 정도를 말한다. 나지 상태에서 건부지가 되면 가격이 낮아진다는 의미에서 건부감가라고 한다.
>
> ➕ 건부증가(建附增價)
> 건물이 존재함으로 인해 건부지가 나지보다 가격이 높은 경우로 예외적 현상에 해당한다.

(13) 공지(空地)

필지 중 건물공간을 제외하고 남은 토지이다. 「건축법」에 의한 **건폐율*** 의 제한으로 인해 한 필지 내에 건물을 꽉 메워서 건축하지 않고 남겨 둔 토지이다.

> **용어 정리**
>
> * **건폐율**
>   건축면적의 대지면적에 대한 비율을 말한다.

(14) 소지(素地)

대지 등으로 개발되기 이전의 자연적 상태 그대로의 토지를 말한다.

(15) 선하지(線下地)

고압선 아래의 토지를 말한다.

(16) 포락지(浦落地)

지적공부에 등록된 토지가 물에 침식되어 수면 밑으로 잠긴 토지를 말한다. 즉, 개인의 사유지로, 전·답 등이 하천으로 변한 토지를 말한다.

(17) 법지(法地)

법으로만 소유할 뿐 활용실익이 없는 토지이다. 택지의 유효지표면 경계와 인접지 또는 도로면과 경사된 토지 부분을 말한다. 토지의 붕괴를 막기 위해 경사를 이루어 놓은 것인데, 측량면적에는 포함되지만 실제로는 사용할 수 없는 면적이다.

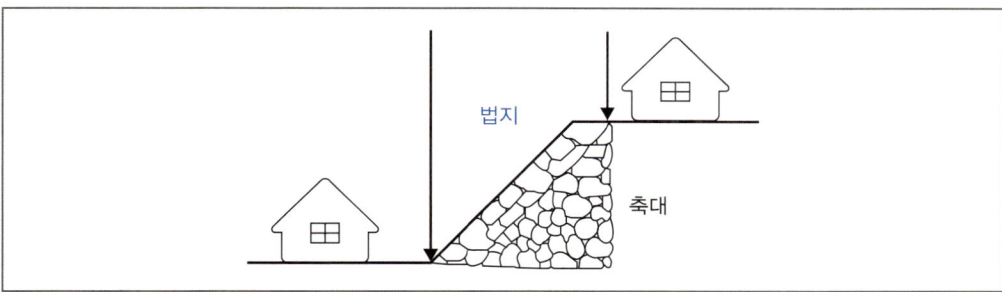

(18) 빈지(濱地)

법지와 반대 개념이다. 해안선으로부터 지적공부에 등록된 지역까지의 사이를 말하는데, 「공유수면 관리 및 매립에 관한 법률」에서는 바닷가라고 부른다.

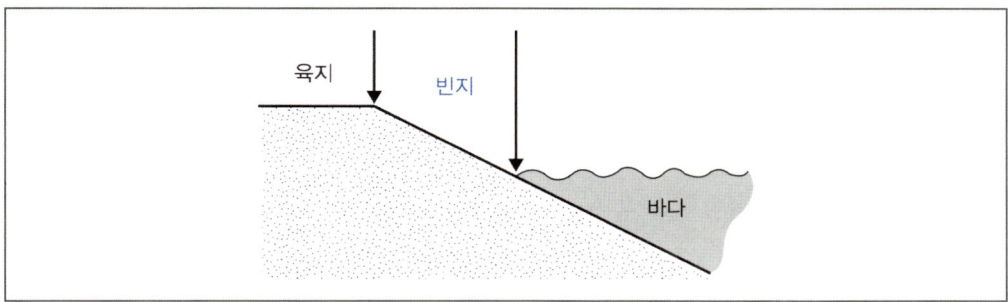

(19) 유휴지(遊休地)와 휴한지(休閑地)

유휴지는 바람직스럽지 못하게 놀리는 토지를 말하며, 휴한지는 농지 등을 정상적으로 쉬게 하는 토지를 말한다.

(20) 공한지(空閑地)

도시 토지로 지가상승만을 기대하고 장기간 방치하는 토지이다.

(21) 한계지(限界地)

택지이용의 최원방권상의 토지이다.

(22) 일단지(一團地)

용도상 불가분의 관계에 있는 2필지 이상의 일단의 토지를 말한다.

Chapter 03 부동산의 특성

학습포인트 부동산의 특성은 주로 토지의 특성을 말하는데, 토지의 특성을 자연적 특성과 인문적 특성으로 나누어 학습한다.

부동산의 특성 중 토지의 특성은 크게 자연적 특성과 인문적 특성으로 구분한다. 자연적 특성은 부동성(비이동성), 영속성(불변성), 부증성(비생산성), 개별성(비대체성), 인접성(연결성) 등으로 구분하고, 인문적 특성은 용도의 다양성(다용도성), 병합·분할의 가능성(분합성), 위치의 가변성 등으로 구분한다.

한눈에 보기 부동산의 특성

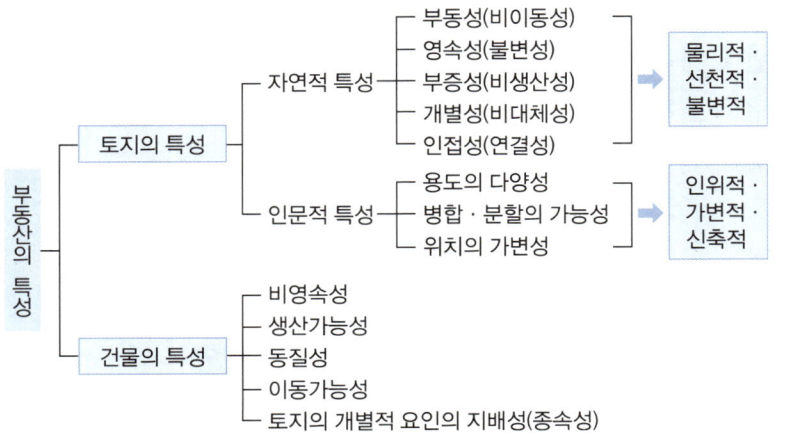

1 토지의 특성

1. 자연적 특성

토지의 자연적 특성은 토지가 본원적으로 지니고 있는 물리적 특성으로 선천적이고 원천적이며, 본질적이고 근본적이며, 불변적인 특성이다. 이에는 부동성(지리적 위치의 고정성, 비이동성), 영속성(불변성), 부증성(비생산성), 개별성(비동질성, 비대체성), 인접성(연결성) 등의 특성을 들 수 있는데, 구체적으로 살펴보면 다음과 같다.

(1) 부동성(지리적 위치의 고정성 또는 비이동성)

부동성은 토지의 위치가 인위적으로 이동하거나 지배하지 못한다는 특성으로, 지리적 위치의 고정성이라고도 한다. 모든 부동산활동은 부동성을 전제로 전개된다.

■ 부동성으로부터 파생되는 특징

① 부동산과 동산의 구별기준이 되고, 부동산권리의 공시방법이 동산과 다르게 되는 근거가 된다.
② 부동산활동 및 부동산현상을 국지화한다.
③ 부동산활동을 **임장(臨場)활동***, 정보활동, 중개활동, 입지선정활동으로 만든다.
④ 부동산시장을 **추상적 시장과 구체적 시장***으로 만든다.
⑤ 부동산시장을 불완전경쟁시장으로 만든다.
⑥ 토지의 이용방식이나 입지선정에 영향을 미친다.

🔍 용어 정리

* 임장(臨場)활동
책상 위에서의 탁상활동과 대응되는 개념으로 장소에 임한다는 뜻이며, 현장에 직접 가보는 부동산활동을 말한다. 부동산은 부동성이라는 특성이 있으므로 의사결정을 위해서는 현장을 방문하여 직접 확인하는 임장활동이 필요하다.

* 추상적 시장과 구체적 시장
부동산시장은 정의하는 견해에 따라 추상적 시장이 될 수도 있고, 구체적 시장이 될 수도 있다. 부동산시장을 자본시장의 일종으로 보면 추상적 시장이 되고, 지리적 구역(market area)으로 보면 구체적 시장이 된다.

(2) 영속성(내구성·불변성·비소멸성·불괴성)

영속성은 사용이나 시간의 흐름에 의해 소모와 마멸이 되지 않는다는 특성이다. 유용성의 측면에서는 변화할 수 있으므로 양면성을 가지고 있다.

■■ 영속성으로부터 파생되는 특징

① 토지에 **감가상각***의 적용을 배제시킨다.
② 토지의 가치보존력을 우수하게 한다.
③ 내용연수가 무한하므로 토지의 수익 등의 유용성을 영속적으로 만든다.
④ 부동산활동을 장기적으로 배려하게 한다.
⑤ 토지의 용도를 더욱 유효하게 만들며, 재개발·재활용 등을 통해 영속적인 이용을 가능하게 한다.

📖 용어 정리

* **감가상각**
  시간의 흐름에 따라 자산의 가치가 감소하는 것을 말한다. 감가상각은 물리적 감가상각, 기능적 감가상각, 경제적 감가상각으로 구분되는데, 토지는 영속성으로 인해 물리적 감가상각을 하지 않는다.

(3) 부증성(비생산성·불확장성·면적의 유한성·수량고정성) ⇨ **토지의 희소성의 근거**

부증성은 거시적 측면에서 토지의 양이 불변이라는 것이며, 생산비를 투입하여 물리적으로 양을 늘릴 수 없다는 특성이다. 따라서 **물리적 공급***은 불가능하다. 그러나 용도전환을 통한 공급은 가능한데, 이를 **경제적 공급***이라고 한다.

📖 용어 정리

* **토지의 물리적 공급**
  토지의 절대적 공급 또는 생산공급을 말하는 것으로, 이는 공급이 불가능하다.

* **토지의 경제적 공급**
  토지의 경제적 이용도를 증대시키는 용도전환을 말한다. 상대적 공급, 용도적 공급, 용도전환을 통한 공급, 보유공급 등으로 표현할 수 있으며, 이는 공급이 가능하다.

■■ 부증성으로부터 파생되는 특징

① 토지에 생산비의 법칙이 적용되지 않게 한다.
② 토지의 희소성을 지속시킨다.
③ 토지이용을 집약화시킨다.
④ 토지부족 문제의 근원이 되어 지가 상승의 원인이 된다.

(4) 개별성(비대체성·비동질성·이질성)

개별성은 지리적 위치의 고정성으로 인해 물리적으로 완전히 동일한 복수의 토지는 있을 수 없다는 특성이다. 이는 부동성에서 연유된 특성으로, 물리적으로는 비대체적이나 이용 측면에서는 대체가 가능하다.

■ 개별성으로부터 파생되는 특징

① 토지의 가격이나 수익이 개별로 형성되어 **일물일가(一物一價)의 법칙***의 적용을 배제시킨다.
② 개개의 부동산을 구별하고 그 가격이나 수익 등을 개별화·구체화시킨다.
③ 부동산활동이나 현상을 개별화시킨다.
④ 개개의 부동산을 독점화시킨다.

용어 정리

* 일물일가(一物一價)의 법칙
동일한 시점, 동일한 시장, 동일한 재화와 서비스에 대해서는 언제나 하나의 가격만이 성립한다는 원칙이다. 이는 완전경쟁시장에서 적용될 수 있는 원칙이다.

(5) 인접성(연속성, 연결성)

인접성이란 토지는 지표의 일부이므로 물리적으로 보는 토지는 반드시 다른 토지와 연결되어 있다는 특성이다.

■ 인접성으로부터 파생되는 특징

① 토지이용에 있어 협동적 논리 주장의 근거가 된다.
② 가치형성 시 인접지의 영향을 받게 한다.
③ 소유와 관련하여 경계문제를 불러일으킨다.
④ 개발이익의 사회적 환수논리의 근거가 된다.

2. 인문적 특성

인문적 특성이란 토지가 인간과 어떤 관계를 가질 때 나타나는 특성으로서, 후천적·인위적·가변적인 사회적 특성이다. 이는 부동산 생활관계에서 인간이 인위적으로 부동산에 부여한 특성이다.

(1) 용도의 다양성

용도의 다양성이란 토지는 일반재화와 달리 주거용지, 산업용지, 공공용지 등 여러 가지 용도로 이용할 수 있다는 특성이다.

■ 용도의 다양성으로부터 파생되는 특징

① **최유효이용***의 판단 근거가 되며, 그로 인한 재산상의 가치를 증대시키는 요인이 되기도 한다.
② 이행과 전환을 가능하게 한다.
③ 부동산 용도전환을 통해 토지의 경제적 공급을 가능하게 한다.

용어 정리

* **최유효이용**
객관적인 양식과 통상의 이용 능력을 가진 사람에 의한 합리적이고 합법적인 최고·최선의 사용방법으로, 부동산의 유용성이 최고로 발휘되는 사용방법을 말한다. 최유효이용은 부동산과 인간의 관계 개선을 위한 모든 부동산활동의 행위기준이 된다.

(2) 병합·분할의 가능성

병합·분할의 가능성이란 토지는 목적 등에 따라 그 면적을 인위적으로 큰 규모 또는 작은 규모로 합치거나 나누어 사용할 수 있다는 특성이다.

■ 병합·분할의 가능성으로부터 파생되는 특징

① 용도의 다양성을 지원하는 기능을 갖게 한다.
② 합병 증가·감가 또는 분할 증가·감가를 발생하게 한다.

(3) 위치의 가변성

토지는 사회적·경제적·행정적인 원인에 의해 환경의 변화를 가져오는데, 이를 사회적·경제적·행정적 위치의 가변성이라고 한다.

2 건물의 특성

건물은 토지와 달리 인위적인 성격이 가미되므로 생산이 가능하고, 내용연수를 가진 내구소비재로서 토지와 구별되는 특성을 가진다.

PART 2 **부동산학 각론**

부동산학 각론에서는 부동산경제론, 부동산시장론, 부동산정책론, 부동산투자론, 부동산금융론, 부동산개발 및 관리론에 대해 학습합니다. 특히, 부동산경제론, 부동산정책론, 부동산투자론, 부동산금융론의 출제비중이 높으므로 잘 학습해 두도록 합니다.

Chapter 01 부동산경제론

> **학습포인트** 부동산의 수요와 공급, 균형가격과 균형량, 수요와 공급의 탄력성과 부동산 경기변동에 대해 이해한다.

1 부동산의 수요와 공급

1. 부동산의 수요

(1) 수요

① 수요의 개념

㉠ 수요(需要, demand)란 일정 기간 또는 시점에 사람들이 **재화와 서비스***를 구매하고자 하는 욕구를 말한다. 사람들이 재화와 서비스를 필요로 하는 것을 수요라고 한다면, 이 수요를 실제로 행동에 옮기는 것을 소비(消費)라고 한다(이를 소비수요라고 한다). 또한 수요를 정의할 때 일정 기간을 전제로 하는 개념을 **유량(流量, flow)***이라고 하며, 일정 시점을 전제로 하는 개념을 **저량(貯量, stock)***이라고 한다.

> **용어 정리**
>
> * **재화와 서비스**
> - 재화: 형태가 있어 만지고 보관할 수 있는 유형의 것을 말한다.
> - 서비스: 형태가 없어 만지거나 보관할 수 없는 무형의 것을 말한다.
>
> * **유량(流量, flow)**
> 일정 기간을 전제로 하는 개념이다. 이는 1일간, 1개월간, 1년간 등의 기간을 명시해야 그 의미가 명확히 전달될 수 있다는 뜻이다.
> 예 임대료 수입, 노동자 소득, 신규주택 공급량, 가계소비, 주택거래량, 부동산회사의 당기순이익, 국민총생산 등
>
> * **저량(貯量, stock)**
> 일정 시점을 전제로 하는 개념이다.
> 예 가계 자산, 통화량, 도시인구, 주택재고량, 보유부동산의 시장가치, 외환보유액 등

ⓒ 재화나 서비스를 구매하고자 하는 사람을 수요자라고 하며, **주어진 가격수준에서 사람들이 구매하려고 의도된 수량을 수요량**이라고 한다. 수요량은 막연히 의도된 수량이 아니라 **구매력(purchasing power)**을 가지고 **구입하고자 하는 의도된 수량**을 의미한다. 구매력이란 재화나 서비스를 구입할 수 있는 능력을 말하며, 구매력이 뒷받침된 수요를 유효수요라고 한다.

② **수요곡선과 수요의 법칙***

ⓒ 어떤 재화의 수요곡선이란 해당 재화의 가격이 변할 때 그 재화의 수요량이 어떻게 변하는지를 보여 주는 곡선이다. 이 경우 해당 재화의 수요량에 영향을 미치는 **다른 모든 요인들은 일정하다***고 가정한다.

📖 용어 정리

***수요의 법칙**
어떤 재화의 단위당 가격(임대료)이 상승하면 수요량은 감소하고, 단위당 가격(임대료)이 하락하면 수요량은 증가하는 관계, 즉 가격(임대료)과 수요량 사이의 반비례(−) 관계를 수요의 법칙이라고 한다. 수요의 법칙을 그림으로 나타낸 것이 수요곡선인데, 우하향의 모양을 갖는다.

***다른 모든 요인들은 일정하다**
경제현상을 분석할 때 분석 대상 이외의 다른 모든 것들에는 변화가 없이 일정하다고 가정하는 것을 '세터리스 패리버스(ceteris paribus)' 가정이라고 한다. 세터리스 패리버스는 라틴어로 '다른 조건이 동일하다(other things being equal)'라는 뜻이다.

ⓒ 다른 모든 요인들이 일정할 때 어떤 한 재화의 가격이 상승하면 수요량은 감소하고, 가격이 하락하면 수요량은 증가한다. 이와 같이 **가격과 수요량 사이의 반비례 관계를 수요의 법칙**이라고 한다. 다음 그림과 같이 재화의 가격과 수요량 사이의 반비례 관계를 좌표축상에 그림으로 나타낸 것을 수요곡선이라고 한다.

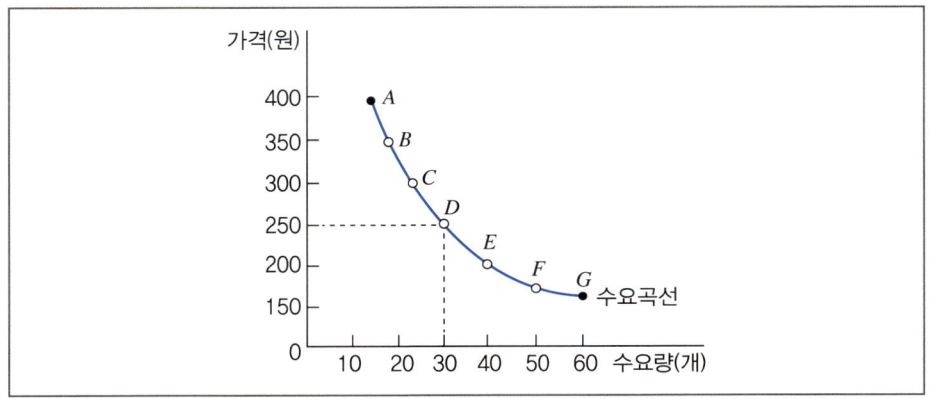

위의 그림은 가로축에 재화의 수량을, 세로축에 재화의 가격을 표시한 좌표축이다. 수학에서는 어떤 함수관계를 좌표축에 나타낼 경우 일반적으로 독립변수(x)는 가로축에, 종속변수(y)는 세로축에 나타낸다.

따라서 수요량은 가격의 함수이므로 수학의 원리대로 하면 가격을 가로축에, 수요량을 세로축에 표시해야 한다. 그러나 경제학에서는 가격(P)을 세로축에, 수량(Q)을 가로축에 나타내고 있다.* 이와 같은 경제학의 관례에 따라 부동산학에서도 가격을 세로축에, 수량을 가로축에 놓고 수요와 공급을 분석하고 있다. 앞의 그림에서 수요곡선의 형태가 우하향의 모양을 갖는 이유는 수요의 법칙 때문이다.

> **용어 정리**
>
> *경제학에서의 수요·공급분석과 좌표축
> 경제학에서 수요와 공급을 분석할 때 가격을 세로축(y축)에, 수량을 가로축(x축)에 놓는 관계는 영국의 경제학자 마샬(Alfred Marshall, 1842~1924)이 가격을 세로축에, 수량을 가로축에 놓고 가격결정원리를 분석한 이래 관례가 되고 있다.

③ **개별수요와 시장수요**: 개개인을 대상으로 하는 수요량과 수요곡선은 개별수요량과 개별수요곡선이다. 그러나 재화와 서비스를 구입하는 시장에는 수많은 사람들이 존재한다. 각각의 재화 가격수준에서 시장에 존재하는 모든 사람들의 개별수요량을 더해 주면 시장수요량을 구할 수 있다. 따라서 시장에 존재하는 사람들의 개별수요곡선을 합해 시장수요곡선을 구할 수 있다. 이렇게 구해진 시장수요곡선 역시 수요의 법칙에 따라 우하향의 형태로 나타난다.

④ **수요량의 변화와 수요의 변화**
   ㉠ **수요량의 변화**: 다른 모든 요인들이 일정하다고 가정할 때 해당 재화의 가격이 하락(상승)하면 수요량은 증가(감소)하는데, 이와 같이 해당 재화의 가격변화에 의한 수요량의 변화를 수요량의 변화라고 한다. 이러한 변화는 해당 재화의 수요곡선상의 어느 한 점에서 다른 한 점으로 이동하는 것으로 나타난다.
   ㉡ **수요의 변화**: 일정하다고 가정한 해당 재화의 가격 이외의 다른 요인의 변화에 의한 수요량의 변화를 수요의 변화라고 한다. 이러한 변화는 해당 재화의 수요곡선 자체의 이동으로 나타난다.

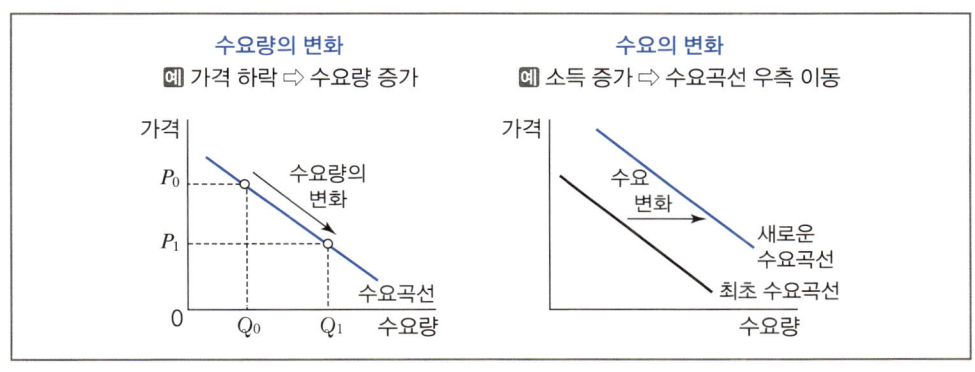

⑤ **수요변화의 요인**: 수요량의 변화를 야기하는 해당 재화의 가격 이외의 요인을 말한다.
   ㉠ 소비자의 소득: 일반적으로 소득이 증가하면 재화나 서비스의 수요가 증가하고, 소득이 감소하면 수요가 감소한다. 그러나 재화나 서비스 중에는 소득이 증가하면서 오히려 수요가 감소하는 것도 있다. 예를 들어, 돼지고기를 소비하던 사람이 소득이 증가하여 돼지고기 대신 소고기를 소비하게 되면, 소득이 증가하는데도 돼지고기에 대한 수요는 오히려 감소한다. 이처럼 소득이 증가함에 따라 그 수요가 증가하는 재화와 서비스를 정상재(正常財, normal goods)라고 하고, 소득이 증가함에 따라 그 수요가 감소하는 재화와 서비스를 열등재(劣等財, inferior goods)라고 한다. 일상생활에서는 대부분의 재화나 서비스가 정상재이며, 열등재라 할지라도 소득이 낮은 수준에서는 정상재였다가 소득이 어느 수준을 넘어서면 열등재로 바뀌는 경우가 많다. 위에서 예로 든 돼지고기와 소고기의 소비도 이에 해당한다.

   이제 소비자의 소득의 변화가 수요를 변화시키는 경우를 살펴보자. 먼저 정상재의 경우이다. 어느 정상재의 가격에 아무런 변화가 없더라도 소비자의 소득이 증가하면, 소비자는 해당 재화의 수요를 증가시킬 것이다. 즉, 소득이 증가하면 정상재의 수요는 증가하여 해당 재화의 수요곡선은 우측으로 이동하게 된다. 이와 반대로 소득이 감소하면 정상재의 수요는 감소하여 해당 재화의 수요곡선은 좌측으로 이동하게 된다.

   다음은 열등재의 경우이다. 어느 열등재의 가격에 아무런 변화가 없더라도 소비자의 소득이 증가하면, 소비자는 해당 재화의 수요를 감소시킬 것이다. 즉, 소득이 증가하면 열등재의 수요는 감소하여 해당 재화의 수요곡선은 좌측으로 이동하게 된다. 이와 반대로 소득이 감소하면 열등재의 수요는 증가하여 해당 재화의 수요곡선은 우측으로 이동하게 된다.

   ㉡ 다른 재화의 가격변화: 일상생활에서 사과와 배, 커피와 녹차, 콜라와 사이다 등과 같은 재화들은 용도가 비슷하여 한 재화 대신에 다른 재화를 소비해도 만족도에는 별 차이가 없게 되는데, 이처럼 용도 간에 서로 경쟁관계에 있는 재화들을 대체재(代替財, substitutional goods)라고 하며, 대체재 간에는 대체관계에 있다고 말한다. 또한 자동차와 휘발유, 커피와 커피크림, 만년필과 잉크와 같은 재화들은 한 재화를 따로 소비할 때보다 함께 소비할 때 더 큰 만족을 얻을 수 있는데, 이와 같은 재화들을 보완재(補完財, complementary goods)라고 하며, 보완재 간에는 보완관계에 있다고 말한다.

이제 한 재화의 가격 변화가 다른 재화의 수요를 변화시키는 경우를 살펴보자. 먼저 대체재의 경우이다. 다른 모든 조건에는 변화가 없고 대체재인 콜라와 사이다 중 콜라의 가격이 상승하면 사람들은 콜라의 수요량을 감소시키고, 그 대신 상대적으로 저렴한 사이다의 수요량을 증가시킨다. 즉, 사이다 가격에 아무런 변화가 없더라도 대체관계에 있는 콜라의 가격이 상승하면 사이다의 수요곡선은 우측으로 이동하는 것이다. 이와 반대로 콜라의 가격이 하락하면 콜라의 수요량이 증가하고 대체관계인 사이다의 수요량이 감소하므로, 사이다의 수요곡선은 좌측으로 이동하게 된다.

다음은 보완재의 경우이다. 다른 모든 조건에는 변화가 없고 보완재인 커피와 커피크림 중 커피의 가격이 상승하면 사람들은 커피의 수요량을 감소시키고, 그에 따라 보완관계인 커피크림의 수요량도 감소하게 된다. 즉, 커피크림 가격에 아무런 변화가 없더라도 보완관계에 있는 커피의 가격이 상승하면 커피크림의 수요곡선은 좌측으로 이동하는 것이다. 이와 반대로 커피의 가격이 하락하면 커피의 수요량이 증가하고 보완관계인 커피크림의 수요가 증가하므로, 커피크림의 수요곡선은 우측으로 이동하게 된다.

ⓒ **소비자의 가격예상**: 사람들이 어떤 재화의 가격이 가까운 장래에 상승할 것으로 예상한다면, 가격이 상승하기 전에 그 재화를 보다 많이 사두려 하기 때문에 그 재화에 대한 수요가 증가한다. 이를 **가수요(假需要)*** 라고 한다. 이와 반대로 사람들이 어떤 재화의 가격이 가까운 장래에 하락할 것으로 예상한다면, 가격이 하락한 다음에 그 재화를 사려고 구매를 미루기 때문에 그 재화에 대한 수요는 감소한다.

> **용어 정리**
>
> ***가수요(假需要)**
> 어떤 상품의 가격이 오를 것 같거나 상품이 부족하게 될 것 같은 상황에서 실제 필요가 없음에도 불구하고 상품을 미리 사두는 것을 말한다.

ⓓ **그 밖의 수요변화 요인**: 수요는 소비자의 기호 변화, 소비자의 수, 경기 전망, 금리의 수준, 부동산에 대한 조세, 재산 등에 의해 영향을 받는다.

(2) 부동산의 수요

부동산의 수요란 사람들이 토지나 건물 등 부동산을 구입하고자 하는 욕구로, 토지에 대한 수요와 건물에 대한 수요로 나누어 볼 수 있다. 건물에 대한 수요와 달리 토지에 대한 수요는 토지 그 자체가 아니라 토지를 이용하여 각종 재화나 서비스를 창출할 수 있기 때문에 토지수요가 생성된다.

또한 부동산은 일반재화와 비교하여 볼 때 가격비중이 크므로 구매자금을 축적하는데 오랜 시간이 요구되는 편이다. 부동산의 구매결정을 짓는 사항들은 일반재화에 비해 전문적이고 복잡하므로 검토할 내용이 많다.

2. 부동산의 공급

(1) 공급

① **공급의 개념**: 공급(供給, supply)이란 일정 기간 또는 시점에 사람들이 재화와 서비스를 판매하고자 하는 욕구를 말한다. 공급은 일반적으로 일정한 기간을 전제로 하는 개념으로 유량이며, 일정 시점을 전제로 성립하는 저량의 공급량도 존재한다. 재화나 서비스를 판매하고자 하는 사람을 공급자라고 하며, 주어진 가격수준에서 판매하려고 의도된 양을 공급량이라고 한다.

② **공급곡선과 공급의 법칙***

   ㉠ 어떤 재화의 공급곡선이란 해당 재화의 가격이 변할 때 그 재화의 공급량이 어떻게 변하는지를 보여 주는 곡선이다.

> **📖 용어 정리**
>
> *공급의 법칙
> 어떤 재화의 단위당 가격(임대료)이 상승하면 공급량이 증가하고, 단위당 가격(임대료)이 하락하면 공급량은 감소하는 관계, 즉 가격(임대료)과 공급량 사이의 비례(+) 관계를 공급의 법칙이라고 한다. 공급의 법칙을 그림으로 나타낸 것이 공급곡선인데, 우상향의 모양을 갖는다.

   ㉡ 다른 모든 요인들이 동일할 때 어떤 한 재화의 가격이 상승하면 공급량이 증가하고, 가격이 하락하면 공급량이 감소한다. 이와 같이 해당 가격과 공급량 간의 비례 관계를 공급의 법칙이라고 한다.

   ㉢ 또한 해당 재화의 가격과 공급량 사이의 비례 관계를 좌표축상에 그림으로 나타낸 것을 공급곡선이라고 한다. 다음 그림에서 공급곡선의 형태가 우상향의 모양을 갖는 이유는 공급의 법칙 때문이다.

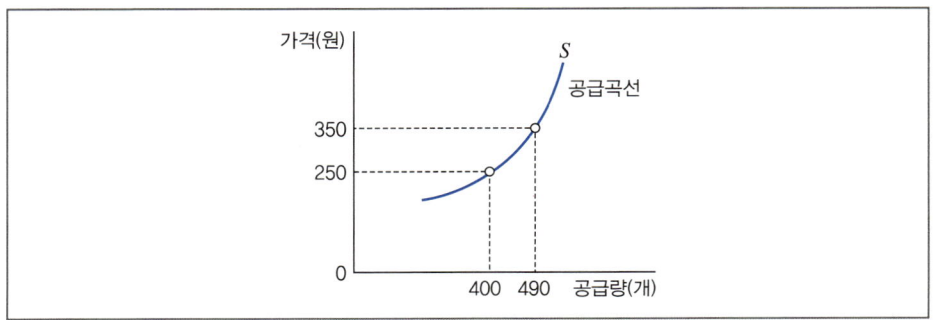

③ **개별공급과 시장공급**: 개개인을 대상으로 하는 공급량과 공급곡선은 개별공급량과 개별공급곡선이다. 그러나 재화와 서비스를 판매하는 시장에는 수많은 사람들이 존재한다. 각각의 재화 가격수준에서 시장에 존재하는 모든 사람들의 개별공급량을 더해 주면 시장 공급량을 구할 수 있다. 따라서 사람들의 개별공급곡선을 합해 시장공급곡선을 구할 수 있다. 이렇게 구해진 시장공급곡선 역시 공급의 법칙에 따라 우상향의 형태로 나타난다.

④ **공급량의 변화와 공급의 변화**
  ㉠ **공급량의 변화**: 다른 모든 요인들이 일정하다고 가정할 때 해당 재화의 가격이 상승(하락)하면 공급량은 증가(감소)하는데, 이와 같이 해당 재화의 가격변화에 의한 공급량의 변화를 공급량의 변화라고 한다. 이러한 변화는 해당 재화의 공급곡선상의 어느 한 점에서 다른 한 점으로 이동하는 것으로 나타난다.
  ㉡ **공급의 변화**: 일정하다고 가정한 해당 재화의 가격 이외의 다른 요인의 변화에 의한 공급량의 변화를 공급의 변화라고 한다. 이러한 변화는 해당 재화의 공급곡선 자체의 이동으로 나타난다.

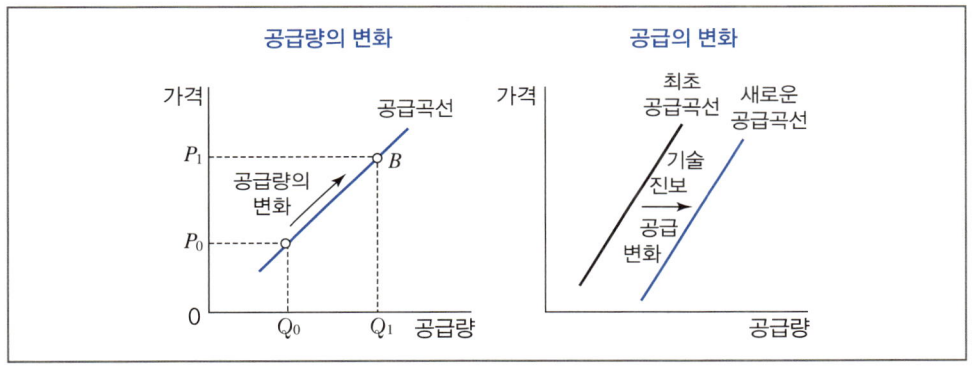

⑤ **공급변화의 요인**: 공급량의 변화를 야기하는 해당 재화의 가격 이외의 요인을 말한다.
  ㉠ **생산요소 가격의 변화**: 생산요소 가격의 변화는 생산비의 변화를 초래하여 공급을 변화시킨다. 해당 재화의 가격에 변화가 없더라도 생산요소 가격이 하락하여 생산비가 낮아지면 공급자는 해당 재화의 공급을 증가시킬 것이다. 즉, 생산요소 가격이 하락하여 생산비가 낮아지면 해당 재화의 공급이 증가하여 공급곡선은 우측으로 이동하게 된다. 이와 반대로 생산요소 가격이 상승하여 생산비가 높아지면 해당 재화의 공급이 감소하여 공급곡선은 좌측으로 이동하게 된다.

- ⓛ **기술수준의 변화**: 기술수준의 변화 역시 공급량을 변화시켜 공급곡선의 이동요인이 된다. 해당 재화의 가격에 변화가 없더라도 동일한 규모의 생산요소를 사용하여 더 많이 생산할 수 있는 기술이 개발된다면 해당 재화의 공급이 증가하여 공급곡선은 우측으로 이동하게 된다. 이와 반대로 기술이 퇴보하면 해당 재화의 공급이 감소하여 공급곡선은 좌측으로 이동하게 된다.
- ⓒ **그 밖의 공급변화 요인**: 공급은 다른 재화의 가격 변화, 조세 및 보조금, 공급자의 수, 금리의 수준 등에 의해 영향을 받는다.

(2) 부동산의 공급

① **부동산공급의 개념**: 부동산, 특히 토지는 부증성의 특성이 있으므로 물리적인 공급이 불가능하다. 그러나 건물은 물리적인 공급이 가능하고, 토지의 경우도 경제적인 공급이 가능하다. 부동산공급자에는 생산자뿐만 아니라 기존의 주택이나 건물의 소유주도 포함된다.

② **부동산의 공급곡선**

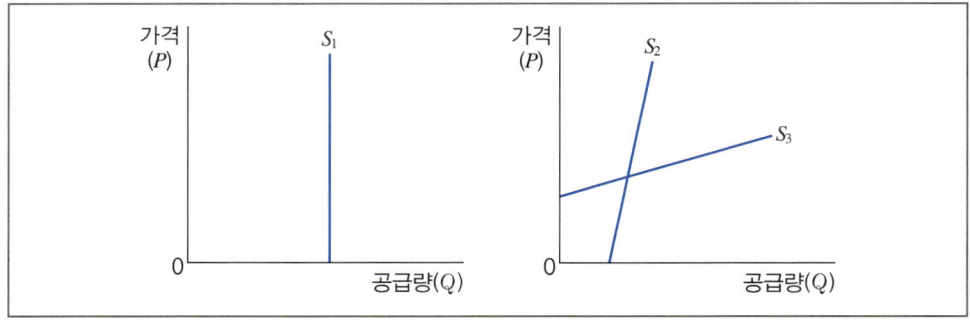

- ⓐ 공급곡선의 기울기는 공급이 쉬운지 어려운지를 나타낸다. 즉, 공급이 쉬울수록 공급곡선의 기울기는 완만해지고, 공급이 어려울수록 공급곡선의 기울기는 급해진다. 이때 공급곡선이 급하다는 것은 가격이 크게 올라가도 공급을 늘리기가 어렵다는 것을 의미한다. 반면, 공급곡선이 완만하다는 것은 가격이 작게 올라가도 공급을 늘리기가 쉽다는 것을 의미한다.
- ⓑ 토지의 자연적 특성인 부증성으로 인해 어떤 가격수준에서도 물리적으로 이용 가능한 토지의 양은 동일하다. 따라서 토지의 물리적 공급곡선은 수직선으로 나타난다(S_1). 다만, 토지는 용도전환을 통한 공급이 가능하므로 토지의 경제적 공급은 우상향곡선의 모양으로 나타난다(S_2). 공급곡선이 급한 것은 완만한 것에 비해 가격이 상승한다 할지라도 공급이 어렵다는 것을 의미한다.

ⓒ 단기공급곡선이 장기공급곡선에 비해 경사도가 급한 것은 단기에는 그만큼 공급이 어렵다는 것을 의미한다. 왜냐하면 단기에는 생산요소(토지 등)의 사용이 장기에 비해 상대적으로 제한되거나 용도전환도 그만큼 어렵기 때문이다. 장기공급곡선이 단기공급곡선에 비해 경사도가 완만한 것은 장기에는 그만큼 공급이 쉬워진다는 것을 의미한다. 즉, 장기에는 단기에 비해 생산요소(토지 등)의 사용도 쉬워지고, 용도전환도 그만큼 가능하므로 공급곡선이 보다 완만해진다(S_3).

ⓓ 생산요소의 사용가능성이나 용도전환의 가능성의 정도에 따라 공급곡선의 기울기는 달라진다. 즉, 생산요소의 사용가능성을 제한하거나 용도전환을 제한하는 법규가 많을수록 공급곡선은 급해지고, 생산요소의 사용가능성이 풍부해지거나 용도전환을 제한하는 법규가 완화될수록 공급곡선은 완만해진다.

3. 부동산시장의 가격결정

(1) 균형가격과 균형량의 결정

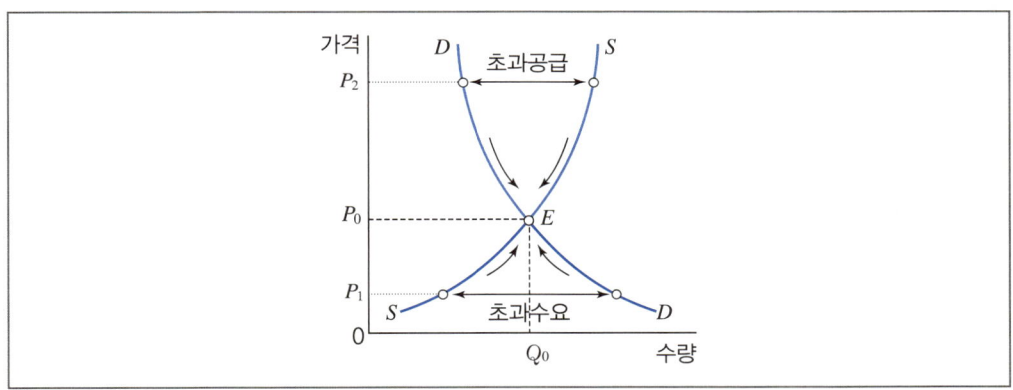

① 일정한 가격수준에서 사람들이 사고자 하는 시장수요량이 팔고자 하는 시장공급량보다 많아 재화의 부족이 발생할 때 이 부족분을 초과수요라고 한다. 초과수요 상태에서는 주어진 가격수준에서 재화를 사고자 하는 사람들이 원하는 수량을 모두 얻을 수가 없다. 현재의 가격에서 원하는 수량만큼을 사지 못한 사람들 중 재화를 간절히 원하는 사람들은 좀 더 높은 가격을 지불하더라도 그 재화를 사려고 할 것이다. 이로 인하여 재화의 가격이 상승하기 시작하면서 해당 재화를 팔려는 사람들에게는 더 많이 공급하려는 유인이 발생하므로 공급량이 늘어나게 된다.

또한 재화의 가격이 올라가면서 수요량은 줄어들기 때문에 해당 재화를 사지 못한 사람도 점차 줄어들게 된다. 이러한 과정에서 초과수요는 점차 줄어들게 되어 가격이 충분히 오르면 시장수요량과 시장공급량이 일치하는 결과가 나타나게 될 것이다.

② 일정한 가격수준에서 사람들이 팔고자 하는 시장공급량이 사고자 하는 시장수요량보다 많아 재화가 남아돌 때 이 잉여분을 초과공급이라고 한다. 초과공급 상태에서는 주어진 가격수준에서 재화를 팔고자 하는 사람들이 팔고자 하는 수량을 모두 팔 수 없게 된다. 현재의 가격에서 원하는 수량만큼을 팔지 못한 사람들 중 일부는 재화의 가격을 낮추어서라도 팔려고 할 것이고, 이 과정에서 다른 사람들도 가격을 낮추게 된다. 이로 인해 재화의 가격이 하락하기 시작하면서 해당 재화를 사려는 사람들에게는 더 많이 사려는 유인이 발생하여 수요량이 늘어나게 된다. 또한 재화의 가격이 하락하면서 공급량은 줄어들기 때문에 해당 재화를 팔려는 사람도 점차 줄어들게 된다. 이러한 과정에서 초과공급은 점차 줄어들게 되어 가격이 충분히 하락하면 시장공급량과 시장수요량이 일치하는 결과가 나타나게 될 것이다.

③ 이와 같은 조정 과정을 거쳐 일정한 가격수준에서 시장수요량과 시장공급량이 일치하여 시장에 참여하는 모든 사람들이 원하는 수량을 사고팔게 된다면, 더 이상 가격과 수량에 변화의 여지가 없어진다. 이러한 상태를 균형(equilibrium)이라고 한다. 즉, 균형(equilibrium) 또는 균형 상태란 변화를 가져오는 유인이 존재하지 않는 상태를 말한다. 다시 말해, 균형 상태는 일단 도달하면 다른 상태로 바뀔 유인이 없어 그대로 유지되는 상태이다. 위의 그림에서 균형점은 수요량과 공급량이 일치하는 E점이 되고, 균형가격은 P_0, 균형량은 Q_0가 된다. 균형가격 P_0보다 높은 P_2 수준에서는 공급량이 수요량을 초과하여 초과공급이 존재하고, 균형가격 P_0보다 낮은 P_1 수준에서는 수요량이 공급량을 초과하여 초과수요가 존재한다.

④ 시장에서 사람들은 가격과 수량을 상호 조정하면서 균형에 도달하게 된다. 결국, 시장에서 거래되는 모든 재화와 서비스의 가격과 수량은 우리도 모르는 사이에 자연스럽게 조정이 이루어진 결과이다. 이러한 조정에 의해 가격수준과 수량이 결정되면 시장에서 균형이 달성되었다고 하며, 이때의 가격을 균형가격이라고 하고, 수량을 균형거래량 또는 간단히 균형량이라고 한다. 결론적으로 **시장균형은 시장수요곡선과 시장공급곡선이 교차하는 곳에서 결정**된다.

(2) 시장균형의 변동

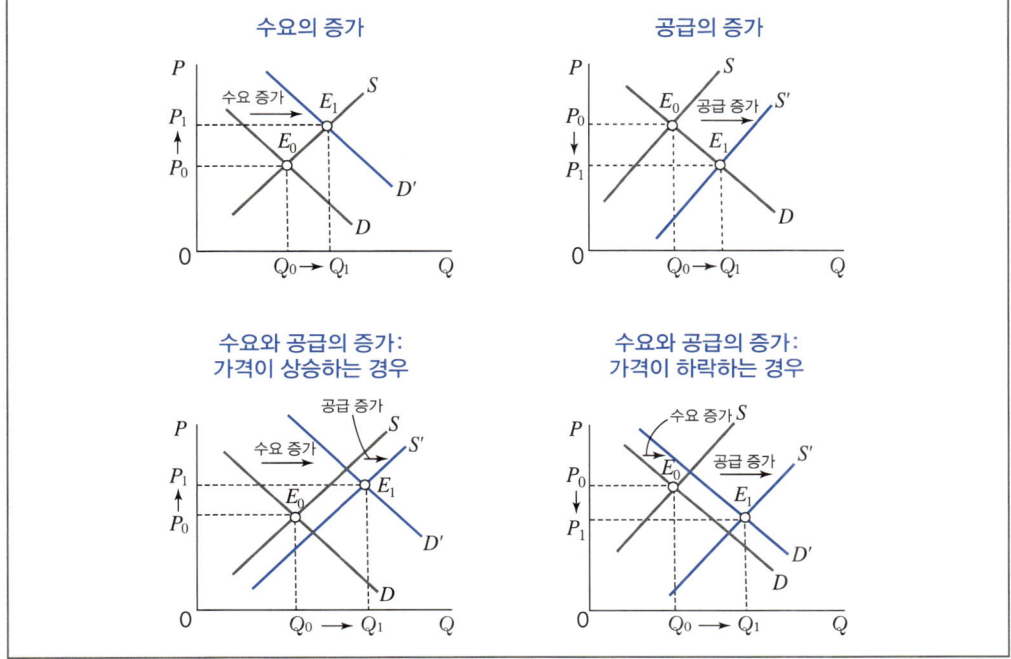

➕ 수요나 공급이 변동하면 그에 따라 균형점도 변동한다.

① **수요의 변화와 균형의 변동**: 공급이 일정한 상태에서 소비자의 소득이 증가하거나 대체재 관계에 있는 재화의 가격이 상승하여 수요가 증가하였을 경우에는 초과수요가 발생하여 가격이 상승하고 균형량이 증가한다. 수요가 감소하였을 경우에는 초과공급이 발생하여 가격이 하락하고 균형량이 감소한다.

② **공급의 변화와 균형의 변동**: 수요가 일정한 상태에서 인건비나 원자재 가격의 하락으로 공급이 증가하였을 경우에는 초과공급이 발생하여 가격이 하락하고 균형량이 증가한다. 공급이 감소하였을 경우에는 초과수요가 발생하여 가격이 상승하고 균형량이 감소한다.

4. 수요와 공급의 탄력성

(1) 수요의 가격탄력성

① 개념

    ㉠ 어떤 재화의 가격이 변할 때 그 재화의 수요량이 얼마나 변했는지를 측정할 수 있다. 즉, 가격변화라는 자극에 대해 수요량이 얼마나 민감하게 반응하는지의 정도를 측정할 수 있는 것이다. 이처럼 자극(가격변화)에 대한 반응(수요량변화)의 정도를 나타내는 척도를 탄력성(elasticity)이라고 한다.

ⓒ 같은 금액의 가격이 올랐을 때 A의 수요량은 1단위가 감소하고 B의 수요량은 2단위가 감소한다면, 가격변화에 대해 B의 수요가 A의 수요에 비해 더 민감하게 반응한다고 단정할 수 있을지 고려해 보자. 결론부터 말하면 그렇지 않다. A와 B의 측정단위가 다르다면 단순비교를 할 수 없게 되기 때문이다. 또한 최초의 가격수준이나 수요량 수준도 문제가 된다. 같은 가격 100원이 올랐더라도 100원에서 200원으로 올라간 것과 1,000원에서 1,100원으로 올라간 것은 전혀 다른 가격변화이기 때문이다. 이러한 문제를 해결하기 위해서는 가격변화에 대한 수요량 변화의 민감도를 측정하기 위한 표준화된 방법이 필요하다. 그것이 바로 수요의 가격탄력성인데, 이는 가격 변화율을 분모에 놓고 수요량 변화율을 분자에 놓아 구한 것이다. 이때 주의할 것은 **변화분(變化分)***이 아닌 **변화율(變化率)***이라는 것이다.

$$수요의\ 가격탄력성(\varepsilon_d) = \left|\frac{수요량\ 변화율}{가격\ 변화율}\right|$$

📖 용어 정리

* 변화분(變化分)
바뀌어 달라지는 정도를 나타내는 것으로, 나중 것에서 처음 것을 뺀 값을 말한다.
예 5에서 7로의 변화분은 2이다.

* 변화율(變化率)
바뀌어 달라지는 비율을 나타내는 것으로, 처음 것에 대한 변화분의 비율을 말한다.
예 5에서 7로의 변화율은 $\frac{7-5}{5} \times 100 = 40\%$이다.

ⓒ 수요의 법칙에 의해 가격과 수요량은 반대 방향으로 움직이므로 수요의 가격탄력성을 계산하면 음(−)의 값을 갖는다. 그러나 음(−)의 부호는 가격과 수요량의 방향 때문에 생겨난 것이므로 수요의 가격탄력성을 나타낼 때에는 음(−)의 부호를 무시하고 절댓값으로 나타낸다.

ⓔ 어느 재화의 가격이 10% 상승할 때 그 재화의 수요량이 20% 감소한다면 수요의 가격탄력성은 절댓값으로 2(= 20% ÷ 10%)이다. 이는 해당 재화의 가격이 1% 상승(하락)하면 수요량은 2% 감소(증가)한다는 것을 의미한다.

② **수요의 가격탄력성과 종류**: 수요량 변화율을 가격 변화율로 나눈 수요의 가격탄력성은 0과 무한대(∞) 사이의 값을 갖는다.

ⓐ 한 상품에 대한 수요량 변화율이 가격 변화율과 같다면 수요의 가격탄력성은 1이 된다. 이 경우 수요가 가격에 대해 '단위탄력적(unitary elastic)'이라고 한다.

ⓒ 한 상품에 대한 수요량 변화율이 가격 변화율보다 커서 수요의 가격탄력성이 1보다 크면, 수요가 가격에 대해 '탄력적(elastic)'이라고 한다.

ⓒ 수요량 변화율이 가격 변화율보다 작아 수요의 가격탄력성이 1보다 작으면, 수요가 가격에 대해 '비탄력적(inelastic)'이라고 한다.

② 가격이 아무리 변해도 수요량에 아무런 변화가 없다면 수요량 변화율이 0이 되므로 수요의 가격탄력성은 0이 된다. 이 경우 수요가 가격에 대해 '완전비탄력적'이라고 한다.

ⓜ 거의 0에 가까운 변화가 아주 큰 수요량 변화를 초래한다면 수요의 가격탄력성은 무한대(∞)이다. 이 경우 수요가 가격에 대해 '완전탄력적'이라고 한다.

한눈에 보기 수요의 가격탄력성과 종류

수요량 변화율 = 0	$\varepsilon_d = 0$	➡ 완전비탄력적
수요량 변화율 < 가격 변화율	$0 < \varepsilon_d < 1$	➡ 비탄력적
수요량 변화율 = 가격 변화율	$\varepsilon_d = 1$	➡ 단위탄력적
수요량 변화율 > 가격 변화율	$\varepsilon_d > 1$	➡ 탄력적
가격 변화율 ≒ 0	$\varepsilon_d = \infty$	➡ 완전탄력적

③ 수요의 가격탄력성과 임대부동산의 임대료총수입

> 임대부동산의 임대료총수입(소비자 지출액, 기업의 총수입, 부동산의 전체 수입) = **가격(임대료) × 수요량**

➕ 소비자가 어떤 물건을 사면서 지출한 금액은 그 물건을 판 기업의 수입이 된다. 결국, 소비자의 지출액과 기업의 총수입은 같게 된다. 따라서 기업의 총수입은 공급의 가격탄력성과 관련 없고, 수요의 가격탄력성과 관련 있다.

임대부동산의 임대료총수입은 그 상품에 대한 시장수요량에 가격(임대료)을 곱한 값이다. 따라서 임대료총수입은 가격(임대료) 변화와 수요량 변화에 영향을 받는다. 수요의 가격탄력성이 탄력적일 경우 가격(임대료)이 상승하면 가격(임대료) 상승률보다 수요량 감소율이 크게 되어 임대료총수입은 감소하고, 가격(임대료)이 하락한다면 임대료총수입은 증가할 것이다. 그러나 수요의 가격탄력성이 비탄력적일 경우 가격(임대료)이 상승하면 가격(임대료) 상승률이 수요량 감소율보다 크게 되어 임대료총수입은 증가하고, 가격(임대료)이 하락한다면 임대료총수입은 감소할 것이다.

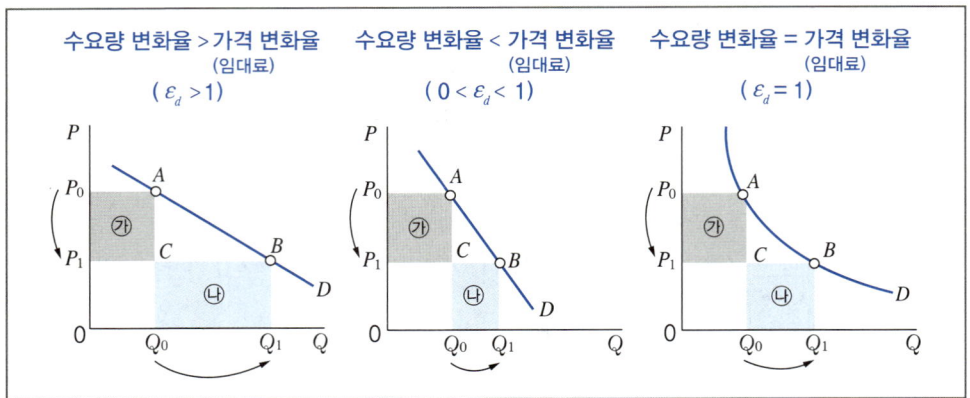

ⓘ 수요의 가격탄력성이 탄력적($\varepsilon_d > 1$)일 때 가격(임대료)이 하락하면,
㉮ 면적 < ㉯ 면적이므로 임대료총수입은 증가한다.

ⓛ 수요의 가격탄력성이 비탄력적($0 < \varepsilon_d < 1$)일 때 가격(임대료)이 하락하면,
㉮ 면적 > ㉯ 면적이므로 임대료총수입은 감소한다.

ⓒ 수요의 가격탄력성이 단위탄력적($\varepsilon_d = 1$)일 때 가격(임대료)이 하락하면,
㉮ 면적 = ㉯ 면적이므로 임대료총수입은 불변이다.

한눈에 보기 수요의 가격탄력성과 임대료총수입

탄력성	변화율	임대료 하락	임대료 상승
$\varepsilon_d > 1$	수요량 변화율 > 가격(임대료) 변화율	임대료총수입 증가	임대료총수입 감소
$\varepsilon_d = 1$	수요량 변화율 = 가격(임대료) 변화율	임대료총수입 불변	임대료총수입 불변
$0 < \varepsilon_d < 1$	수요량 변화율 < 가격(임대료) 변화율	임대료총수입 감소	임대료총수입 증가

④ **수요의 가격탄력성 결정요인**

ⓘ 수요의 가격탄력성에 영향을 미치는 요인은 소득, 상품의 종류, 대체재의 유무, 시간 등이 있지만, 그중에서도 중요한 것은 대체재의 유무이다. 수요의 가격탄력성은 대체재가 많을수록 크며, 적을수록 작다. 일반적으로 부동산은 대체재가 많지 않으며, 대체재가 있더라도 유용성이 제한되어 있으므로 부동산시장의 수요는 가격에 대해 비탄력적이다.

ⓛ 수요의 가격탄력성은 측정기간과 관련 있는데, 기간이 길어질수록 대체재가 많이 만들어져 보다 탄력적이 된다.

ⓒ 수요의 가격탄력성은 부동산의 종류에 따라 다른데, 주거용 부동산이 다른 부동산에 비해 더 탄력적인 것으로 알려져 있다. 부동산에 대한 종류별로 용도가 다양할수록, 용도전환이 쉬울수록 수요의 가격탄력성은 커진다.

ⓔ 수요의 가격탄력성은 일상생활에 있어 해당 상품의 중요성과 관련 있는데, 필수재는 비탄력적인 반면 사치재는 탄력적이다.

(2) 공급의 가격탄력성

① **개념**: 한 상품의 가격(임대료)이 변하면 그 상품의 공급량도 변하는데, 그 변화의 정도를 측정하는 척도가 공급의 가격탄력성이다. 즉, 공급량 변화율을 가격 변화율로 나눈 값을 말한다.

$$\text{공급의 가격탄력성}(\varepsilon_s) = \frac{\text{공급량 변화율}}{\text{가격 변화율}}$$

② **장·단기 공급곡선과 탄력성**: 동일한 재화를 생산함에 있어 생산과 관련된 측정기간이 단기인 경우는 가용생산요소 제약으로 짧은 기간에 생산량을 늘리기 어려우므로 비탄력적이나, 장기인 경우는 가용생산요소 제약이 완화되므로 탄력적이 된다. 따라서 주택의 단기공급곡선은 장기공급곡선에 비해 더 비탄력적이고, 장기공급곡선은 단기공급곡선에 비해 더 탄력적인 형태를 띤다.

(3) 수요의 소득탄력성과 교차탄력성

① **수요의 소득탄력성**

㉠ 개념: 소득 변화율에 대한 수요량 변화율의 정도를 측정하는 척도로, 수요량 변화율을 소득 변화율로 나눈 값을 말한다.

$$\text{수요의 소득탄력성}(\varepsilon_{d,I}) = \frac{\text{수요량 변화율}}{\text{소득 변화율}}$$

㉡ 수요의 소득탄력성과 재화

ⓐ 소득의 증가에 따라 수요가 증가하는 재화는 수요의 소득탄력성이 양(+)의 값을 가지며 정상재이다.

ⓑ 소득의 증가에 따라 수요가 감소하는 재화는 수요의 소득탄력성이 음(−)의 값을 가지며 열등재이다.

ⓒ 소득의 변화가 수요에 아무런 영향을 주지 않는 재화는 수요의 소득탄력성이 영(0)의 값을 가지며 중립재이다.

② **수요의 교차탄력성**

㉠ 개념: 한 상품의 수요가 다른 연관 상품의 가격변화에 반응하는 정도를 측정하는 척도이다.

$$수요의\ 교차탄력성(\varepsilon_{d,\ YX}) = \frac{Y재\ 수요량\ 변화율}{X재\ 가격\ 변화율}$$

ⓒ 수요의 교차탄력성과 재화
ⓐ 수요의 교차탄력성이 양(+)의 값을 가지면 X재 가격과 Y재 수요량은 같은 방향으로 변함을 의미하며, 두 재화는 대체재 관계에 있다는 것을 의미한다.
ⓑ 수요의 교차탄력성이 음(-)의 값을 가지면 X재 가격과 Y재 수요량은 반대 방향으로 변함을 의미하며, 두 재화는 보완재 관계에 있다는 것을 의미한다.
ⓒ 수요의 교차탄력성이 영(0)의 값을 가지면 X재 가격변화가 Y재 수요량에 전혀 영향을 주지 않음을 의미하며, 두 재화는 독립재 관계에 있다는 것을 의미한다.

2 부동산의 경기변동

1. 부동산경기변동의 개념 및 특징

(1) 부동산경기변동의 개념
① 부동산경기는 일반적으로 건축경기를 말하는데, 그중에서도 주거용 부동산의 건축경기를 지칭한다. 이를 협의의 부동산경기라고 한다. 광의의 부동산경기는 공업용·상업용 부동산경기를, 최광의의 부동산경기는 토지경기를 포함한다.
② 부동산경기변동이란 부동산시장이 일반경기변동처럼 상승과 하강 국면이 반복되는 현상을 말한다. 다만, 부동산시장은 여러 개의 부분시장(submarket)으로 이루어져 있으므로 다양한 시장경기를 대표하는 부동산경기라는 용어도 조심스럽게 사용되어야 할 것이다.

(2) 부동산경기변동의 특징
① 부동산경기는 일반경기보다 변동주기가 더 길다. 부동산경기의 변동주기(17~18년)는 일반경기의 변동주기(8~10년)에 비해 약 2배 길다.
② 부동산경기의 변동은 일반경기의 변동에 비해 저점이 깊고 정점이 높다. 즉, 부동산경기순환의 진폭은 일반경기의 진폭보다 크다.
③ 부동산경기변동은 일반경기의 진퇴에 대해 뒤처지는 시간차가 존재하며(타성기간), 주기의 순환국면이 명백하지 않고 일정하지 않으며 불규칙적이다.
④ 부동산경기는 지역적·국지적으로 나타나서 전국적·광역적으로 확대되는 경향이 일반적이다. 이로 인해 부동산경기의 변동 크기와 진폭은 도시마다 다르고, 같은 도시라도 지역에 따라 다르게 나타난다.

⑤ 일반적으로 주식시장의 경기는 일반경기에 비해 **전순환적***이고, 부동산경기는 일반경기에 비해 **후순환적***인 것으로 알려져 있다.

⑥ 상업용·공업용 부동산경기는 일반경제의 경기와 대체로 일치하는 **동시순환적***인 경향을 보이지만, 주거용 부동산의 건축경기와 일반경제의 경기는 서로 **역순환적***인 경향을 보인다.

> **용어 정리**
>
> ***전순환적(pre-cyclical) 경기순환**
> 부문별 경기가 일반경기보다 앞서 진행하는 것을 말한다.
>
> ***후순환적(post-cyclical) 경기순환**
> 부문별 경기가 일반경기보다 뒤에 진행하는 것을 말한다.
>
> ***동시순환적(equi-cyclical) 경기순환**
> 부문별 경기가 일반경기와 동시에 진행하는 것을 말한다.
>
> ***역순환적(counter-cyclical) 경기순환**
> 부문별 경기와 일반경기의 순환이 서로 반대로 진행하는 것을 말한다.

⑦ 부동산경기는 비교적 경기회복이 느리고 경기후퇴는 빠르게 진행된다.

2. 부동산경기측정의 지표

① 부동산경기측정의 지표는 미래의 경제활동수준을 예측하는 선행지표, 현재의 경제활동수준을 측정하는 동행지표, 과거의 경제상황을 재확인하는 후행지표로 나눌 수 있다.

② 부동산경기의 측정은 단순지표(건축량·가격변동·거래량 등의 어느 한 지표)에 의존할 것이 아니라, 건축량·가격변동·거래량 등을 통한 종합적인 측정이 가장 바람직하다. 또한 부동산경기의 측정지표는 크게 수요지표와 공급지표로 나누어 볼 수 있다. 수요지표는 매매량, 공급지표는 건축량을 주로 사용한다.

③ 부동산경기의 측정지표 중 주로 건축량이나 부동산의 거래량이 중심지표가 되며, 부동산의 가격변동은 보조지표로 사용된다.

3. 부동산시장의 경기별 유형

부동산시장은 일반경기순환의 회복·호황·후퇴·불황의 4국면 외에 고유의 특성인 안정시장이라는 특수한 국면을 가지고 있다.

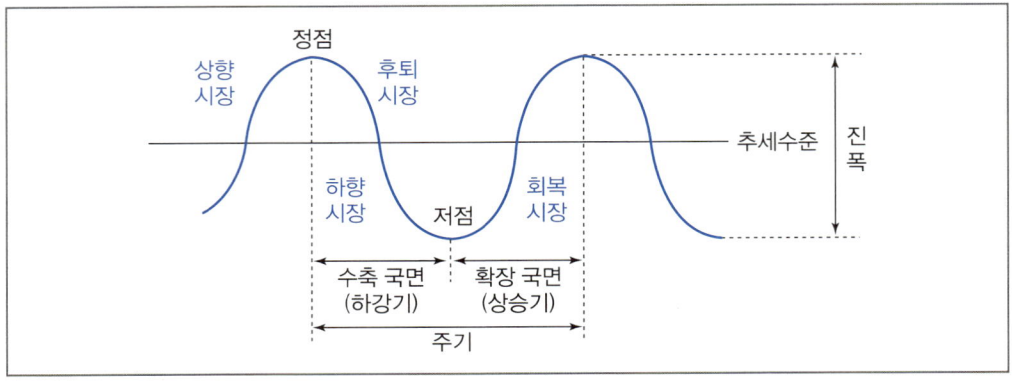

(1) 회복시장

경기의 하강이 일정 기간 계속되면 저점을 지나 가격의 하락이 중단·반전하여 가격이 점차 상승하기 시작하는 시장의 국면을 말한다. 이 국면에서는 금리가 낮아지고 자금의 여유가 있기 때문에 부동산거래가 활기를 띠기 시작하며, 부동산투자 또는 투기가 나타나기 시작한다. 과거의 사례가격은 새로운 거래의 기준가격이 되거나 그 하한선이 되는 것이 일반적이다. 부동산중개활동에서는 매수인 중시현상에서 매도인 중시현상으로 변화한다. 가격 상승이 예상되므로 매수인은 거래를 앞당기려고 하지만 매도인은 거래를 미루려고 하기 때문이다.

(2) 상향시장

하향시장의 반대시장으로, 회복시장이 지속됨에 따라 경기 상승 국면을 지속해 가는 시장을 말한다. 이 국면에서 부동산가격은 계속 상승하며, 건축허가 신청이 증가하고 거래도 활발하다. 과거의 부동산 사례가격은 새로운 거래의 하한선이 된다. 가격 상승이 점차 높아지므로 매도인은 거래를 미루려는 반면, 매수인은 구매를 앞당기려 하므로 부동산중개활동에서 매도인 중시현상이 커진다.

(3) 후퇴시장

경기의 상승 국면이 일정 기간 계속되면 정점에 이르러 가격 상승이 중단·반전하여 가격이 하락하기 시작하며, 거래도 점차 한산해지고 전반적인 부동산활동이 침체하기 시작하는 시장을 말한다. 이 국면에서는 금리가 높아지고 여유자금이 부족해지며, 공가율(空家率)이 증가한다. 과거의 사례가격은 새로운 거래의 기준가격이 되거나 상한선이 된다. 부동산중개활동에서는 매도인 중시현상에서 매수인 중시현상으로 변화한다. 가격 하락이 예상되므로 매도인은 거래를 앞당기려 하지만 매수인이 거래를 미루려 하기 때문이다.

(4) 하향시장

부동산경기의 지속적 하강이 진행되는 시장을 말한다. 하향시장에서는 부동산가격이 하락하고 거래가 거의 일어나지 않으며, 금리가 높아 부동산을 소유하는 것이 하나의 부담이 된다. 이 국면에서는 건축허가 신청건수가 상당히 저하되는데, 일반경기의 불황과 병행하는 경우는 건축활동이 둔화되고 **공가율(空家率)***이나 **공실률(空室率)***이 증가한다. 과거의 사례가격은 현재의 시점에 있어 상한선이 되며, 부동산중개활동에서 매수인 중시현상이 커진다.

> **용어 정리**
>
> * 공가율(空家率)
>   총주택 중에서 비어 있는 주택의 비율을 말한다.
>
> * 공실률(空室率)
>   건물이 비어 있는 상태를 공실이라고 하며, 공실률은 전체 건물 공간 중 비어 있는 건물의 공간 비율을 말한다.

(5) 안정시장

부동산시장에서만 고려의 대상이 되는 시장으로, 부동산의 가격이 안정되어 있거나 가벼운 상승을 지속하는 유형의 시장을 말한다. 주로 위치가 좋고 규모가 작은 주택이나 도심지 점포가 이에 속하는데, 불황에 강한 유형의 시장이라고도 한다. 안정시장에서의 사례가격은 새로운 거래에 있어 신뢰할 수 있는 기준이 된다.

4. 다른 형태의 경기변동

(1) **장기적**(추세적, trend) **변동**

50년 또는 그 이상의 장기적인 기간으로 측정되며, 일반경제가 나아가는 전반적인 방향을 의미한다.

(2) **계절적**(seasonal) **변동**

계절적 특성에 따라 나타나는 경기변동 현상을 말한다(예 방학 때 대학가의 원룸이나 오피스텔, 봄·가을 이사철 등에 의한 경기변동).

(3) **불규칙적**(우발적, random) **변동**

무작위적 변동, 우발적 변동이라고도 하며, 이는 예기하지 못한 사태로 인해 발생하는 비주기적 경기변동 현상을 말한다(예 정부정책, 지진·혁명·전쟁 등에 의한 경기변동).

Chapter 02 부동산시장론

> **학습포인트** 부동산시장의 특성과 기능, 효율적 시장에 대해 이해한다.
> 지대이론, 부동산입지선정과 입지이론에 대해 이해한다.

1 부동산시장

1. 시장의 개념과 형태

(1) 시장의 개념
어떤 상품에 대한 수요와 공급이 계속적으로 나타나 상품의 가격이 정해지고 균형량이 정해지는 장소 및 거래과정을 말한다. 이처럼 시장은 사는 쪽인 수요자와 파는 쪽인 공급자가 모여 거래하는 장소를 의미하기도 하지만, 노동시장이나 외환시장처럼 장소를 뜻하는 것이 아닌 추상적인 시장도 있다.

(2) 시장의 형태
시장 형태는 크게 완전경쟁시장과 불완전경쟁시장으로 나뉜다.
① **완전경쟁시장**: 다수의 판매자와 구매자가 존재하고, 거래되는 상품의 품질이 동질적이며, 상품의 가격·품질 등에 대한 완전한 정보를 지니고, 기업이 자유롭게 해당 산업에 진입과 탈퇴를 할 수 있는 시장을 말한다.
② **불완전경쟁시장**: 불완전경쟁시장은 독점시장, 과점시장, 독점적 경쟁시장 등으로 나뉜다.

2. 부동산시장

(1) 개념
부동산시장이란 매수인과 매도인에 의해 부동산의 교환이 자발적으로 이루어지는 곳으로 부동산권리의 교환, 가액결정, 공간배분, 공간이용패턴 결정 및 수요와 공급의 조절을 돕기 위해 의도된 상업활동을 하는 곳을 말한다. 부동산시장이란 유사한 부동산에 대해 유사한 가격이 형성되는 지리적 구역이다. 이처럼 부동산시장은 지리적 공간과 결부되어 있으므로 위치에 따라 여러 개의 부분시장(국지적 시장)으로 나뉜다.

(2) 유형

부동산시장은 시장범위에 따라 개별시장, 부분시장, 전체시장 등으로 분류할 수 있다.

① **개별시장**: 특정한 위치·면적·형태를 가진 개별토지마다 형성되는 시장이다. 개별토지는 자연적·사회적·경제적 특징을 갖고 있어 토지별로 독자적인 가격이 형성된다.

② **부분시장**: 개별시장과 전체시장의 중간에 있는 규모의 시장이다. 지역별 부분시장뿐만 아니라 거래되는 부동산의 위치·규모·질·용도 등에 따른 부분시장이 형성되어 **시장세분화***가 이루어진다.

> **용어 정리**
>
> * 시장세분화(市場細分化, market segmentation)
> 수요층별로 시장을 분할하는 것을 말한다. 마케팅전략에서는 수요층별로 집중적으로 마케팅 전략을 펴는 것을 말한다.

③ **전체시장**: 전체시장은 각 개별시장의 총합이라고 할 수 있다. 따라서 전체시장의 공급은 개별시장들의 총공급량과 같다. 일반적으로 "부동산시장이 침체되어 있다."라고 표현할 경우 부동산시장은 전체시장을 의미한다.

(3) 특성

부동산의 자연적 특성과 인문적 특성으로 인해 부동산시장은 일반상품시장과 다른 다음과 같은 특성들을 지닌다.

① **국지성**: 부동산시장은 지리적 공간과 결부되어 있으므로 공간적 작용범위가 일정 지역에 국한되는 국지성의 특성을 가지며, 위치에 따라 여러 개의 국지적 시장으로 나뉘고 시장별로 불균형을 초래한다.

② **거래의 비공개성**: 부동산은 개별성과 사회적 통제나 관행 등으로 인해 일반재화와 달리 거래사실이나 거래내용이 외부에 공개되지 않는 비공개성을 지니고 있다. 이는 부동산가격이 불합리하게 형성되는 원인으로 작용하며, 부동산시장 내의 정보수집을 어렵게 하여 많은 정보탐색비용이 들게 한다.

③ **비표준화성**: 부동산시장은 부동산상품의 비표준화성을 지닌다. 부동산은 부동성과 개별성으로 인해 상품의 표준화가 불가능하고 대량생산이 곤란하다. 또한 개별성으로 인해 하나의 상품에 하나의 가격이 적용되지 않는다.

④ **비조직성**: 부동산시장은 비조직성을 지니므로 집중통제가 곤란하다. 일반상품의 시장은 대리점·도매상·소매상 등으로 조직되어 상품이 유통된다. 그러나 부동산시장은 국지성과 거래의 비공개성 및 비표준화성 등으로 인해 조직화가 곤란하다.

⑤ **수급조절의 곤란성**: 부동산시장은 수급조절의 곤란성을 지닌다. 부동산은 공급이 비탄력적이므로 수요가 증가하여 가격이 상승하더라도 단기적 공급을 늘리기가 어렵다. 따라서 부동산시장은 수급조절의 곤란성으로 인해 단기적으로 가격의 왜곡이 발생할 가능성이 많다.

⑥ **매매기간의 장기성**: 부동산시장은 매매기간의 장기성을 지닌다. 부동산은 시장에서 단기적 거래가 곤란한 경우가 많으므로 유동성*·환금성 면에서 곤란을 가져온다.

> **용어 정리**
>
> *유동성(liquidity)
> 어떤 자산이 얼마나 쉽게 다른 자산으로 모습을 바꿀 수 있는지를 나타내는 척도이다. 예를 들어, 현금은 유동성이 높으나 부동산이나 미술품은 짧은 기간에 처분이 곤란하므로 유동성이 낮다.

⑦ **기타**: 부동산시장은 여러 가지 법적 제한이 많아 부동산가격을 왜곡시켜 시장의 조절기능을 저하시킨다. 또한 자금의 유용성과도 밀접한 관계가 있는데, 자금의 원활한 융통은 더 많은 수요자와 공급자를 시장에 참여하게 한다. 예를 들어, 자본시장의 이자율 하락은 자금의 원활한 융통을 가능하게 하여 부동산공급을 증대시키며, 동시에 수요자의 구매력을 향상시켜 수요를 증대시킨다.

(4) 기능

① **자원배분*기능**: 부동산시장은 부동산을 수요자에게 배분하는 기능을 한다. 부동산시장은 경쟁을 통해 기존 건물의 유지와 수선, 건물개축 등을 통해 자원배분의 역할을 하게 된다.

> **용어 정리**
>
> *자원배분
> 필요로 하는 수많은 재화와 서비스 가운데서 무엇을, 얼마나, 어떻게 생산하며, 이를 어떻게 나눌 것인가(즉, 누가 소비할 것인가)의 과제를 해결하는 체계적 방법을 말한다.

② **교환기능**: 부동산시장은 교환기능이 있다. 부동산시장에서는 부동산의 매매·교환 등을 통해 부동산과 현금, 부동산과 부동산, 소유권 및 임차권 등이 교환된다.

③ **가격의 창조기능**: 부동산시장은 가격을 창조하는 기능이 있다. 그러나 창조된 가격은 가격변동 등의 원인으로 파괴된다.

④ **정보의 제공기능**: 부동산시장은 시장의 참가자에게 정보를 제공하는 기능을 한다. 시장의 참가자들은 그들의 업무상 가격결정이나 판단을 위해 부동산거래에 관한 정보를 이용·수집한다.

⑤ **양과 질의 조정기능**: 부동산시장은 부동산의 양과 질을 조정하는 기능이 있다. 시장의 참가자들은 토지의 형질변경, 건물의 용도변경 등 부동산의 양과 질을 조정하여 부동산 상품의 유용성이 최대가 되도록 노력한다.

3. 효율적 시장

(1) 효율적 시장의 개념 및 구분

① **개념**: 어느 지역이 개발된다는 정보가 공표되면 부동산가격이 급등하는 현상을 볼 수 있다. 이와 같은 현상을 가장 잘 설명해 주는 시장이 효율적 시장(efficient market)이다. 부동산시장이 새로운 정보를 얼마나 지체 없이 가치에 반영하는가 하는 것을 시장의 효율성이라고 하고, 정보가 지체 없이 가치에 반영된 시장을 효율적 시장이라고 한다.

② **구분**: 효율적 시장은 반영되는 정보에 따라 약성 효율적 시장, 준강성 효율적 시장, 강성 효율적 시장으로 구분한다.

㉠ **약성 효율적 시장**(weak efficient market): 현재의 부동산가격이 과거의 부동산가격이나 거래량 변동 등과 같은 역사적 정보를 완전히 반영하고 있는 시장을 말한다. 약성 효율적 시장은 과거의 정보까지 반영되는 시장인데, 이처럼 과거의 정보를 가지고 투자분석을 하는 것을 **기술적 분석***이라고 하며, 약성 효율적 시장에서는 기술적 분석을 통해 **초과이윤***을 얻기 어렵다. 그러나 약성 효율적 시장에서 기술적 분석을 통해 **정상이윤***은 가능하다. 또한 현재의 부동산가격에 반영되지 않은 현재와 미래의 정보를 분석하면 초과이윤은 가능하다.

> **용어 정리**
>
> *기술적 분석(technical analysis)
> 투자자가 과거의 정보를 가지고 투자분석을 하는 것을 말한다.
>
> *초과이윤(excess profit)과 정상이윤(normal profit)
> 경제적 이윤이 0인 경우를 정상이윤만 존재한다고 한다. 경제적 이윤이 0이라는 것은 초과이윤이 0이라는 의미이며, 초과이윤은 정상이윤을 초과하는 이윤을 말한다.

㉡ **준강성 효율적 시장**(semi-strong efficient market): 일반투자자에게 공개되는 모든 정보(과거와 현재의 정보)가 신속하고 정확하게 현재의 부동산가격에 반영되는 시장을 말한다. 이처럼 일반에게 공개되는 모든 정보를 가지고 투자분석을 하는 것을 **기본적 분석***이라고 하며, 준강성 효율적 시장에서는 기본적 분석을 통해 초과이윤을 얻기 어렵다. 그러나 준강성 효율적 시장에서 기본적 분석을 통해 정상이윤은 가능하다. 또한 현재의 부동산가격에 반영되지 않은 미래의 정보를 분석하면 초과이윤은 가능하다.

> **용어 정리**
>
> * **기본적 분석(fundamental analysis)**
>   투자자가 과거와 현재의 정보(일반에게 공개되는 모든 정보)를 가지고 투자분석을 하는 것을 말한다.

ⓒ **강성 효율적 시장**(strong efficient market): 현재의 부동산가격이 부동산에 관한 모든 정보, 즉 이미 투자자들에게 공개된 정보뿐만 아니라 공표되지 않은 정보까지도 신속·정확하게 반영하는 시장을 말한다. 즉, **공표된 정보든 공표되지 않은 어떤 정보든 이미 시장가치에 반영되어 있어 어떤 투자자라도 초과이윤을 획득할 수 없는 시장**을 말한다. 그러나 강성 효율적 시장에서도 정상이윤은 가능하다.

한눈에 보기 효율적 시장

효율적 시장	반영되는 정보	분석 방법	초과이윤	정상 이윤
약성 효율적 시장	과거의 정보	기술적 분석	획득 불가능(현재와 미래의 정보를 분석하면 가능)	획득 가능
준강성 효율적 시장	공표된 정보 (과거·현재)	기본적 분석	획득 불가능(미래의 정보를 분석하면 가능)	획득 가능
강성 효율적 시장	공표된 정보(과거·현재) 및 공표되지 않은 정보(미래)	분석 불필요	어떤 경우도 획득 불가능	획득 가능

(2) 할당효율적 시장

자원의 할당이 효율적으로 이루어지는 시장을 말한다.

2 입지 및 공간구조론

1. 지대이론

(1) 지대의 의의

① **의의**: 지대는 일정 기간 동안의 토지서비스 가격으로, 토지소유자의 소득으로 귀속되는 임대료를 말하며, 유량의 개념이다.

② **지대와 지가**
   ㉠ 지가는 장래 매 기간당 일정한 토지로부터 발생하는 지대를 이자율로 할인하여 합계한 것으로 토지의 현재가치이며, 저량의 개념이다.
   ㉡ 지가와 지대는 정비례하고, 지가와 이자율은 반비례한다.

(2) 지대결정이론

① **차액지대설 – 리카도**(D. Ricardo): 리카도에 의하면 지대가 발생하는 이유는 비옥한 토지의 양이 상대적으로 희소하고 토지에 **수확체감현상***이 있으므로 곡물수요의 증가가 재배면적을 확대하게 되기 때문이다. 이 경우 비옥도와 위치에 있어 열등지와 우등지가 발생하게 된다. 지대는 **한계지***를 기준으로 하여 이보다 생산력이 높은 토지에 대한 대가를 말한다. 어떤 토지의 지대는 그 토지의 생산성과 한계지의 생산성의 차이에 의해 결정된다. 지대는 토지생산물 가격(곡물가격)의 구성요인이 되지 않으며 또한 될 수도 없다.

> **용어 정리**
>
> ***수확체감현상**
> 토지는 고정되어 있는데 노동이나 자본의 양을 계속 늘리면, 총수확량은 증가하나 추가적인 수확량은 점점 감소하게 되는 현상이다.
>
> ***한계지**
> 경작되고 있는 토지 가운데 생산성이 가장 낮은 토지를 말하는데, 한계지에서는 지대가 발생하지 않는다.

② **절대지대설 – 마르크스**(K. Marx): 지대는 자본주의하에서의 토지의 사유화로 인해 발생하며, 토지소유자가 토지를 소유하고 있다는 독점적 지위 때문에 받는 수입이므로 토지의 비옥도나 생산력에 관계없이 발생한다는 이론이다. 따라서 한계지에도 토지소유자의 요구로 지대가 발생하며, 지대 상승이 곡물가격을 상승시킨다고 주장한다.

③ **위치지대설 – 튀넨**(V. Thünen): 튀넨은 리카도의 차액지대이론에 위치개념을 추가하여 입지지대이론으로 발전시켰다. 튀넨은 지대의 결정이 토지의 비옥도만이 아니라 위치에 따라 달라진다는 위치지대의 개념을 통해 현대적인 입지이론의 기초를 마련하였는데, 비옥도 대신 소비지나 도시중심지와의 접근성을 고려하여 거리에 따른 수송비 개념을 도입하였다. 즉, 지대는 생산지와 시장 간의 거리가 결정하는데, 도시 중심지에 접근성이 높으면 수송비가 적게 들어 지대가 높게 나타난다.

④ **입찰지대설 – 알론소**(W. Alonso): 알론소는 토지이용에 대한 사고를 농업용 토지이용에서 도시토지이용으로 확장하였는데, **입찰지대***라는 개념으로 위치별 지대의 차이와 토지용도의 결정구조를 설명하였다. 도심으로부터 일정한 거리에 위치한 토지들은 여러 토지 이용활동들 간의 경쟁을 통해 특정 용도로 배분된다. 즉, 이 과정은 해당 토지에 대한 여러 활동들의 지대입찰과정으로 설명할 수 있으며, 가장 높은 지대를 지불하려는 활동에 해당 토지의 이용이 할당된다고 할 수 있다.

> **용어 정리**
>
> * 입찰지대
> 단위면적의 토지에 대해 토지이용자가 지불하고자 하는 최대금액으로, 초과이윤이 0이 되는 수준의 지대를 말한다.

(3) 도시공간구조이론

도시공간구조이론은 동심원이론, 선형이론, 다핵심이론, 다차원이론 등으로 나누어 볼 수 있다. 동심원이론과 선형이론은 단핵이론에 해당하고, 다핵심이론은 다핵이론에 해당한다.

① **동심원이론**

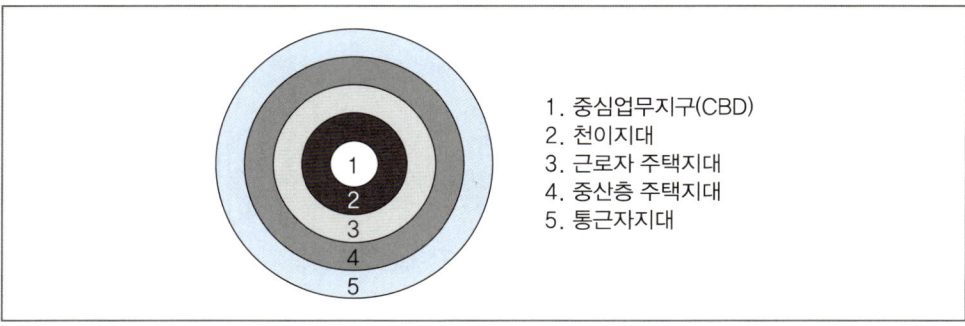

1. 중심업무지구(CBD)
2. 천이지대
3. 근로자 주택지대
4. 중산층 주택지대
5. 통근자지대

㉠ 동심원이론은 도시는 중심지에서 동심원상으로 확대되어 5개 지구로 분화되면서 성장한다는 이론이다. 이는 버제스(E. W. Burgess)가 튀넨의 이론을 응용한 데에서 비롯된다.

㉡ 동심원이론은 도시의 공간구조를 설명하는 가장 오래된 실증적 모형으로, 도시는 중심지에서 멀어질수록 접근성·지대·인구밀도 등이 낮아지고, 범죄·인구이동·빈곤 등의 도시문제가 감소한다. 또한 도시 내의 각종 활동의 기능이 5가지 토지이용의 패턴에 따라 이루어진다고 보고 있다.

㉢ 주택지불능력이 낮은 저소득층일수록 고용기회가 많은 도심지역에 주거입지를 선정하는 경향이 있다.

㉣ 동심원이론은 토지이용 패턴을 지나치게 단순화한 이론으로, 미국의 시카고 시만을 대상으로 한 연구이므로 일반성이 결여되어 있다. 또한 도로 및 교통수단의 발달이 동심원형을 변형시킬 수 있다는 점을 고려하지 않았다. 수송비가 중심지에서 각 방향으로 같을 수 없으므로 현실의 토지이용은 동심원구조가 될 수 없다.

② **선형이론**

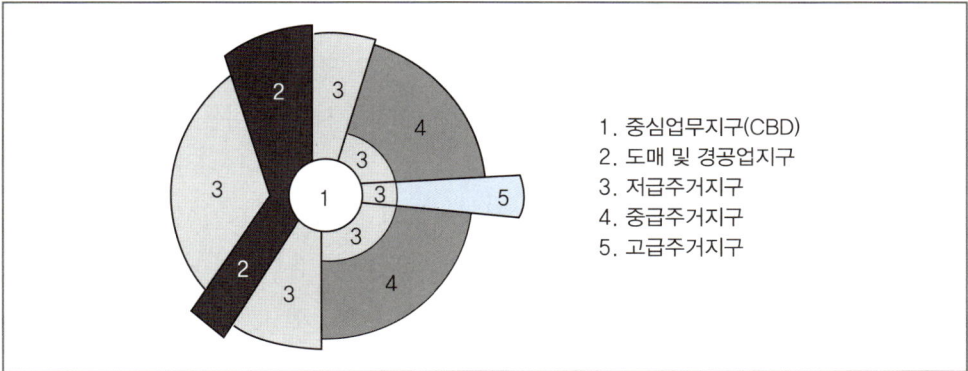

㉠ 선형이론은 호이트(H. Hoyt)가 동심원이론을 수정·보완한 것으로, 토지이용은 도심에서 시작되어 점차 교통망을 따라 동질적으로 확장되며, 원을 변형한 모양으로 도시가 성장한다는 이론이다. 도로에 따라 부채꼴 모양 또는 축(軸) 형상을 이룬다고 하여 선형이론, 축이론이라고 한다.

㉡ 선형이론에 의하면 도시공간은 교통노선을 따라 불규칙적으로 부채꼴 모양으로 확대 배치되며, 고급주택은 교통망의 축에 가까이 입지하고, 중급주택은 고급주택의 인근에 입지하며, 저급주택은 반대편에 입지하는 경향이 있다. 그러나 이 이론은 단순히 과거의 경향을 말하는 것일 뿐, 도시성장의 추세분석을 유도하기에는 미흡하다는 비판도 있다.

㉢ 주택구입능력이 높은 고소득층의 주거지는 주요 간선도로 인근에 입지하는 경향이 있다. 즉, 주택지불능력이 있는 고소득층은 기존의 도심지역과 주요 교통노선을 축으로 하여 접근성이 양호한 지역에 입지하는 경향이 있다.

③ **다핵심이론**

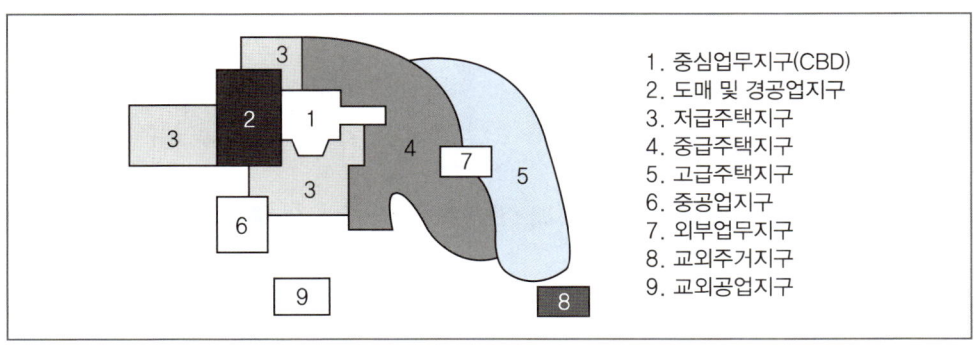

㉠ 다핵심이론은 도시성장에 있어 도시의 핵은 하나가 아니며 도시가 성장하면 핵의 수가 증가하고 도시는 복수의 핵 주변에서 발달한다는 것으로, 해리스(Harris)와 울만(Ullman)에 의해 발전한 이론이다.

ⓒ 도시 토지이용의 패턴이 하나의 핵으로 된 것이 아니라, 같은 토지 내에 여러 개의 핵이 분산되어 구성되어 있다는 이론이다. 즉, 하나의 핵을 이루고 있는 도시의 공간이용을 보면 주거지역과 지역 간 교통망 등이 모인 소핵을 이룬 토지이용군이 형성된다. 도시지역 내에서 유사 토지이용군은 서로 흡인력을 가지고 집단을 형성한다.

ⓒ 다핵심이론은 동심원이론, 선형이론과 상호 배타적인 것이 아니라 도시구조의 설명에 있어 서로 연관적인 의의가 있다고 본다. 다핵심이론은 동심원이론과 선형이론을 결합하여 수정·보완한 것이며, 현대 대도시의 토지이용과 내부구조는 다핵적인 면을 보이고 있다는 점에서 설득력이 있다.

2. 부동산입지선정과 입지이론

(1) 입지와 입지선정

① **입지와 입지선정**: 입지란 어떤 입지주체가 차지하고 있는 주택·공장·상점·학교·사무실 등이 자리잡고 있는 자연적·인문적 위치를 말한다. 입지선정이란 입지주체가 추구하는 입지조건을 갖춘 토지를 발견하는 것을 말한다. 입지는 정적·공간적인 개념인 데 비해, 입지선정은 동적·공간적·시간적인 개념이다.

② **입지론과 적지론**: 입지선정과 관련하여 주어진 용도에 부합하는 용지를 선정하는 활동인 입지론과 주어진 용지의 용도를 결정하는 활동인 적지론이 있으며, 모두 입지선정활동의 범주에 속한다.

- 주어진 용도에는 어떤 용지?(용지선정) ➡ 입지론*
- 주어진 용지는 어떤 용도?(용도선정) ➡ 적지론*

📖 용어 정리

*** 입지론**
특정 용도에는 어떤 용지가 적합한지를 결정하는 용지선정을 논의하는 것을 말한다.

*** 적지론**
주어진 용지는 어떤 용도가 최적인지를 결정하는 용도선정을 논의하는 것을 말한다.

(2) 농업입지론 – 튀넨(V. Thünen)

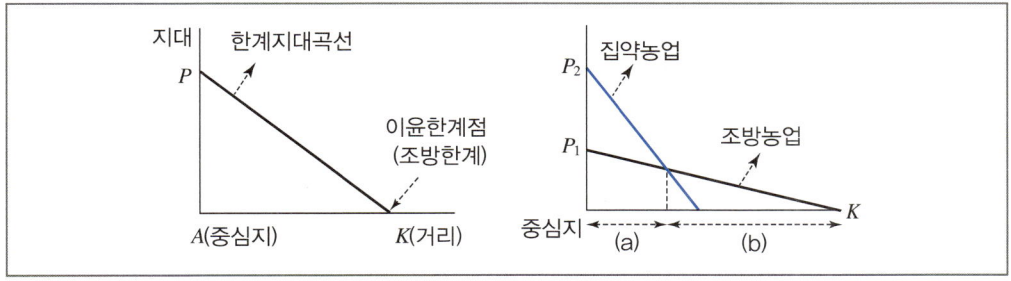

튀넨은 지대의 결정이 토지의 비옥도만이 아니라 위치에 따라 달라진다는 위치지대의 개념을 설명하였는데, 이는 도시중심지로 접근성이 높으면 그곳까지 수송비가 적게 들기 때문에 지대가 높다는 것이다. 이로 인해 가장 많은 지대를 지불하는 입지주체가 중심지에 가장 가깝게 입지한다. 따라서 한계지대곡선은 우하향의 형태로, 도심에 가까울수록 지대가 높고 멀어지면 낮아지는데, 조방한계점에 이르면 지대가 영(0)이 된다.

> 지대 = 생산물가격 – 생산비 – 수송비

➕ 수송비는 운송비, 교통비 등으로 표현하기도 한다.

한계지대곡선은 작물의 종류나 기타 경제활동에 따라 그 기울기가 각각 달라지므로 동일한 농업이라고 해도 집약농업과 조방농업은 위 그림과 같이 기울기가 각각 다르다. 집약농업과 조방농업이 다른 한계지대곡선을 지니기 때문에 중심지에서 가까운 곳은 집약적 토지이용현상이 나타나며, 중심지에서 먼 곳은 조방적 토지이용현상이 나타난다. 결국, 튀넨은 농산물 가격·생산비·수송비·인간의 행태변화가 지대를 변화시킨다고 하였다.

(3) 상업입지론

상권이란 상업활동을 하는 곳이다. 즉, 대상 상가가 흡인할 수 있는 실질적인 고객이 존재하는 권역을 말한다.

① **크리스탈러(W. Christaller)의 중심지이론**
  ㉠ 중심지 계층 간의 포섭원리로서 중심지는 중심성의 상대적 크기에 따라 고차 중심지와 저차 중심지로 구분되는데, 고차일수록 저차보다 중심지 간의 거리가 더 멀고 규모가 크며, 다양한 중심기능을 가진다는 이론이다.
  ㉡ 전제조건
    ⓐ 토양의 비옥도가 어디에서나 동질적인 평야가 존재한다.
    ⓑ 모든 지역의 교통수단이 동일하고 운송비는 거리에 비례한다.
    ⓒ 동일한 규모의 자족적인 농가와 인구가 골고루 분포되어 있다.
    ⓓ 모든 사람들은 똑같은 구매력을 가지고 있다.

ⓒ 주요 개념

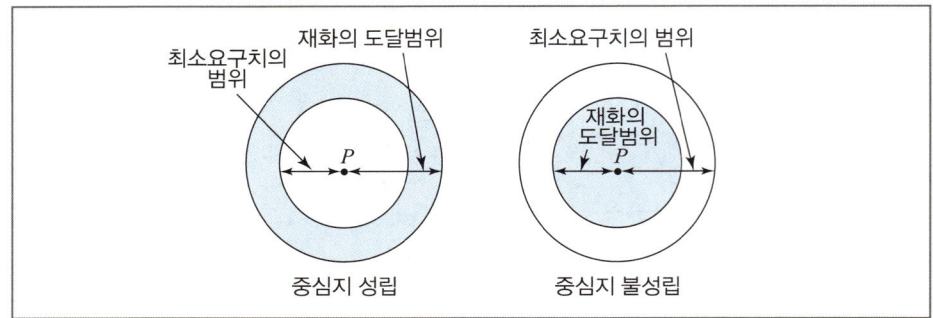

크리스탈러의 중심지이론은 재화의 도달범위(거리)와 최소요구치의 범위 관계를 설명하고 있는데, **중심지***란 도시가 위치한 지역의 중심에서 재화와 서비스를 생산·공급하는 곳이다. 재화의 도달범위(거리)란 특정 재화나 서비스를 얻기 위해 사람들이 통행하는 최대의 거리를 말한다. 최소요구치란 재화나 서비스가 제공되기 위해 필요한 최소한의 소비자 수 또는 수요 규모를 의미하며, 최소요구치의 범위란 최소요구치를 충족시킬 수 있는 공간적 범위(최소한의 수요가 존재하는 공간 범위)를 의미한다. 중심지가 유지되기 위해서는 최소요구치의 범위보다 재화의 도달범위가 커야 한다.

> **용어 정리**
>
> ***중심지**
> 배후지 중심에 위치하여 각종 재화와 서비스 공급기능이 집중되어 배후지에 재화와 서비스를 공급하는 중심지역을 말한다.

ⓔ 중심지의 형태

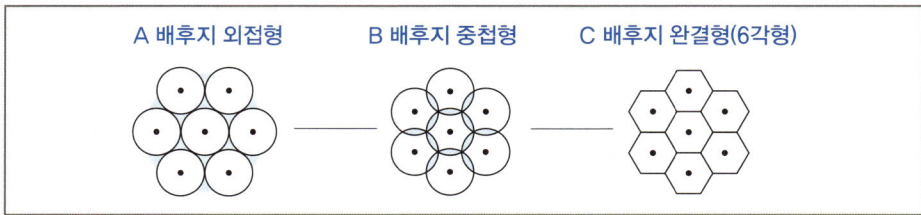

중심지의 형태로서 배후지 외접형은 중심지의 서비스를 제공받지 못하는 소외지역이 발생하며, 배후지 중첩형은 중심지 간의 지나친 경쟁으로 불필요하게 중복되는 지역이 발생한다. 배후지 완결형은 소외지역이 존재하거나 지나친 경쟁이 존재하지 않고 재화나 서비스를 제공한다. 배후지의 형태는 재화나 서비스의 공급 측면에서 보면 원형이 가장 이상적이지만 소외지역이 존재하거나 지나친 경쟁으로 중복지역이 존재하게 되므로 배후지는 다각형이 될 수밖에 없다.

원형에 가장 가까운 정다각형이면서 평면 공간을 채울 수 있는 다각형이 바로 육각형의 형태이다.

② **레일리**(W. Reilly)**의 소매인력법칙**

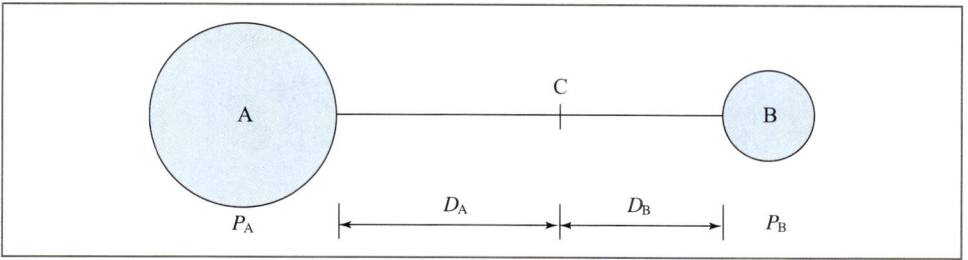

레일리의 소매인력법칙은 중력모형을 이용하여 상권의 범위를 획정하는 모형이다. 두 중심지 사이에 위치하는 소비자에 대해 상권이 미치는 영향력의 크기는 그 두 중심의 크기에 비례하여 배분된다고 볼 수 있다. 이 점에 착안하여 두 중심지 사이의 상업지역의 구분을 최초로 시도하여 체계화시킨 사람이 레일리이다. 도시 A와 도시 B 사이에 작은 마을 C가 있다고 가정할 경우, C마을에 살고 있는 소비자들의 A·B도시에서의 구매지향 비율은 A·B도시의 인구의 비에 비례하고, A·B까지의 거리의 제곱에 반비례한다.

③ **허프**(D. L. Huff)**의 확률적 상권모형**: 허프는 소매인력론을 소매상권이론으로 전환시켜 소매지역이론으로 발전시켰는데, 이를 통해 대도시에서 쇼핑 패턴을 결정하는 확률모형을 제시하고 있다. 확률적 상권모형이라고도 하는데, 이는 상업지를 측정하는 데 흔히 쓰인다.

점포의 거래권에 영향을 주는 것은 근본적으로 행동자로서의 소비자이다. 인구밀도가 높은 도시(고밀도의 시가지)에 거주하는 소비자는 특정지역에서만 상품을 구입하지 않으므로 상가는 소비자의 기호나 소득관계를 참작하여 선택된 상품(예 전문품) 등을 판매하여야 한다. 허프의 확률적 상권모형에 의하면, 어느 상점의 고객유인력은 매장규모에 비례하고 공간(거리)마찰계수승에 반비례한다.

$$고객유인력 = \frac{점포면적}{점포까지의\ 거리^\lambda} \quad [\lambda: \text{공간(거리)마찰계수}^*]$$

📘 용어 정리

***공간(거리)마찰계수**
고객이 특정 점포를 이용하는 데 따른 교통조건이나 하천 등의 방해요소 등을 말한다. 즉, 특정 점포를 이용하는 데 따른 고객의 부담 정도를 의미한다. 공간(거리)마찰계수는 시장의 교통조건과 쇼핑 물건의 특성에 따라 달라지며, 교통조건이 나쁠수록 커지게 된다.

■ **소비자가 A매장을 이용할 확률(시장점유율)**

$$\frac{A고객유인력}{A고객유인력 + B고객유인력}$$

④ **넬슨(Nelson)의 소매입지이론**: 넬슨은 점포의 경영주체가 최대의 이익을 얻을 수 있는 매출액을 확보하기 위해 어떤 장소에 입지하는 것이 유리한지에 대해 점포입지의 8가지 원칙을 제시하였다.

(4) 공업입지론

① **베버(A. Weber)의 최소비용이론**: 베버는 생산과 판매에 있어 최소운송비가 드는 지점에서 공업입지가 이루어진다는 최소비용이론을 주장하였다. 이때 수송비는 원료와 제품의 무게, 원료와 제품이 수송되는 거리에 의해 결정된다고 하였으며, 원료를 보편원료와 국지원료로 구분하여 원료지수*를 도출하였다.

$$원료지수 = \frac{국지원료중량}{제품중량} \begin{matrix} > 1 \Rightarrow 원료지향형 \\ = 1 \Rightarrow 자유입지형 \\ < 1 \Rightarrow 시장지향형 \end{matrix}$$

용어 정리

*원료지수
제품중량에 대한 국지원료중량의 비율을 말한다.

㉠ **원료지향형 산업**: 원료산지에 입지하여 생산활동을 하는 산업을 말한다. 원료중량이 제품중량보다 커서 원료수송비가 제품수송비보다 많은 산업은 원료산지에 입지하는 것이 유리하다. 시멘트공업, 제련공업 등과 같이 원료로 제품을 만드는 과정에서 중량이 감소하는 중량감소산업의 경우도 이에 해당한다. 또한 국지원료(편재원료)를 많이 투입하는 산업, 통조림공업, 냉동공업과 같이 부패하기 쉬운 원료·물품을 생산하는 산업은 원료산지에 입지하는 것이 유리하다.

㉡ **시장지향형 산업**: 시장 가까이에 입지하여 생산활동을 하는 산업을 말한다. 제품중량이 원료중량보다 커서 제품수송비가 원료수송비보다 많은 산업은 시장 가까이에 입지하는 것이 유리하다. 청량음료, 맥주 등과 같이 원료로 제품을 만드는 과정에서 중량이 증가하는 중량증가산업의 경우도 이에 해당한다. 보편원료를 많이 투입하는 산업, 완제품의 부패가 쉬운 산업이나 소비자와 많은 접촉을 필요로 하는 산업은 시장 가까이에 입지하는 것이 유리하다. 또한 소비시장에 재고량을 확보할 수 있으며 수요에 민감한 제품을 생산하는 산업도 시장지향형 입지를 하고 있다.

ⓒ **자유입지형 산업**: 수송비가 입지선정에 거의 작용하지 않는 고도의 대규모 기술집약적 산업을 말한다(예 자동차, 항공기, 전자산업 등).

ⓔ **중간지향형 산업**: 소비시장과 원료산지 사이에 이적지점(移積地點, 적환지점)이 있는 경우의 산업을 말한다. 이적지점 지향형 또는 적환지점 지향형이라고도 한다. 원료의 수송수단을 바꿔 수송하는 경우로, 이적지점에서 이적비용이 급격히 증가하거나 감소하는 산업이 이에 해당한다.

ⓜ **집적지향형 산업**: 수송비의 비중이 적고 기술연관성이 높은 산업으로, 기술·정보·시설·원료 등을 공동이용함으로써 비용을 절감하는 경우를 말한다(예 기계공업, 자동차공업, 석유화학, 제철 등).

ⓗ **노동지향형 산업**: 생산비 가운데 임금의 비중이 큰 산업을 말한다. 출판, 섬유, 신발, 합판산업 등과 같이 노동집약적이고 미숙련공을 많이 사용하는 산업은 저임금지역에 공장이 입지하는 경향이 있다.

② **뢰쉬(A. Lösch)의 최대수요이론**: 뢰쉬는 베버의 입지론이 너무 생산비에만 치우쳐 있음을 지적하며 이의를 제기했다. 비용최소화의 원리에 입각한 베버의 입지론은 기업이 궁극적으로 꾀하는 이윤극대화의 원칙에 배치되므로 모순이라고 지적하였다. 따라서 뢰쉬는 이윤극대화를 꾀하기 위해 공장의 입지는 시장확대가능성이 가장 풍부한 곳에 이루어져야 한다고 하였다.

Chapter 03 부동산정책론

학습포인트 부동산정책의 의의, 정부의 시장개입, 외부효과, 주택정책, 부동산조세정책에 대해 이해한다.

1 부동산문제

1. 부동산문제의 의의

부동산문제란 부동산과 인간의 관계 악화에 따른 여러 문제를 말한다. 이에는 토지의 부증성으로 인한 지가 상승, 부동산투기, 주택공급의 문제와 국토이용의 문란, 환경파괴, 부동산 거래질서의 문제 등이 있다. 부동산문제는 크게 토지문제와 주택문제로 분류할 수 있다.

2. 부동산문제의 내용

(1) 토지문제

토지문제는 물리적 토지문제와 경제적 토지문제로 구분할 수 있다. 물리적 토지문제란 토지를 물리적으로 이해하는 데에서 파악되는 여러 가지 문제이고, 경제적 토지문제란 인간생활에 필요한 공간 확보과정에서 비롯되는 토지의 수요와 공급의 불균형 문제이다.

① **물리적 토지문제**: 물리적 토지문제는 토지의 자연적 특성인 부증성에서 비롯된다. 인구가 증가하고 산업이 발전함에 따라 상대적으로 토지의 수요는 증가하게 되므로 물리적 토지문제는 자연히 경제적 토지문제를 야기하게 된다. 물리적 토지부족은 매립이나 간척과 같은 토지의 물리적 개발과 경제적 이용을 통해 해결할 수밖에 없다.

② **경제적 토지문제**: 경제적 토지문제의 대표적 현상으로 지가고(地價高)를 들 수 있다. 지가고란 지가가 다른 물가보다 상대적으로 높아 합리적 지가수준을 넘는 상태를 말한다. 이러한 지가고는 다음과 같은 폐단을 야기한다.

> ㉠ 주택가격이 상승하여 주택문제의 해결을 어렵게 하며, 토지이용에 악영향을 미친다.
> ㉡ 공공용지 취득을 위한 보상가격이 높아져 공공기관의 재정부담이 커진다.
> ㉢ 물가 및 산업의 원가상승요인이 된다.
> ㉣ 투기를 조장하여 근로의욕을 저하시키고, 부의 재분배를 왜곡시킴으로써 사회불평등을 심화시킨다.

③ **기타 토지문제**: 토지이용의 비효율성, 분배의 부적정, 관리의 비원활, 토지투기 등을 들 수 있다.

(2) 주택문제

① **주택의 의의**: 주택은 인간이 일정한 위치에 거처를 정해 개인적인 삶과 가족생활을 영위하도록 하는 장소로서의 기능을 한다. 또한 사생활의 독립성을 지속시켜 주고, 기후의 변화나 범죄 등 외부의 위협으로부터 보호받을 수 있는 안식처(shelter)의 역할을 한다.

② **주택의 특징**
  ㉠ 주택은 토지를 필요로 하기 때문에 일정한 장소에 고정되어 있어 상품으로서의 유통성이 낮은 편이다.
  ㉡ 주택은 비교적 큰 상품으로, 생산을 위해서는 많은 자본이 소요되므로 주택가격도 비싼 것이 보통이다.

ⓒ 주택의 생산과 유통과정에서 이익이 창출되므로 주택은 생산업자의 이윤창출의 수단이 된다.
ⓔ 주택공급은 비탄력적이므로 주택수요의 변화에 따라 주택시장은 항상 불완전한 특성을 지니고 있다.
ⓜ 주택은 공공서비스의 필요성이 있으며, 주택시장은 정부의 정책과 인근지역의 영향을 크게 받는다.
ⓗ 주택은 가구소비에 있어 큰 몫을 차지하고 재산가치의 수단이 되기도 하며, 프라이버시 보호의 역할을 담당하기도 한다.

③ 주택문제의 원인 및 구분
  ㉠ 원인: 토지의 부동성과 주택의 비유동성은 특정지역의 주택이 양적으로 부족한 원인이 된다. 또한 도시화는 주택의 밀집화·집단화를 촉진하고 지가 상승을 야기하여 토지를 집약적으로 이용하게 하고 주거의 질을 저하시킨다.
  ㉡ 구분: 주택문제는 크게 양적 주택문제와 질적 주택문제로 나눌 수 있다.
    ⓐ **양적 주택문제**: 사람의 수에 비해 주택의 양이 절대적으로 부족한 현상을 말한다. 이러한 양적 주택문제를 발생시키는 요인[1]으로는 인구의 증가, 핵가족화 현상, 기존주택의 노후화, 공공사업 등에 의한 주택의 철거 및 전용, **필요공가율***의 증가 등을 들 수 있다.

> 📖 **용어 정리**
>
> *** 필요공가율**
> 필요공가율이란 주거공간인 주택의 원활한 유통에 필요한 합리적인 공가율을 말한다.
>
> ➕ **공가율**
> 공가율이란 총주택에 대한 빈집의 비율을 말한다.

    ⓑ **질적 주택문제**: 주택가격이나 주거비의 부담능력이 낮아 주택의 질적 수준이 낮은 데에서 비롯되는 문제를 말한다. 경제적 주택문제라고도 하는데, 대표적 원인은 저소득이다. 질적 주택문제를 발생시키는 요인[2]으로는 생활태도의 변화, 주민의 소득 및 생활수준의 향상에 따른 고급주택수요의 증가, 거주면적의 증가에 따른 주택수요의 증가, 새로운 건축 자재의 개발, 주택금융의 확대 등을 들 수 있다.

---

1) 이를 양적 주택수요의 증가요인이라고도 한다.
2) 이를 질적 주택수요의 증가요인이라고도 한다.

3. 부동산문제의 특징

(1) 악화성향
악화성향이란 부동산은 한번 어떤 문제가 생기면 시간의 흐름에 따라 악화되기 쉽고, 이를 바로잡는 일이 점점 어려워지는 것을 말한다. 예를 들어, '주택공급을 중단하면 주택의 양적·질적 문제가 악화된다'거나, '지가대책을 소홀히 하면 지가가 상승하여 산업·경제·주택공급 등에 악영향을 미친다'는 점 등이다.

(2) 비가역성
비가역성이란 어떤 부동산문제가 한번 악화되면, 이를 완전한 옛 상태로 회복하기는 사회적·경제적·기술적으로 어려운 것을 말한다. 예를 들어, '폭등한 지가는 다시 종전으로 되돌아가기 어렵다', '건물을 잘못 신축한 경우 다시 철거한다는 것은 경제적으로 어렵다', '지표의 토층을 파괴한 경우 인위적으로 환원하기 어렵다', '도시계획·토지이용계획·도시개발 등이 한번 잘못되면 종전으로 환원시키기 어렵다'는 점 등이다.

(3) 지속성
지속성이란 부동산문제가 시간의 흐름과 함께 지속되는 현상을 말한다. 따라서 지속성에 착안한다면 부동산활동을 비롯한 주택산업의 규모나 장래성을 예측할 수도 있다.

(4) 해결수단의 다양성
부동산문제의 해결에는 조세, 금융, 재정, 주택건축, 택지개발 등의 다양한 해결책이 필요하다. 즉, 부동산정책은 종합정책의 성격을 강하게 지닌다.

2 부동산정책

1. 부동산정책의 의의 및 정부의 시장개입

(1) 부동산정책의 의의
부동산정책이란 부동산을 둘러싼 여러 가지 문제를 해결 내지 개선함으로써 부동산과 인간의 관계를 보다 합리적으로 하려는 공적인 노력이다. 즉, 공익추구를 위한 정부의 부동산활동을 말한다.

(2) 정부의 시장개입

① **정부의 시장개입과 시장실패**: 정부가 부동산시장에 개입하는 이유는 정치적 기능과 경제적 기능을 수행하기 위해서이다. 저소득층을 위한 여러 가지 주택정책은 사회적 목표를 달성하기 위한 정부의 정치적 기능에 해당하는 반면, 외부효과의 제거 등은 시장실패를 수정하기 위한 정부의 경제적 기능에 해당한다.

시장실패란 시장이 어떤 이유로 인해 자원의 적정배분을 자율적으로 조정하지 못하는 것을 의미한다. 시장실패는 정부의 경제적 개입을 정당화시키는 요인이 되기도 한다. 시장실패의 원인 몇 가지를 살펴보면 다음과 같다.

㉠ **불완전경쟁**: 불완전경쟁(독과점*)의 존재이다. 독과점이 존재하는 경우 독과점 기업이 가격을 높게 책정하므로 완전경쟁시장보다 가격은 높고 생산량은 적어 시장의 기능이 제대로 작동하지 않아 시장실패가 나타난다.

📖 용어 정리

*독과점(獨寡占)
시장에 공급자가 하나인 독점과 공급자가 소수인 과점을 아울러 일컫는 용어로, 경쟁이 없거나 결여된 시장형태를 말한다.

㉡ **외부효과**: 외부효과의 존재이다. 외부효과란 어떤 경제활동과 관련하여 거래 당사자가 아닌 제3자에게 의도하지 않은 이익이나 손해를 가져다주는데도 이에 대한 대가를 지불하지도 받지도 않는 상태를 말한다.

㉢ **공공재**: 공공재의 존재이다. 공공재란 모든 사람들이 공동으로 이용할 수 있도록 시장기구*를 통하지 않고 공공부문이 공급하는 재화나 서비스를 말한다. 시장경제에서 국방, 치안, 소방, 도로 등과 같은 공공재의 생산을 시장에 맡길 경우 기업은 이윤이 적어 생산을 기피하거나, 생산한다 하더라도 그 공급량이 사회적으로 충분하지 못하게 된다. 그 결과 사회 전체적으로 공공재의 공급량이 부족하게 되므로 자원의 효율적 배분에 실패하게 된다.

📖 용어 정리

*시장기구(市場機構)
수요와 공급에 의해 재화와 서비스가 생산되고 유통되는 과정에서 자원배분이 이루어지는 시장의 원리를 기계가 작동하는 것에 빗대어 표현한 것이다.

ⓔ **정보의 불완전 및 비대칭성**: 완전경쟁시장과 달리 현실의 시장에서 주어지는 정보는 불완전할 뿐만 아니라 이것이 옳게 거래당사자에게 전달되려면 상당한 비용의 부담이 수반되어야 하므로 가격의 신호는 실제에 있어 매우 불완전하다. 이로 인해 야기되는 거래 쌍방 간 정보의 불완전 및 **비대칭성***은 시장실패의 요인이 된다.

용어 정리

*정보의 비대칭성(information asymmetry)
시장에서 어느 한쪽이 다른 쪽보다 더 좋은 정보를 훨씬 많이 지니고 있는 것을 말한다.

② **외부효과**: 외부효과란 어떤 경제활동과 관련하여 거래당사자가 아닌 제3자에게 의도하지 않은 이익이나 손해를 가져다주는데도 이에 대한 대가를 지불하지도 받지도 않는 상태를 말한다. 이러한 외부효과에는 정(+)의 외부효과(외부경제)와 부(−)의 외부효과(외부불경제)가 있다.

ⓐ 정(+)의 외부효과란 제3자에게 의도하지 않은 이익을 가져다주는데도 이에 대한 대가를 지불받지 않는 상태를 말하며, 부(−)의 외부효과란 제3자에게 의도하지 않은 손해를 가져다주는데도 이에 대한 대가를 지불하지 않는 상태를 말한다[예 인근지역에 대규모 생태공원이 들어서면 아파트 시장에 정(+)의 외부효과가 발생할 것이며, 쓰레기소각장이 들어서면 아파트 시장에 부(−)의 외부효과가 발생할 것이다].

ⓑ 자유로운 시장기구에 맡겼을 경우, 정(+)의 외부효과가 존재하면 **사적 비용***이 **사회적 비용***을 초과하게 되어 사회적 최적수준보다 적게 만들어지는 결과를 가져온다. 그러나 부(−)의 외부효과의 존재는 사회적 비용이 사적 비용을 초과하게 되어 사회적 최적수준보다 더 많이 만들어지는 결과가 나타난다.

용어 정리

*사적 비용
상품을 한 단위 더 생산할 때 생산자가 원자재 등을 구입하기 위해 추가적으로 지불하는 비용을 말한다.

*사회적 비용
사적인 한계비용에 생산활동이 제3자에게 미치는 피해까지 합한 것을 말한다.

ⓒ 따라서 외부효과가 존재하면 시장기구는 자원을 효율적으로 배분할 수 없게 되어 시장실패가 일어난다. 용도지역지구제와 같은 토지이용규제는 부(−)의 외부효과를 억제하기 위한 수단으로도 이용된다.

한눈에 보기	외부효과	
구분	정(+)의 외부효과(외부경제)	부(-)의 외부효과(외부불경제)
의의	다른 사람(제3자)에게 의도하지 않은 혜택을 주고도 이에 대한 보상을 받지 못하는 것 예 과수원과 양봉업	다른 사람(제3자)에게 의도하지 않은 손해를 입히고도 이에 대한 대가를 지불하지 않는 것 예 양식업과 공장폐수
편익 및 비용	• 사적 편익* < 사회적 편익 • 사적 비용 > 사회적 비용	• 사적 편익 > 사회적 편익 • 사적 비용 < 사회적 비용
특징	과소생산, 과다가격	과다생산, 과소가격
해결방안	보조금 지급, 조세 경감, 행정규제의 완화	오염배출업체에 대한 조세 중과, 환경부담금 부과, 지역지구제
현상	PIMFY(Please In My Front Yard) 현상	NIMBY(Not In My Back Yard) 현상

용어 정리

*편익(便益, benefit)
편리하고 유익함을 나타내는 의미로, 만족감을 나타내는 효용을 화폐적 환산치로 표시한 것이다.

③ **지역지구제**

㉠ **의의**: 지역지구제란 도시의 토지용도를 구분함으로써 이용목적에 부합하지 않는 토지이용이나 건축 등의 행위를 토지의 효율적·합리적 이용을 도모하는 방향으로 규제하는 제도이다.

㉡ **목적**: 지역지구제의 목적은 토지의 이용목적 및 입지 특성에 따라 적합한 용도를 부여함으로써 국토이용질서의 확립과 토지의 효율적·합리적 이용을 도모하고 토지이용에 수반되는 부(-)의 외부효과를 제거하거나 감소시키는 데 있다.

㉢ **효과**: 지역지구제의 실시는 용도에 맞지 않거나 어울리지 않는 토지이용을 규제함으로써 부(-)의 외부효과를 제거한다. 따라서 그 지역의 주택에 대한 수요가 증가하며, 그 결과 단기적으로 주택가치가 상승한다. 주택가치의 상승은 기존 투자자들의 초과이윤을 발생하게 하고, 그 결과 기존기업은 생산설비를 확장하고 신규기업은 시장에 진입하게 된다. 이는 시장의 공급을 증가시켜 장기적으로 주택가치가 하락하고 초과이윤은 소멸된다.

㉣ **지역지구제와 독점**: 어떤 특정지역에만 용도 지정 또는 변경 등의 독점적 지위를 부여한다면 진입장벽으로 인해 더 이상 공급이 늘지 않으므로 장기적으로도 부동산가치가 하락하지 않으며, 초과이윤은 모두 독점적 지위를 누리는 투자자에게 돌아간다. 이때 부동산의 위치에 관한 독점은 **사전적 독점***과 **사후적 독점*** 으로 나눌 수 있으며, 독점으로 인한 초과이윤은 위치적 이점이 부동산가치에 이미 반영된 사후적 독점에서는 발생하지 않고 사전적 독점에서만 발생한다.

> **용어 정리**
>
> **＊사전적 독점**
> 부동산의 가치에 영향을 줄 수 있는 어떤 사건이 발생하기 전에 특정 위치를 점하고 있는 데에서 생기는 독점을 의미한다.
>
> **＊사후적 독점**
> 어떤 사건이 발생한 후에 특정 위치를 점하고 있는 데에서 생기는 독점을 의미한다.

ⓓ 문제점: 지역지구제가 잘못 지정되거나 사회·경제 여건에 신축성 있게 대응하지 못한 경우 사회적으로 바람직한 토지이용이 배제된다. 나아가 지나치게 경직되고 엄격한 지역지구제의 실시는 토지의 공급을 억제하여 지가의 앙등을 초래하며, 토지의 불법개발 및 이용을 조장할 수 있다. 또한 지역지구제는 지역 간 형평성 문제를 야기할 수 있는데, 어떤 지역의 지가는 상대적으로 떨어뜨려 경제적 불이익을 주고, 다른 지역의 지가는 상대적으로 높임으로써 경제적 특혜를 주는 사례가 많다.

2. 주택정책

(1) 임대료 규제정책

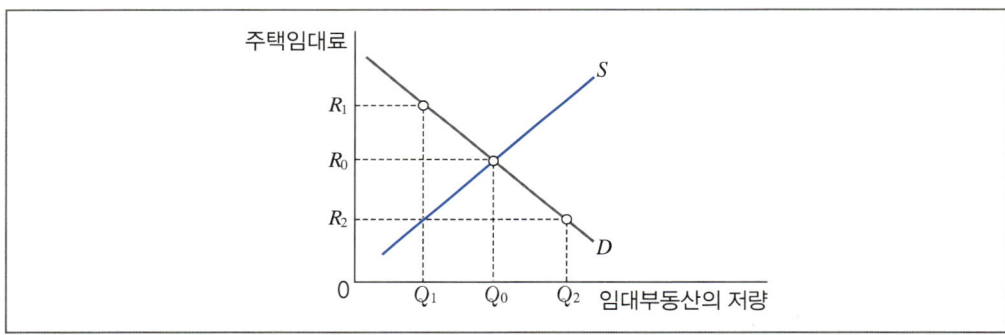

임대료 규제를 임대료상한제라고도 하는데, 이는 정부가 임대주택시장에 개입하여 임대료를 일정 수준 이상 올릴 수 없도록 하는 제도로, **최고가격제**＊의 일환이다. 정부의 임대료 규제는 규제임대료가 시장임대료보다 낮을 경우에 의미가 있지만, 규제임대료가 시장임대료보다 높다면 시장에서 아무런 변화가 일어나지 않는다. 즉, 임대료와 공급량에는 아무런 변화가 일어나지 않는다.

> **용어 정리**
>
> **＊최고가격제**
> 가격을 통제하는 방법에는 최고가격제와 최저가격제가 있다. 임대료 규제나 분양가 규제 모두 최고가격제에 해당한다.

① 정부에서 규제임대료(R_2)를 시장의 균형임대료(R_0)보다 낮게 규제한다면 초과수요가 나타나 Q_1Q_2만큼 임대주택이 부족해져 임차인들이 임대주택을 구하기가 어려워진다. 따라서 임대료 규제는 기존 임차인들의 주거이동을 저하시키고 이로 인해 출근 시간 증가, 교통 혼잡 야기 등 사회적 비용이 증가한다. 기존 임차인들의 주거이동 저하는 신규 임차인들이 임대주택을 구하기 더욱 어렵게 만들고, 따라서 더 많은 임대료를 지불해야만 임대주택을 구할 수 있게 된다.
② 한편, 임대인 입장에서는 임대주택에 대한 투자기피현상이 나타날 것이며, 기존의 임대주택은 다른 용도로 전환된다. 또한 공급되고 있는 임대주택의 서비스 질이 저하된다.
③ 정부 입장에서도 임대인의 임대료수입이 이전보다 감소함에 따라 임대소득세수입이 감소한다.
④ 시장에서는 불법적인 음성적 거래가 나타나 법적인 규제가격과 음성적 거래에 의한 가격의 이중가격이 형성될 수 있다.

(2) 임대료 보조정책 – 주택보조금정책

① **의의**: 주택보조금정책은 일반적으로 임대료 보조정책을 말한다. 임대료 보조정책은 저소득층의 주택문제를 해결하기 위해 일정 수준 이하의 저소득층에게 정부가 무상으로 임대료의 일부를 보조해 주는 것을 말한다. 이는 정부의 간접적인 개입에 해당한다. 주택바우처(housing voucher)*는 임대료 보조정책의 하나이다.

> **용어 정리**
>
> *주택바우처(housing voucher)
> 저소득층의 임대료가 일정 수준을 넘을 경우 임대료의 일부를 쿠폰 형태의 교환권으로 지원하는 제도이다.

② **수요 측 보조금**: 수요 측 보조금은 주택임차가구의 주택부담 능력을 높여 주기 위해 지급되는데, 가격보조(임대료보조, 집세보조)방식과 소득보조(현금보조)방식이 있다.
  ㉠ **가격보조**(임대료보조, 집세보조)**방식**: 주택을 임차할 때에만 보조해 주는 가격보조(임대료보조)방식은 주택의 상대가격을 낮춤으로써 저소득임차가구의 주택소비를 증가시킨다. 주택소비증대라는 정책목표달성 측면에서는 가격보조방식이 소득보조방식보다 우월하다.
  ㉡ **소득보조**(현금보조)**방식**: 소득보조(현금보조)방식은 보조금을 현금으로 지급하는 방식으로, 현금보조가 이루어지면 보조받는 저소득임차가구의 실질소득이 현금보조액만큼 증가한 것과 동일하므로 주택임차가구의 주택부담 능력이 높아지게 된다. 소비자효용 측면에서는 소득보조방식이 가격보조방식보다 우월하다.

③ **공급 측 보조금**: 주택생산자에게 낮은 금리로 건설자금을 지원하는 방법으로, 생산비를 낮추는 효과가 있으므로 민간부문의 주택공급을 증대시키는 효과가 있다.

(3) 공공임대주택정책

① **의의**: 공공임대주택정책은 정부가 사적 시장(private market)보다 저렴하게 공공임대주택을 공급하는 정책으로, 정부의 직접적인 개입에 해당한다. 이는 정부가 사적 시장의 임대료를 낮추도록 하여 임차인을 보호하는 방법의 하나로, 사적 시장과 품질이 유사한 공공임대주택을 공공(임대주택)시장에서 값싸게 공급하는 것이다.

② **효과**
  ㉠ 임대주택시장은 사적 시장과 공공시장으로 분리되며, 사적 시장의 임대주택에 대한 수요가 감소한다.
  ㉡ 다른 지역에서 공공임대주택이 공급되는 지역으로 저소득층가구가 이동한다. 따라서 단기적으로 사적 시장의 임대료가 하락한다. 그러나 공급량은 불변이다.
  ㉢ 장기적으로는 사적 시장의 임대주택 공급량이 감소하지만 사회 전체의 임대주택 공급량은 불변이다. 사적 시장의 임대주택 공급량 감소는 사적 시장의 임대료를 상승시켜 장기적으로 공공시장으로 이동해 온 사람들만 보호가 되며, 사적 시장에 남아 있던 임차인들은 아무런 보호를 받지 못한다.

3. 부동산조세정책

(1) 부동산조세의 의의

부동산조세는 부동산을 과세대상으로 하여 부과하는 조세이다. 이는 토지와 건물 등의 부동산을 취득·소유하는 경우, 이용(임대)하는 경우, 처분(양도)하는 경우 등에 부과된다.

(2) 부동산조세의 전가와 귀착

① **조세의 전가**: 조세가 부과되었을 때 각 경제주체들이 자신의 활동을 조정함으로써 조세의 실질적인 부담의 일부 또는 전부를 타인에게 이전시키는 현상을 말한다.
② **조세의 귀착**: 조세가 부과되었을 때 실질적인 조세부담이 전가를 통해 각 경제주체에게 귀속된 결과를 말한다.

(3) 부동산조세와 탄력성

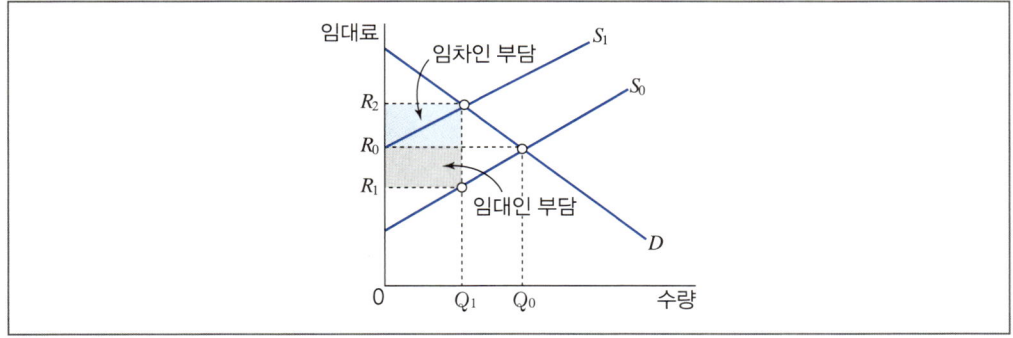

임대주택시장의 경우 임대인에게 재산세가 부과된다면 이는 재산세 부과액만큼 생산비가 증가한 것이 되어 공급곡선이 좌상향으로 이동한다.

- R_2: 새로운 균형임대료
- Q_1: 주택에 대한 수요량
- $R_2 \sim R_0$: 세금 $R_1 \sim R_2$ 중 임차인의 부담
- $R_0 \sim R_1$: 세금 $R_1 \sim R_2$ 중 임대인의 부담

이때 세금의 귀속문제는 수요와 공급의 상대적인 탄력성에 따라 다르게 나타난다.
① 수요곡선이 탄력적일수록 임차인부담이 작고, 비탄력적일수록 임차인부담이 크다. 수요곡선이 탄력적이라는 것은 임차인이 임대료변화에 민감하게 반응한다는 것을 의미하고, 비탄력적이라는 것은 임차인이 임대료변화에 민감하게 반응하지 않는다는 것을 의미한다. 수요곡선이 비탄력적인 경우 임대인은 정부가 부과한 세금을 임차인에게 떠넘기기 쉽다. 왜냐하면 임대료가 상승한다고 하더라도 임차인은 어쩔 수 없이 재화를 구입할 수밖에 없기 때문이다.
② 공급곡선이 탄력적일수록 임대인부담이 작아지고, 비탄력적일수록 임대인부담이 커진다. 공급곡선이 탄력적이라는 것은 임대인이 임대료변화에 민감하게 반응한다는 것을 의미하고, 비탄력적이라는 것은 임대인이 임대료변화에 민감하게 반응하지 않는다는 것을 의미한다. 공급곡선이 비탄력적인 경우 임대인은 정부가 부과한 세금을 임차인에게 떠넘길 생각을 하지 못하므로 임대인이 더 많이 부담할 수밖에 없다.

(4) 부동산조세의 주택에 대한 영향

① 주택에 대한 조세의 부과는 수요자(임차인) 입장에서 수요자(임차인)가 주택에 대해 지불하는 금액(임대료)을 높게 만들고, 그 결과 주택의 수요량을 감소시킨다. 공급자(임대인) 입장에서는 공급자(임대인)가 주택을 통해 얻는 수입을 낮게 만들고, 그 결과 주택의 공급량을 감소시킨다.

② 정부에서 주택에 부과하는 재산세를 상승시킬 때, 일률적으로 같은 비율을 주택에 적용하는 재산세는 **역진세***적인 효과를 나타낸다. 따라서 조세의 형평성을 달성하기 위해서는 재산세를 **누진세***의 형태로 부과하는 것이 효과적이라고 할 수 있다.

> **용어 정리**
>
> ***역진세(逆進稅)**
> 소득이 증가할수록 낮은 세율을 적용하는 조세를 말한다.
> 예 생활필수품에 대해 일정률의 세율을 적용하는 비례세인 부가가치세를 부과하면 소득의 많고 적음에 관계없이 똑같은 세액을 부담하게 되어 조세부담률은 저소득자일수록 높아지므로 역진세적 성격을 가지게 된다.
>
> ***누진세(累進稅)**
> 소득이 증가할수록 높은 세율을 적용하는 조세를 말한다.

Chapter 04 부동산투자론

학습포인트 부동산투자와 투기, 재산 3분법, 부동산투자의 위험과 수익, 포트폴리오 이론에 대해 이해한다. 화폐의 시간가치 계산, 부동산투자분석기법에 대해 이해한다.

1 부동산투자이론

1. 부동산투자와 투기

(1) 부동산투자

① 부동산투자의 의의 및 종류

㉠ 의의: 부동산투자란 확실한 현재의 소비를 희생하여 생산활동을 통해 장래의 수익 획득을 목적으로 항구적인 용도를 갖는 부동산에 자본을 투입하는 행위이다. 그런데 장래의 수익은 불확실하므로 투자는 항상 위험을 내포하고 있다. 투자는 취득, 운영, 처분의 단계를 거치는데, 이 중 운영의 단계가 없거나 지극히 형식적인 것을 투기라고 할 수 있다. 또한 **투자의 대상이 되는 부동산을 투자성 부동산(수익성 부동산)***이라고 한다.

> **용어 정리**
>
> ***투자성 부동산(수익성 부동산)**
> 투자의 대상이 되는 부동산을 말한다. 임대용 부동산과 기업용 부동산으로 분류되는데, 보통 임대용 부동산을 가정하여 분석할 때가 많다.

ⓒ 종류: 투자는 크게 실물투자와 재무투자로 나눌 수 있다.
  ⓐ **실물투자**: **인플레이션*** 등에 의해 상품가치가 증가하는 것에 투자하는 것을 말한다(예 금·은·골동품·예술품·부동산 등의 실물에 투자하는 것).

> **용어 정리**
>
> ***인플레이션(inflation)**
> 상품 거래량에 비해 물가는 오르고 화폐가치는 떨어지는 현상을 말한다.
>
> **➕ 디플레이션(deflation)**
> 상품 거래량에 비해 물가는 떨어지고 화폐가치는 오르는 현상을 말한다.

  ⓑ **재무투자**: 공채·사채·주식·외환 등의 유가증권에 투자하는 것을 말한다. 통화가 안정되고 안정기조의 경제성장 및 생산성이 향상될 때에는 재무투자의 기회가 많아진다.
② **부동산투자자**: 부동산투자자는 일반적으로 지분투자자와 저당투자자로 나뉜다.
  ㉠ **지분투자자**(equity investor): 자기자본을 투하하는 보통의 일반투자자를 말한다. 부동산투자에 대한 의사결정의 주체로, 보통의 일반투자자를 지분투자자라고 부르는 것은 저당투자자와 구별하기 위해서이다.
  ㉡ **저당투자자**(mortgage investor): 지분투자자에게 필요한 자금을 대출해 주는 대출자를 말한다. 저당대부를 제공하는 은행과 같은 대출기관이 대표적이다.
③ **부동산투자의 장단점**
  ㉠ 장점
    ⓐ 지렛대효과(leverage effect)를 향유할 수 있다. **지렛대효과란 부채의 사용이 지분수익률(자기자본수익률)에 미치는 영향을 말한다.** 타인자본을 사용하는 데 드는 금리비용보다 높은 수익률이 기대되는 경우에는 타인자본을 적극적으로 활용하는 것이 유리하다. 단, 타인자본을 과도하게 사용하면 경기가 어려울 때 금리부담으로 인한 도산 위험이 높아진다(금융적 위험).
    ⓑ 부동산은 낮은 세율, 세액공제 등의 혜택이 있어 세금을 최소화할 수 있는 절세효과가 있다.
    ⓒ 부동산은 인플레이션으로부터 구매력 보호기능을 가지고 있다. 즉, 인플레이션기에 부동산과 같은 실물자산에 투자하면 부동산가격상승률 등이 인플레이션율보다 높으므로 인플레이션으로 인한 위험을 상쇄할 수도 있다.
    ⓓ **소득이득***과 **자본이득***을 향유할 수 있다.

> **용어 정리**

*** 소득이득(income gain)**
보유기간 동안 생산활동을 통해 발생하는 이득으로, 부동산을 임대할 때의 수입 등을 말한다.
예 임대료수입, 지대수입

*** 자본이득(capital gain)**
당해 기간 말(처분 시)에 발생하는 소득, 즉 자산가치의 상승에 따른 이익을 말한다.
예 양도차익, 시세차익

    ⓒ 단점
        ⓐ 부동산은 다른 투자대상에 비해 환금성이 떨어진다.
        ⓑ 부동산의 수익성은 입지, 시장, 물리적 기능 등 전반적인 경제상태의 작용에 영향을 받으므로 사업의 위험부담이 크다.
        ⓒ 부동산을 구입하기 위해 대출을 받아 투자하였다면 금융 위험부담이 존재한다.
        ⓓ 중개수수료의 부담이 크며, 부동산투자에는 토지이용규제, 개발통제 등 여러 가지 행정적 통제가 가해지고 법률도 복잡하다.

(2) 부동산투기

① **의의**: 부동산투기란 단기간에 가격 상승에 의한 양도차익만을 얻는 것을 목적으로 부동산을 보유하는 것을 말한다. 즉, 부동산을 이용·관리할 의사가 없이 필요 이상으로 부동산을 보유·관리하는 행위를 말한다.

② **폐해**
    ㉠ 개인의 측면에서 볼 때 투기로 인해 불로소득을 얻은 자와 얻지 못한 자 사이에 소득격차를 심화시킨다.
    ㉡ 부동산투기로 인한 지가의 급등은 기업의 신규투자능력을 감소시켜 생산활동을 위축시키고, 그 결과 실업률을 증가시킨다.
    ㉢ 부동산투기로 인한 지가 상승은 기업의 실수요 용지의 확보를 어렵게 하고 생산원가를 상승시킨다. 그 결과 제품가격이 상승하게 되고 이는 경쟁력 약화를 가져와 수출부진 등의 경제적 손실을 초래한다.
    ㉣ 사회적 측면에서는 투기풍조의 만연으로 말미암아 근로의욕을 상실시키고, 투기로 인한 불로소득의 창출은 계층 간의 위화감을 조성한다.
    ㉤ 정부의 입장에서 볼 때 지가 상승으로 인해 공공용지의 확보나 도시기반시설의 설치가 어렵게 되어 국민복리에 영향을 미친다.
    ㉥ 토지이용의 국가적인 차원에서 볼 때 토지의 효율적·합리적 이용을 저해하는 요인이 된다.

2. 재산 3분법

(1) 의의

재산 3분법이란 재산을 예금, 부동산, 주식에 각각 배분 투자하여 투자에서 발생하는 위험을 분산시키고 **안전성***·수익성·환금성을 균형 있게 검토하여 재산관리를 하는 것을 말한다. 이때 재산관리에 있어서는 안전성·수익성·환금성 등을 고려하여 부동산·주식·예금의 3가지 투자관리 형태가 일반적으로 사용된다.

> **용어 정리**
>
> *** 안전성(安全性)**
> 위험이 없거나 안전을 보장하는 성질을 의미한다. 예 건물의 안전성, 자동차의 안전성
>
> **⊕ 안정성(安定性)**
> 바뀌어 달라지지 않고 일정한 상태를 유지하는 성질을 의미한다. 예 주가와 환율의 안정성, 직장의 안정성

(2) 투자재산의 비교

① **예금**: 안전성과 환금성에는 강하지만, 수익면에서는 부동산이나 주식을 따를 수 없어 수익성이 약하다.
② **주식**: 수익성과 환금성은 높은 편이나, 재산의 보전 측면에서는 피해를 볼 우려가 있으므로 안전성이 약한 편이다.
③ **부동산**: 안전성과 수익성은 유리하나, 처분 시 많은 시간을 요하므로 환금성이 불리하다.

한눈에 보기 재산 3분법

구분	예금	주식	부동산
안전성	유리	불리	유리
수익성	불리	유리	유리
환금성	유리	유리	불리

3. 부동산투자의 위험과 수익

(1) 위험의 개념과 측정

① 위험이란 어떤 투자안으로부터 얻게 될 결과에 대해 불확실성이 존재함으로써 발생하는 변동성, 즉 **투자수익이 기대치를 벗어날 변동가능성**을 의미한다. 어떤 투자로부터 얻을 실제수익률과 기대수익률 사이에 편차가 클 것으로 예상되거나 그 편차의 발생확률이 클 것으로 예상된다면, 그 투자는 위험이 크다고 할 수 있다.

② 기대수익률과 위험은 각각 평균(mean)과 분산(variance)으로 나타낸다. 평균이란 투자로부터 예상되는 수익률을 평균개념인 기대수익률로 나타내는 것을 의미하고, 분산이란 투자의 위험을 그 투자로부터 예상되는 수익률의 분산도(dispersion)로 측정함을 의미한다. 이때 투자수익률의 분산도를 나타내는 대표적인 통계량으로 분산과 표준편차를 들 수 있는데, 분산은 표준편차의 제곱이다.

③ 수익은 기댓값이나 기대수익률로 측정하고, 위험은 표준편차나 분산으로 측정한다.

(2) 부동산투자의 위험

① **사업상의 위험**(business risk): 부동산사업 자체에서 연유하는 수익성에 관한 위험을 말한다. 이에는 부동산의 수요와 공급의 변동 등과 같은 시장상황의 변동으로 야기되는 시장위험, 근로자의 파업, 영업비의 변동 등 부동산의 운영과 관련하여 야기되는 운영위험, 부동산의 지리적 위치의 고정성으로 인해 야기되는 위치적 위험 등이 있다.

② **금융적 위험**: 자기자본에 대한 부채의 비율이 클수록 자기자본수익률은 증가하지만 부담해야 할 위험 또한 증대하여 파산의 위험도 아울러 증가하게 되는 위험을 말한다.

③ **법적 위험**: 부동산에 대해 가지는 재산권의 법적 환경변화에 따른 위험을 말한다. 이는 정부의 각종 정책 등 법적 환경의 변화로 인해 수익의 불확실성이 야기되는 위험이다.

④ **인플레이션 위험**: 투자 기간 동안의 전반적인 물가 상승으로 인해 발생하는 구매력의 하락 위험을 말한다.

⑤ **유동성 위험**: 투자부동산을 현금으로 전환하는 과정에서 발생하는 시장가치의 손실가능성을 의미한다.

(3) 부동산투자의 수익률과 투자의 결정

① 수익률(rate of return)이란 투하자본에 대한 순수익의 비율을 말하며, 이는 투자의사결정에 있어 가장 중요한 변수 중 하나이다. 수익률에는 요구수익률, 기대수익률, 실현수익률 등이 있다.

  ㉠ **요구수익률**(required rate of return): 투자에 대한 위험이 주어졌을 때 투자자가 대상부동산에 투자를 결정하기 위해 보장되어야 할 최소한의 수익률로, 필수수익률·외부수익률·투자의 **기회비용***이라고도 한다.

> **용어 정리**
>
> *기회비용(opportunity cost)
> 어떤 것을 선택함으로써 포기한 다른 대안들 중 최선의 대안으로부터의 혜택을 말한다.

  ㉡ **기대수익률**(expected rate of return): 어떤 투자대상으로부터 투자로 인해 기대되는 예상수익률이다.
  ㉢ **실현수익률**(realized rate of return): 투자가 이루어지고 난 후에 실제로 실현된 수익률로, 실제수익률이라고도 한다.

② 부동산투자의 의사결정은 기대수익률과 요구수익률을 비교하여 이루어지며, 투자대상이 위험할수록 투자자는 더 많은 대가를 요구한다. 예를 들어, 기대수익률이 요구수익률보다 크거나 같다면 투자자는 투자를 채택할 것이고, 기대수익률이 요구수익률보다 작다면 투자를 기각할 것이다. 이때 기대수익률과 요구수익률은 사전수익률이며, 실현수익률은 사후수익률이다. 투자의 결정은 사전수익률에 해당하는 기대수익률과 요구수익률을 비교하여 결정되고, 실현수익률은 사후수익률이므로 투자결정의 기준이 되지 못한다.

③ 투자의 결정은 투자가치와 시장가치를 비교하여 이루어지기도 한다.
  ㉠ **투자가치**: 부동산을 소유함으로써 예상되는 미래의 편익이 부동산투자자에게 주는 현재가치로, 대상부동산이 특정한 투자자에게 부여하는 주관적 가치이다.
  ㉡ **시장가치**: 부동산이 시장에서 매매되었을 때 형성되는 가치로, 대상부동산이 시장에서 가지는 객관적 가치이다.

투자자는 대상부동산의 투자가치가 시장가치보다 크다면 투자를 하려고 할 것이고, 투자가치가 시장가치보다 작다면 투자를 하려고 하지 않을 것이다.

(4) 부동산투자의 위험과 수익의 관계

① 일반적으로 투자자들은 위험을 회피하고자 한다. 따라서 위험수준이 높은 투자대상에 투자자들로 하여금 투자하도록 하기 위해서는 높은 요구수익률이 보장되어야 한다. 그 결과 위험수준이 높은 투자대상의 요구수익률은 위험수준이 낮은 투자대상의 요구수익률보다 높게 된다.

② 투자대상 중 국채와 같이 위험이 없는 무위험자산에 대한 수익률을 **무위험률*** 또는 무위험이자율이라고 한다. 모든 투자대상의 요구수익률은 시간에 대한 대가인 무위험률과 그 투자대상이 갖는 위험에 대한 대가인 위험할증률을 합한 것이다. 이때 위험할증률이 가산된 요구수익률을 위험조정률(risk-adjusted rate)이라고 한다.

요구수익률 = 무위험률 + 위험할증률 ➡ 위험조정률

용어 정리

***무위험률**
위험(risk)이란 부동산투자에서 예상한 수익과 실현된 수익이 달라질 가능성을 말하는데, 국가가 발행하는 채권인 국채와 같이 위험이 전혀 없는 무위험자산에 대한 수익률을 특별히 무위험률 또는 무위험이자율(risk-free interest rate)이라고 한다.

③ 부동산투자에서 부담하는 위험이 크면 투자자의 요구수익률이 커진다. 위험과 수익의 이와 같은 관계를 위험-수익의 상쇄관계(risk-return trade-off)라고 한다.

④ 부동산의 투자가치란 부동산을 소유함으로써 예상되는 미래의 편익이 부동산투자자에게 주는 현재가치이므로 이때 할인율로 요구수익률이 사용된다. 따라서 위험이 커지면 부동산의 투자가치는 하락한다. 위험과 요구수익률은 비례 관계에 있으므로 위험할수록 높은 위험조정률을 적용하기 때문이다.

$$\text{부동산의 투자가치} = \frac{\text{(예상)순수익}}{\text{요구수익률}}$$

4. 포트폴리오 이론

(1) 포트폴리오(portfolio) 이론의 개념

투자자는 하나에 집중했을 때 발생할 수 있는 불확실성을 제거하기 위해 여러 개의 자산을 소유함으로써 분산투자를 하는데, 이러한 여러 종류의 자산의 조합 또는 집합을 포트폴리오라고 한다. 포트폴리오 이론은 투자자가 한 종류의 자산에 투자함으로써 발생할 수 있는 위험을 제거하기 위해 여러 종류의 자산에 분산투자하여 안정된 편익을 획득하도록 하는 자산관리의 방법 및 원리를 말한다.

(2) 포트폴리오의 수익 – 포트폴리오의 기대수익률

포트폴리오의 기대수익률은 포트폴리오를 구성하는 개별 자산들의 기대수익률을 구성비율로 가중평균한 값이다.

(3) 포트폴리오의 위험

부동산투자에 수반되는 위험은 체계적 위험과 비체계적 위험으로 구분할 수 있다.

① **체계적 위험**(systematic risk): 어떤 자산의 총위험 중 시장 전체적인 움직임의 불확실성 때문에 발생하는 것으로, 전체 시장에 영향을 미치는 위험을 말한다. 이는 분산투자로써 제거되지 않으므로 분산불가능위험 또는 피할 수 없는 위험이라고 한다.

② **비체계적 위험**(nonsystematic risk): 시장의 전반적인 움직임과는 무관하게 개별 자산에 국한하여 영향을 미치는 위험을 말한다. 이는 투자자금을 여러 자산에 분산투자함으로써 제거될 수 있으므로 분산가능위험 또는 피할 수 있는 위험이라고 한다.

총위험 = 체계적 위험 + 비체계적 위험

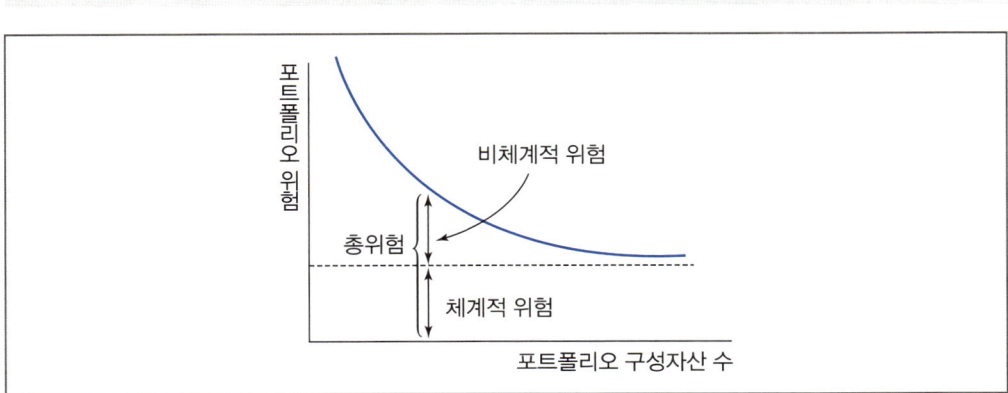

(4) 포트폴리오의 위험분산효과*와 상관계수*

투자자가 어느 하나의 자산에 집중투자를 한다면, 그는 체계적 위험은 물론 그 개별 자산에 국한하여 영향을 미치는 비체계적 위험까지도 감수해야 한다. 그러나 여러 자산에 투자하는 포트폴리오를 구성한다면, 개별 자산에만 국한되는 위험들이 상쇄되어 비체계적 위험을 줄일 수 있다. 그러나 포트폴리오를 구성한다고 해서 체계적 위험까지 제거되는 것은 아니다. 또한 비체계적 위험이라 할지라도 제거의 정도는 각 개별 자산 상호간의 상관계수에 따라 달라진다.

> **용어 정리**
>
> *포트폴리오 효과
> 포트폴리오에 포함된 자산의 수가 늘어남에 따라 포트폴리오 위험에 대한 개별 자산위험의 영향력(비체계적 위험)이 감소한다는 것이 위험분산효과의 본질이다. 이때 개별 자산들의 수익률 간의 상관관계에서 기인하는 위험 감소 효과는 투자자금을 여러 자산에 분산투자할수록 더욱 두드러지게 나타나는데, 이를 포트폴리오 효과(portfolio effect)라고 한다.
>
> *상관계수(correlation coefficient)
> 두 개의 확률변수가 함께 움직이는 정도를 나타내는 척도이다. 상관계수가 +1의 값을 갖는다면 포트폴리오를 구성하는 두 자산의 수익률이 동일한 방향과 크기로 움직인다는 것을 의미한다. 상관계수가 -1의 값을 갖는 경우는 포트폴리오를 구성하는 두 자산의 수익률이 서로 반대 방향과 크기로 움직인다는 것을 의미한다. 상관계수가 +1과 -1 사이의 값을 갖는 경우는 상관계수의 크기에 따라 제거 정도가 달라진다고 할 수 있다.

(5) 포트폴리오의 관리

부동산투자에서 포트폴리오를 구성하는 자산의 수가 많을수록 비체계적 위험은 통계학적으로 제거될 수 있다. 그러나 포트폴리오를 구성한다고 해서 체계적 위험까지 제거되는 것은 아니다. 따라서 포트폴리오를 어떻게 구성하고 어떻게 선택할 것인지가 매우 중요하다. 따라서 포트폴리오 관리란 투자대안이 가지고 있는 위험과 수익을 분석하여 비체계적 위험을 제거하고 최선의 결과를 얻을 수 있는 포트폴리오를 선택하는 것이다.

2 부동산투자분석 및 기법

1. 부동산투자분석을 위한 수학적 기초 – 화폐의 시간가치 계산

화폐는 시간이 지남에 따라 그 가치가 달라지는 것이므로 현금흐름의 발생 시점이 다를 경우 동일 시점의 가치로 환산해야 비교가 가능하다. 즉, 화폐의 평가는 현 시점에서 이루어지는 데 반해, 이로 인한 현금흐름은 미래에 발생하므로 서로 다른 시점의 현금흐름을 동일 시점의 가치로 환산하는 것을 화폐의 시간가치 계산이라고 한다. 화폐의 시간가치 계산에서 현재가치를 미래가치로 바꾸거나 미래가치를 현재가치로 바꿀 때 사용하는 계수를 자본환원계수*라고 한다.

> **용어 정리**
>
> *자본환원계수
> 금융계수라고도 하는데, 화폐의 시간가치 계산에서 현재가치를 미래가치로 바꾸거나 미래가치를 현재가치로 바꿀 때 사용하는 계수이다.

현재가치를 미래가치로 환산할 때에는 할증이라는 개념을 사용하고, 미래가치를 현재가치로 환산할 때에는 할인이라는 개념을 사용한다. 또한 현재가치를 미래가치로 환산할 때에는 할증률을, 미래가치를 현재가치로 환산할 때에는 할인율을 적용한다. 할증률과 할인율은 무엇을 목적으로 사용하느냐에 따라 달라질 뿐 본질적으로 같은 내용을 담고 있다.

		미래가치			현재가치
일시불의 내가계수	개념	1원을 이자율 r로 저금했을 때 n년 후에 찾게 되는 금액	일시불의 현가계수	개념	n년 후의 1원을 할인율 r로 할인하면 현재의 금액은 얼마인지를 나타내는 금액 ⇨ 일시불의 내가계수의 역수
	식	$(1+r)^n$		식	$\dfrac{1}{(1+r)^n} = (1+r)^{-n}$
연금의 내가계수	개념	매년 1원씩 받게 되는 연금을 이자율 r로 계속해서 적립했을 때 n년 후에 달성되는 금액	연금의 현가계수	개념	이자율이 r이고 기간이 n일 때, 매년 1원씩 n년 동안 받게 될 연금을 일시불로 환원한 금액
	식	$\dfrac{(1+r)^n - 1}{r}$		식	$\dfrac{1-(1+r)^{-n}}{r}$
감채기금 계수*	개념	n년 후에 1원을 만들기 위해서 매 기간마다 적립해야 할 금액 ⇨ 연금의 내가계수의 역수	저당상수*	개념	이자율이 r이고 기간이 n일 때, 현재 1원을 대출받고 n년 동안 매년 지불해야 하는 금액 ⇨ 연금의 현가계수의 역수
	식	$\dfrac{r}{(1+r)^n - 1}$		식	$\dfrac{r}{1-(1+r)^{-n}}$

> **용어 정리**

* **감채기금계수**
  n년 후에 1원을 만들기 위해 매 기간마다 적립해야 할 금액을 나타내는 자본환원계수로, 연금의 내가계수의 역수이다.

* **저당상수**
  일정액을 빌렸을 때 매 기간마다 갚아야 할 원금과 이자의 합계를 구할 때 사용하는 자본환원계수이다. 원리금균등분할상환 시 융자금액에 대한 월불입액을 계산하는 데 사용한다. 연금의 현가계수와 역수관계이다.

2. 현금흐름의 측정

현금흐름을 현금수지라고도 하는데, 투자분석에서 가장 중요한 것 중 하나는 현금흐름을 정확하게 측정하는 것이며, 현금흐름의 측정은 내용연수 전 기간이 아니라 예상 보유기간 동안 측정한다.

(1) 영업의 현금흐름 계산

영업의 현금흐름 계산이란 투자대상인 부동산의 운영으로 인해 매년 예상되는 현금유입과 현금유출을 산정하는 것을 말한다.

① **가능총소득**: 단위당 연간 예상임대료에 임대 단위수를 곱한 것이다. 이는 투자한 부동산에서 얻을 수 있는 최대한의 수입을 의미하며, 총임대료수입이라고도 한다.

② **공실 및 불량부채**: 공실이나 임대료 회수가 불가능한 금액 등으로 인해 발생하는 손실액을 의미하며, 공실 및 대손충당금이라고도 한다.

③ **기타 소득**: 주차장 임대료나 유료세탁기 등에 의한 기타 수입을 말한다.

④ **유효총소득**: 가능총소득에서 공실 및 불량부채를 빼고 기타 소득을 더한 것을 말한다.

⑤ **영업경비**: 투자부동산을 운영하는 데 들어가는 수리비, 관리비, 수수료, 재산세, 보험료, 광고비 등을 포함하며, 운영경비라고도 한다.

⑥ **순영업소득**: 유효총소득에서 영업경비를 뺀 것으로, 순운영소득이라고도 한다.

⑦ **부채서비스액**: 매 기간 갚아야 할 원금상환분과 이자지급분의 합으로, 저당지불액, 대출금의 원리금상환액이라고도 한다.

⑧ **세전현금흐름**: 순영업소득에서 부채서비스액을 뺀 것으로, 세(공제)전현금수지라고도 한다.

⑨ **세후현금흐름**: 세전현금흐름에서 영업소득세를 뺀 것으로, 세(공제)후현금수지라고도 한다.

(2) 지분복귀액*의 계산

지분복귀액(복귀액의 현금흐름)의 계산이란 투자대상인 부동산의 처분으로 예상되는 현금유입과 현금유출을 산정하는 것을 말한다.

> **용어 정리**
>
> * **지분복귀액**
>   투자자들이 일정 기간 동안 투자부동산을 운영한 후 처분 시에 지분투자자에게 돌아가는 수입을 말한다.

① **순매도액**: 매도가격에서 매도경비를 뺀 것을 말한다.
② **매도경비**: 투자한 부동산의 처분과 관련된 비용(예 중개수수료 등)을 말한다.
③ **세전지분복귀액**: 순매도액에서 미상환저당잔금을 뺀 것을 말한다.
④ **세후지분복귀액**: 세전지분복귀액에서 자본이득세(capital gain tax)를 뺀 것을 말한다.

영업의 현금흐름 계산	지분복귀액의 계산
단위당 예상임대료	
× 임대단위수	
가능총소득	
− 공실 및 불량부채	
+ 기타 소득	
유효총소득	매도가격
− 영업경비	− 매도경비
순영업소득	순매도액
− 부채서비스액	− 미상환저당잔금
세전현금흐름	세전지분복귀액
− 영업소득세	− 자본이득세
세후현금흐름	세후지분복귀액

3. 부동산투자분석의 기법

승수법, 수익률법, 비율분석법 등은 화폐의 시간가치를 고려하지 않은 투자분석기법이지만 순현가법, 수익성 지수법, 내부수익률법 등은 화폐의 시간가치를 고려한 투자분석기법이다.

(1) 어림셈법

어림셈법은 처분 시의 처분소득을 고려하지 않고, 부동산 보유기간 동안의 운영소득 중 첫해 소득을 고려하여 투자의 경제적 타당성을 분석한다. 이는 수익발생이 안정적인 소규모 부동산의 투자분석을 할 때 사용되며, 할인현금흐름분석법을 적용하기 전 예비적 분석을 할 때 유용하고, 복잡한 계산을 거치는 할인현금흐름분석법보다 실무적으로 오랫동안 사용되어 왔다. 여기에는 승수법과 수익률법이 있다.

① **승수법**: 일반적으로 총소득승수, 순소득승수, 세전현금흐름승수, 세후현금흐름승수 등이 사용된다. 투자에서 승수는 회수기간을 의미하므로 승수가 작을수록 유리하다.

㉠ 총소득승수: 총소득에 대한 총투자액의 배수를 말한다.

$$총소득승수 = \frac{총투자액}{총소득}$$

㉡ 순소득승수: 순영업소득에 대한 총투자액의 배수를 말하는데, 순소득승수를 자본회수기간(payback period)이라고도 한다. 자본회수기간이란 투자에 소요된 자금을 그 투자로부터 발생하는 현금흐름으로부터 모두 회수하는 데 걸리는 기간을 말한다.

$$순소득승수 = \frac{총투자액}{순영업소득}$$

㉢ 세전현금흐름승수: 세전현금흐름에 대한 지분투자액의 배수를 말한다.

$$세전현금흐름승수 = \frac{지분투자액}{세전현금흐름}$$

㉣ 세후현금흐름승수: 세후현금흐름에 대한 지분투자액의 배수를 말한다.

$$세후현금흐름승수 = \frac{지분투자액}{세후현금흐름}$$

② **수익률법**: 수익률은 승수와 역수관계이다. 수익률은 클수록 유리하다.

㉠ 종합자본환원율(종합환원율): 총투자액에 대한 순영업소득의 비율로, 순소득승수의 역수가 된다. 부동산평가에 흔히 사용된다.

$$종합자본환원율 = \frac{순영업소득}{총투자액}$$

ⓛ **지분배당률**: 지분투자액에 대한 세전현금흐름의 비율로, 세전현금흐름승수의 역수가 된다.

$$지분배당률 = \frac{세전현금흐름}{지분투자액}$$

ⓒ **세후수익률**: 지분투자액에 대한 세후현금흐름의 비율로, 세후현금흐름승수의 역수가 된다.

$$세후수익률 = \frac{세후현금흐름}{지분투자액}$$

한눈에 보기 승수법과 수익률법

승수법		관계	수익률법	
총소득승수	$\frac{총투자액}{총소득}$	–	–	
순소득승수	$\frac{총투자액}{순영업소득}$	⇔	종합자본환원율	$\frac{순영업소득}{총투자액}$
세전현금흐름승수	$\frac{지분투자액}{세전현금흐름}$	⇔	지분배당률	$\frac{세전현금흐름}{지분투자액}$
세후현금흐름승수	$\frac{지분투자액}{세후현금흐름}$	⇔	세후수익률	$\frac{세후현금흐름}{지분투자액}$

(2) 비율분석법

① **대부비율**(LTV; Loan-to-Value ratio)

㉠ 부동산가치에 대한 융자액의 비율을 말한다. 대부비율이 높아지면 채무불이행 시 원금회수가 곤란해진다. 높은 대부비율은 대출자의 입장에서는 큰 위험이 된다. 따라서 은행과 같은 저당대출기관 등은 부동산의 가치에 대한 일정 비율을 대부비율의 한도로 정하는 경우가 많다.

$$대부비율 = \frac{융자액}{부동산가치}$$

㉡ 대부비율은 부채비율과 밀접한 관련이 있다. 부채비율은 타인자본을 자기자본으로 나눈 비율을 의미하며, 대부비율이 50%라면 부채비율은 100%가 된다.

$$부채비율 = \frac{타인자본}{자기자본} \times 100$$

② **부채감당률**(DCR; Debt Coverage Ratio)
　㉠ 순영업소득의 부채서비스액에 대한 비율을 말한다. 이는 순영업소득이 부채서비스액의 몇 배 정도인지를 표시해 준다.

$$부채감당률 = \frac{순영업소득}{부채서비스액}$$

　㉡ 부채감당률이 1에 가깝다는 것은 순영업소득과 부채서비스액이 같아진다는 것을 의미하며, 이는 대출자나 차입자 모두 위험해지는 것을 의미한다. 부채감당률이 1보다 작다는 것은 순영업소득이 매 기간의 원리금상환액을 감당하기에 부족하다는 것을 의미한다. 따라서 이 부분을 또 다른 재원에서 충당해야 하며, 충당하지 못하면 차입자는 채무불이행을 초래하게 된다.

③ **채무불이행률**: 유효총소득에 대한 영업경비와 부채서비스액이 차지하는 비율을 말하는 것으로, 차입자가 채무불이행할 가능성 정도를 나타내 준다.

$$채무불이행률 = \frac{영업경비 + 부채서비스액}{유효총소득}$$

(3) 할인현금흐름분석법(DCF법; Discounted Cash Flow method)

할인현금흐름분석법(할인현금수지분석법)이란 장래에 예상되는 현금유입과 현금유출을 현재가치로 할인하고 그 값을 비교하여 투자 채택 또는 기각 여부를 결정하는 방법이다. 이는 화폐의 시간가치를 고려한 투자분석기법으로 순현가법, 수익성 지수법, 내부수익률법 등이 있다.

① **순현가법**(NPV법; Net Present Value method)
　㉠ 순현가(순현재가치)란 투자로부터 예상되는 현금유입의 현가합에서 현금유출의 현가합을 공제한 금액이다.

$$순현가 = 현금유입의\ 현가합 - 현금유출의\ 현가합$$

　㉡ 순현가법을 이용한 투자안의 의사결정은 독립적인 투자안 또는 단일투자안인 경우 순현가가 가장 큰 투자안을 채택하면 된다. 상호 배타적인 투자안인 경우 순현가가 0보다 큰 투자안들 중 순현가가 가장 높은 투자안을 최적 투자안으로 선택한다. 이때 상호 배타적인 투자안이란 여러 투자안 중 하나의 투자안이 채택되면 다른 모든 투자안들은 자동적으로 기각해야 하는 투자안을 말한다.

- 순현가 ≥ 0 ➡ 투자 채택
- 순현가 < 0 ➡ 투자 기각

② **수익성 지수법**(PI법; Profitability Index method)
　㉠ 수익성 지수란 투자로 인하여 발생하는 현금유입의 현가를 현금유출의 현가로 나눈 비율을 말한다.

$$수익성\ 지수 = \frac{현금유입의\ 현가합}{현금유출의\ 현가합}$$

　㉡ 수익성 지수법을 이용한 투자안의 의사결정은 독립적인 투자안 또는 단일투자안인 경우 수익성 지수가 1보다 큰 투자안을 채택하고, 수익성 지수가 1보다 작은 투자안을 기각한다. 상호 배타적인 투자안의 경우에는 수익성 지수가 1보다 큰 투자안들 중 수익성 지수가 가장 큰 투자안을 최적 투자안으로 선택한다.

- 수익성 지수 ≥ 1 ➡ 투자 채택
- 수익성 지수 < 1 ➡ 투자 기각

③ **내부수익률법**(IRR법; Internal Rate of Return method)
　㉠ 내부수익률*이란 예상된 현금유입의 현가합과 현금유출의 현가합을 서로 같게 만드는 할인율이다.
　㉡ 내부수익률법을 이용한 투자안의 의사결정은 독립적인 투자안 또는 단일투자안의 경우 내부수익률이 요구수익률보다 크면 투자안을 채택하고 작으면 기각한다. 상호 배타적인 투자안의 경우에는 내부수익률이 가장 큰 것을 채택한다.

- 내부수익률 ≥ 요구수익률 ➡ 투자 채택
- 내부수익률 < 요구수익률 ➡ 투자 기각

일반적으로 순현가법이 내부수익률법보다 투자판단의 준거로서 선호된다.

용어 정리

*내부수익률
내부수익률이란 순현가를 0으로 만드는 할인율이며, 수익성 지수를 1로 만드는 할인율을 의미한다.

Chapter 05 부동산금융론

> **학습포인트** 부동산금융의 의의, 부동산저당대출제도에 대해 이해한다.
> 저당의 유동화제도, 주택저당증권, 부동산투자회사에 대해 이해한다.

1 부동산금융

1. 부동산금융의 개요

(1) 부동산금융(real estate finance)의 의의
① 금융이란 자금융통을 줄인 말로, 재화나 서비스가 개입되지 않고 화폐의 수요·공급에 의해 발생하는 화폐만의 독립적인 유통을 말한다.
② 부동산금융이란 부동산을 담보로 자금을 융통하는 것을 말한다. 이는 일정한 자금확보를 통해 무주택 서민과 주택건설업자에게 장기 저리로 대출함으로써 주택구입을 용이하게 하고 주택의 공급을 확대하게 하는 특수금융이다.
③ 부동산금융은 주택금융과 토지금융으로 나뉘는데, 주택금융이 중심을 이룬다. 부동산금융은 담보기능이 있으며, 감가상각 및 차입금 이자에 대한 세금 감면이 있다는 점 등에서 일반금융과 차이가 있다.

(2) 주택금융의 의의
① 주택금융이란 주택의 구입, 개·보수, 건설 등 주택관련사업에 대한 자금의 대출과 관리 등을 포괄하는 특수금융을 말한다.
② 주택금융은 무주택 서민과 주택건설업자에게 장기 저리 대출을 통해 주택구입을 용이하게 하고 주택의 공급을 확대하는 제도라고 할 수 있다.
③ 주택금융은 주택소비금융과 주택개발금융으로 나뉜다.
  ⊙ **주택소비금융**: 가계에 대한 금융으로, 주택을 구입하거나 개량하고자 하는 사람에게 주택을 담보로 자금을 대출해 줌으로써 주택의 거래를 원활하게 하는 것을 말한다.
  ⊙ **주택개발금융**: 주택건설업자에 대한 금융으로, 주택건설을 촉진하려는 목적으로 건설 활동에 필요한 자금을 주택건설업자에게 대출해 주는 것을 말한다.

(3) 주택금융의 필요성
주택은 일반재화에 비해 구입하는 데 연소득의 몇 배 이상이 소요되는 등 가격이 매우 높은 내구재인 동시에, 필요한 만큼 수시로 나누어 구입할 수 있는 재화가 아니라는 점에서 주택금융이 필요하다.

(4) 주택금융의 기능
① **주택거래의 활성화**: 주택금융은 주택수요자에게 주택을 담보로 주택자금을 융자해 줌으로써 주택을 용이하게 구입 또는 개량할 수 있도록 하여 주택거래의 활성화를 도모한다.
② **자금의 제공**: 주택금융은 자가주택의 건설에 필요한 자금을 지원하며, 또한 주택수요자가 자가주택을 마련하는 데 필요한 자금을 제공한다.
③ **주택자금의 조성**: 주택금융은 수요자의 주택마련저축을 유도함과 동시에 필요한 주택자금을 조성하게 한다.
④ **경기조절**: 주택금융은 주택경기부양을 통해 전반적인 경기조절의 기능을 수행하게 한다.
⑤ **주거안정에 기여**: 주택금융은 시장기구의 조절에 기여함으로써 주택시장의 작동을 원활하게 하며, 주택자금융자를 통해 국민의 주거안정에 기여한다.

2. 부동산의 저당대출제도

(1) 저당(mortgage)
① **의의**: 저당이란 부동산을 담보로 필요한 자금을 조달하는 것을 말한다. 이때 대출자를 저당권자(mortgagee), 차입자를 피저당권자(mortgagor)라고 한다. 즉, 대출자(貸出者)는 돈을 빌려주는 쪽이고, 차입자(借入者)는 돈을 빌리는 쪽이다.
> ➕ 「민법」에서는 자기소유의 부동산을 담보로 제공하고 돈을 빌리는 채무자(차입자)를 저당권설정자라고 한다.

② **종류**
  ㉠ **전통적 저당**(재래적 저당): 정부지원저당 이전에 일반차입자들에게 저당대부를 해 주는 전통적 방식의 저당대부를 말한다.
  ㉡ **정부지원저당**: 저소득층인 차입자가 채무를 이행하지 못했을 때 대출자가 당하는 손해를 대신 갚아 주는 것을 말한다.
  ㉢ **건축대부**: 토지를 소유하고 있는 건설업자나 개발업자가 건축을 할 때, 건축자금을 대출하기 위해 제공하는 저당을 말한다.

(2) 부동산금융의 용어 및 기초개념
① **융자원금**(loan principal): 처음에 융자받은 금액을 말한다. 대출잔액(저당잔금, loan balance)은 융자기간 중 상환되지 않은 융자원금의 부분을 말한다.
② **융자기간**(loan duration, loan term, loan maturity): 차입자로 하여금 융자원금을 상환할 수 있도록 부여한 기간을 말한다.

③ **융자상환**(loan amortization): 정기적인 원금의 상환을 의미하는데, 상환기간이 길어질수록 매기의 상환금은 적어진다. 실제 융자상환은 만기까지 가는 경우가 드물며, 시장금리의 하락 등에 따라 조기상환이 이루어지는 경우가 많다. **조기상환위험***을 방어하기 위해 조기상환 시에는 잔액의 일정 비율을 벌금으로 부과하도록 융자계약서에 규정하는 것이 일반적이다.

> **용어 정리**
>
> ***조기상환위험(만기 전 변제위험, prepayment risk)**
> 저당차입자가 융자기간 동안 융자를 상환할 때 만기가 도래하기 전에 시장금리 조건(시장금리의 하락 등)에 따라 조기상환을 할 가능성을 말한다.

④ **월부금**(debt service): 융자기간 중에 원금 상환분과 이자의 합계로 매달 차입자가 대출자에게 납입하는 금액을 말하는데, 부채서비스액, 저당지불액이라고도 한다.

⑤ **이자율**(interest rate): 오늘의 소비를 포기하고 미래로 미루는 데에 대한 화폐의 시간선호가치를 나타낸다. 고정이자율과 변동이자율이 있으며, 항상 대출잔액(저당잔금)에 대해 적용된다. 실질이자율이란 명목이자율에서 인플레이션율을 뺀 이자율로, 인플레이션이 없는 경우의 이자율을 의미한다.

> 실질이자율 = 명목이자율 − 인플레이션율

그런데 대출시점의 명목이자율은 다음과 같이 계산된다.

> 명목이자율 = 실질이자율 + 예상 인플레이션율

장래에 인플레이션이 있을 것으로 예상하면 대출기관은 실질이자율에 예상되는 인플레이션율을 더한 만큼의 이자율을 받고자 하는데, 이를 명목이자율이라고 한다.

(3) 고정이자율저당과 변동이자율저당
① **고정이자율저당**
  ㉠ 융자기간 동안 대출 시의 초기 이자율에 변동이 없는 고정된 명목이자율을 적용하는 융자제도이다.
  ㉡ 융자기간 동안 대출 시 명목이자율로 표시된 대출이자율이 고정(동일하게 적용)되기 때문에 예상하지 못한 인플레이션이 발생하면 그만큼 대출자의 실질이자율은 하락하게 된다. 즉, 명목이자율로 표시된 대출자의 대출이자율은 고정되어 있는데 예상하지 못한 인플레이션으로 시장이자율이 상승하면 대출기관의 수익성은 악화되고 **이자율(금리)위험***이 발생한다.

반면, 융자상환 도중에 시장이자율이 대출(저당)이자율보다 하락할 경우 차입자들은 기존의 융자를 조기에 상환하려고 할 것이며, 이로 인해 대출자는 조기상환위험(만기 전 변제위험)에 직면하게 된다.

> **용어 정리**
>
> *이자율(금리)위험
> 예상하지 못한 인플레이션으로 인해 대출자의 실질이자율이 시장의 실질이자율보다 낮아질 변동가능성을 말한다.

② 변동이자율저당
  ㉠ 대출 시의 이자율이 융자기간 동안 동일하게 적용되는 것이 아니라 시장상황에 따라 이자율을 변동시켜 이자율 변동위험의 전부 또는 일부를 대출자로부터 차입자에게 전가시키기 위해 고안된 융자제도이다.
  ㉡ 초기 이자율은 융자 당시의 시장 상황과 장래의 이자율을 예상하여 결정된다. 변동이자율저당의 경우는 융자가 이루어진 이후에도 이자율 변동을 그때그때 반영할 수 있으므로 초기 이자율은 상환기간 동안 이자율의 변동이 없는 고정이자율저당보다 낮은 것이 보통이다.
  ㉢ 융자기간 동안 시장상황의 변동에 따라 예상치 못한 인플레이션이 발생하면 그만큼 명목이자율로 표시된 대출이자율이 변동하므로 대출자의 실질이자율은 불변이다. 따라서 예상치 못한 인플레이션이 발생하면 대출(저당)이자율에 반영되므로 이자율 변동위험은 대출자로부터 차입자에게 전가된다.
  ㉣ 이자율 조정주기도 대출조건에서 차입자와 대출자 간에 합의해야 하는 중요한 사항이다. 인플레이션기(금리상승기)에 이자율의 조정주기가 짧을수록 이자율 변동의 위험을 차입자에게 신속하게 전가시킬 수 있으므로 대출자들은 짧은 조정주기를 원하고, 차입자들은 긴 조정주기를 원한다.

(4) 저당의 상환방법

인플레이션을 고려하지 않아도 되는 상황에서는 장기적인 저당대부에서도 고정이자율저당이 대종을 이루었다. 그러나 인플레이션이 심하게 되면, 고정이자율하에서 차입자들은 이익을 보지만 대출자는 손해를 보게 된다. 따라서 높은 인플레이션율에 대처하기 위해 저당대출기관들은 여러 가지 방법들을 연구하고 있는데, 그중 하나는 이자율을 조정하는 방법이며, 다른 하나는 대출잔액(저당잔금)을 조정하는 방법이다.

① 금리고정식 저당대부
　㉠ **원금균등상환**(CAM; Constant Amortization Mortgage)**방법**: 융자원금을 납입 횟수로 나눈 금액과 매 기간의 대출잔액에 대한 이자를 합산하여 납부하는 방식이다. 원금상환분은 일정하지만 시간이 지날수록 대출잔액(저당잔금)이 적어지므로 이자지급분은 줄어들게 된다. 따라서 매 기간의 원리금상환액은 초기에 많고 후기에 적어지는 특성을 지닌다.
　㉡ **원리금균등상환**(CPM; Constant Payment Mortgage)**방법**: 원리금상환액은 매기 동일하지만 원리금에서 원금과 이자가 차지하는 비중이 상환시기에 따라 다른 방식으로서 매기에 상환하는 이자지급액이 감소하는 만큼 원금상환액은 증가하는 방식이다. 부동산금융에서 가장 광범위하게 사용되고 있는 형태로, 이해하기 쉽고 차입자 편에서 장차 계획을 세우기 쉽다.

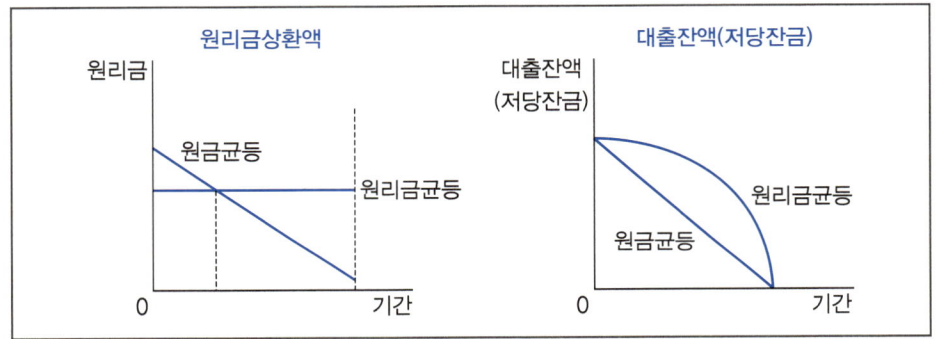

　㉢ **체증식 융자금상환**(GPM; Graduated Payment Mortgage)**방법**(점증상환방법): 원리금상환액 부담을 초기에는 적게 하는 대신 점차 그 부담액을 늘려 가는 방식으로, 장래에 소득이나 매출액이 늘어날 것으로 예상되는 개인과 기업에 대한 대출방식이다. 이는 초기상환액을 크게 낮추고 소득 증가에 따라 체증시키므로 차입자의 지불능력 증가와 자산가치 상승에 적합한 상환방법이다. 그러나 대출 초기에 상환액이 적기 때문에 차입자가 이자도 상환하지 못하는 경우가 발생하기도 한다. 이는 미래의 소득 증가가 예상되는 젊은 저소득자에게 상대적으로 유리하다.
② 그 밖에 금리조정식 저당대부, 가격수준조정저당 등이 있다.

(5) 부동산금융의 동원방법
① **부동산 신디케이션**(syndication) – 투자자의 합동조합: 여러 명의 투자자가 부동산 전문가의 경험을 동원하여 공동의 부동산 프로젝트를 수행하는 것을 말한다.

② **조인트벤처**: 특정 목적을 달성하기 위해 공동으로 사업을 전개하는 조직체로서의 공동벤처회사를 말한다.
   ➕ 신디케이션은 여러 명의 소액투자자로 구성되나, 조인트벤처는 일반적으로 소수의 개인이나 기관 투자자로 구성된다.

③ **프로젝트 금융**(project financing)
   ㉠ 의의: 대출금의 원리금상환이 해당 프로젝트에서 발생하는 현금흐름에 의존하여 이루어지는 금융거래 방식이다. 통상적으로 대규모 자금이 소요되고 공사기간이 장기인 사업에 적합한 자금조달수단이다.
   ㉡ 특징
      ⓐ 사업성이 담보가 되며, 개인적인 채무가 없는 **비소구금융(非遡求金融)**[*] 또는 비상환청구금융이다. 현실적으로는 여러 가지 형태의 보증이나 보험이 대출자로부터 요구되는 것이 일반적이다. ⇨ 제한적 소구금융

> **용어 정리**
>
> *비소구금융(非遡求金融)
> 프로젝트 자체에서부터 현금흐름을 사업주와 분리하여 프로젝트에 소요되는 자금을 조달하는 금융기법이다. 프로젝트가 실패하였을 경우, 채권자는 프로젝트 자체의 자산이나 현금흐름 안에서만 채권상환을 청구해야 하고 그 밖의 사업주의 자산에 대하여는 채권의 상환을 청구할 수 없다.

      ⓑ 다양한 사업주체가 참여하고 이해당사자 간에 위험배분이 가능하다.
      ⓒ 프로젝트 자체로부터 발생하는 현금흐름을 근거로 필요자금을 조달하며, 사업시행자의 원리금상환은 해당 프로젝트에서 발생하는 현금흐름에 의존한다.
      ⓓ 사업주와 법적으로 독립된 프로젝트로부터 발생하는 미래현금흐름을 상환재원으로 자금을 조달하는 것이므로 프로젝트 도산 시 프로젝트로부터 발생하는 현금흐름이나 자산의 범위 내에서 채권 청구가 가능하며, 채권자는 사업주에 대해 청구할 수 없다.

(6) **역저당**
① **저당과 역저당**: 저당(mortgage)은 차입자가 금융기관으로부터 대출을 받은 후 일정 기간마다 일정액의 원리금을 상환하나, 역저당(reverse mortgage)은 금융기관이 차입자에게 일정 기간마다 일정액을 지불하며 기간 말에 그동안 지불한 원금과 이자를 일시불로 지불받는다.
② **주택연금**: 주택연금은 고령자가 소유한 주택을 담보로 제공하고 금융기관으로부터 노후생활자금을 매달 연금처럼 지급받는 대출을 말한다. 주택은 가지고 있으나 노후소득이 부족한 고령자의 경우 주택연금을 통해 생활안정과 주거안정을 보장받을 수 있다.

2 부동산증권

1. 저당의 유동화제도

(1) 저당의 유동화와 증권화
① 유동화란 유동성이 없는 것을 유동성이 있게 하는 것을 말한다. 유동성이 부족한 것에 유동성을 부여하는 것이 유동화이며, 그것을 이루어지게 하는 것이 증권이라면 이를 증권화라고 한다. 즉, 증권화는 유동화의 일부라고 할 수 있다. 자산의 유동화란 부동산과 같이 유동성이 낮은 자산을 보다 유동성이 높은 자산으로 바꾸어 놓는 것을 말한다. 따라서 저당의 유동화(liquidation of mortgage)란 저당권 자체를 하나의 상품으로 유통되게 하는 것을 말한다.

② 저당의 유동화는 주택대출채권의 증권화를 통해 설명할 수 있다. 예를 들어, 주택소비자가 주택을 구입할 때 은행 등에서 저당대부를 받으면 저당대부를 해 준 은행 등은 차입자에 대해 채권을 갖게 된다. 이러한 주택저당담보부채권을 모아 거기서 발생하는 이자를 기초로 새로운 증권을 발행하는데, 이를 주택저당증권(MBS; Mortgage Backed Securities)이라고 부른다.

(2) 한국주택금융공사
① 정부에서는 주택금융 활성화를 위해 「자산유동화에 관한 법률」을 제정하여 주택저당채권 유동화제도를 도입하였다. 또한 유동화 중개기관에 정부공신력을 부여함으로써 발행비용 절감과 표준화를 통한 효율성 제고를 위해 1999년 한국주택저당채권유동화주식회사(KoMoCo; Korea Mortgage Corporation)를 설립하였다.

② 그 후 2004년 3월 1일 「한국주택금융공사법」에 의해 설립된 한국주택금융공사(KHFC; Korea Housing Finance Corporation)는 주택신용보증기금과 한국주택저당채권유동화주식회사(KoMoCo)를 합병하여 출범하였다. 한국주택금융공사에서는 주택저당채권 등의 유동화와 주택금융신용보증업무를 수행함으로써 주택금융 등의 장기적·안정적 공급을 촉진하고, 주택저당증권(MBS)을 발행함으로써 2차 저당시장 발달의 근거를 이루고 있다.

(3) 저당유동화의 기능 및 전제조건
① 저당의 유동화는 주택금융 등과 같은 부동산금융의 활성화에 기여할 수 있다.
② 투자자 입장에서는 자산포트폴리오 선택의 대안을 제공하는 역할을 한다.
③ 대출자(금융기관)들은 보다 적은 재원을 가지고 보다 많은 차입자(자금수요자)에게 자금을 공급할 수 있다.

④ 저당의 유동화는 자본시장 침체 시 자금흐름이 왜곡되는 것을 방지할 수 있는 제도적 장치로서 기능을 한다.
⑤ 저당대부를 위해서는 필요한 자금이 저당시장에 원활하게 공급되는 것이 매우 중요한데, 이를 위해서는 적어도 저당수익률이 투자자들의 요구수익률보다 크거나 같아야만 한다.

2. 저당시장의 구조

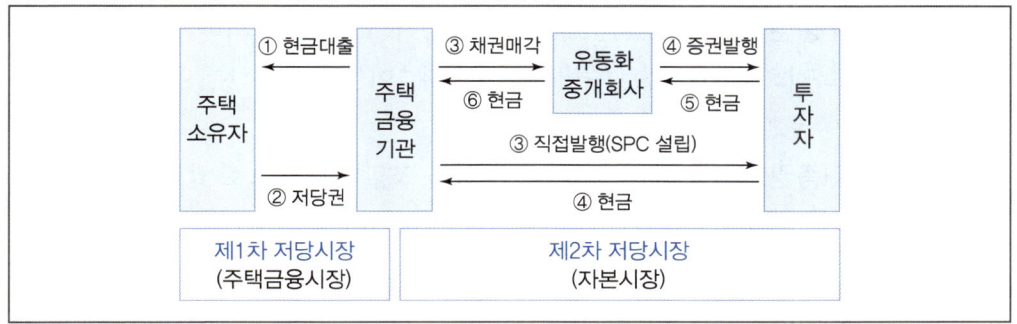

저당시장은 제1차 저당시장과 제2차 저당시장으로 구분할 수 있다.

(1) 제1차 저당시장

제1차 저당시장은 저당대부를 원하는 수요자와 저당대부를 제공하는 금융기관으로 이루어지는 시장을 말한다. 제1차 저당대출자들은 설정된 저당을 자신들의 자산포트폴리오의 일부로 보유하기도 하고, 자금의 여유가 없을 경우에는 제2차 저당시장에 팔기도 한다.

(2) 제2차 저당시장

제2차 저당시장은 저당대출기관과 다른 기관투자자들 사이에 저당을 사고파는 시장을 말한다. 제2차 저당시장에서 제1차 대출기관들은 자신들이 설정한 저당을 팔아 저당대부에 필요한 자금을 조달한다. 제2차 저당시장은 저당대부를 받은 원래의 저당차입자(mortgage borrower)와는 직접적인 관계가 없다. 제2차 저당시장이 존재하지 않는다면 제1차 대출기관은 금방 자금이 부족해져 저당대부를 할 수 없게 된다. 결국, 저당의 유동화에 기여하는 시장은 제2차 저당시장이다. 제2차 저당시장이 활성화되기 위해서는 주택대출상품과 대출심사기준을 표준화해야 한다. 선진국의 경우 제2차 저당시장의 발달이 대출기관의 융자 여력을 높여 주택금융을 활성화하는 데 기여하였다.

3. 주택저당증권

(1) 부동산증권(real estate securities)
① 대상부동산에 대해 지분투자자가 가지는 권한을 지분권이라고 하며, 대상부동산에 대해 저당투자자가 가지는 권한을 저당권이라고 한다. 이때 지분권을 팔아 자기자본을 조달하는 것을 지분금융이라고 하고, 저당을 설정하거나 사채를 발행하여 타인자본을 조달하는 것을 부채금융이라고 한다.
② 부동산증권은 지분증권과 부채증권으로 나뉜다.
   ㉠ **지분증권**(equity securities): 부동산투자회사나 개발회사 등이 지분금융을 얻을 목적으로 발행하는 증권을 말하는데, 이에는 부동산투자회사(REITs), 부동산 뮤추얼펀드 등이 있다.
   ㉡ **부채증권**(debt securities): 부채금융을 조달할 목적으로 발행하는 증권을 말하는데, 이에는 자산유동화증권(ABS), 주택저당증권(MBS) 등이 있다.

(2) 주택저당증권의 의의
주택저당증권(MBS)이란 저당대출기관이나 저당회사, 기타 기관투자자 등이 그들이 설정하거나 매입한 저당을 담보로 하여 발행하는 증권을 말한다.

(3) 주택저당증권의 종류
주택저당증권은 원리금수취권과 주택저당채권집합물에 대한 소유권을 누가 가지는지를 기준으로 지분형, 채권형, 혼합형의 세 가지 형태로 나눌 수 있다.
① **지분형**: 원리금수취권과 주택저당채권집합물에 대한 소유권을 투자자에게 모두 매각하는 방식으로, 이에는 이체증권(MPTS; Mortgage Pass-Through Securities)이 있다.
② **채권형**: 원리금수취권과 주택저당채권집합물에 대한 소유권을 발행기관이 가지면서, 저당대출을 담보로 하여 자신의 부채로 채권을 발행하여 자금을 조달하는 방식으로, 이에는 저당담보부채권(MBB; Mortgage-Backed Bond)이 있다.
③ **혼합형**: 원리금수취권은 투자자에게 이체되지만, 주택저당채권집합물에 대한 소유권은 발행기관이 갖는 방식으로, 이에는 지불이체채권(MPTB; Mortgage Pay-Through Bond), 다계층채권(CMO; Collateralized Mortgage Obligations)이 있다.

4. 부동산투자회사

(1) 의의

부동산투자회사(REITs; Real Estate Investment Trusts)란 자산을 부동산에 투자하여 운용하는 것을 주된 목적으로 법 규정에 의하여 설립된 회사로, 자기관리부동산투자회사, 위탁관리부동산투자회사, 기업구조조정부동산투자회사를 말한다. 부동산투자회사는 부동산에 대한 간접투자상품의 일종이다. 그러나 투자자는 부동산투자회사의 발행주식에 투자를 하게 되면 부동산에 직접 투자를 하는 것과 유사한 효과를 얻을 수 있다.

(2) 종류

① **자기관리부동산투자회사**: 자산운용전문인력을 포함한 임·직원을 상근으로 두고 자산의 투자·운용을 직접 수행하는 회사를 말한다.
② **위탁관리부동산투자회사**: 자산의 투자·운용을 자산관리회사에 위탁하는 회사를 말한다.
③ **기업구조조정부동산투자회사**: 「부동산투자회사법」의 부동산을 투자대상으로 하며 자산의 투자·운용을 자산관리회사에 위탁하는 회사를 말한다.

(3) 특징

① 소액투자자에게 투자기회를 제공한다. 대형빌딩과 같은 부동산의 지분을 소액단위로 분할·증권화하여 다수의 투자자들에게 주식의 형태로 판매하므로 소액투자자들도 투자에 참여할 수 있는 기회를 제공한다.
② 부동산의 환금성을 높일 수 있다. 부동산을 증권화하여 증권거래소 시장에 상장하여 주식매매를 통해 투자자금을 회수하므로 부동산에 직접 투자하는 것보다 유동성(환금성)을 높일 수 있다.
③ 포트폴리오를 통한 위험을 감소시킨다. 부동산투자회사(REITs)를 통한 투자는 투자대상을 여러 종류의 부동산이나 지역적으로 분산투자함으로써 한곳에 집중투자했을 때 발생하는 위험을 감소시킨다.
④ 각종 세제혜택이 있다.
⑤ 투자수익의 안정성을 확보할 수 있다. 보유부동산에서 지속적·안정적인 임대료수입이 발생하므로 현금흐름이 비교적 안정적이다. 또한 투자대상이 부동산이므로 일반주식에 비해 변동성이 낮아 물가가 상승해도 투자가치가 하락하는 위험이 적다.

⑥ 부동산의 관리가 편리하다. 소유부동산의 관리를 전문자산관리회사에 맡김으로써 부동산에 직접 투자할 경우에 발생할 수 있는 임차인관리, 임대료수입, 건물관리비 등 관리의 어려움이 없어져 편리하다.
⑦ 전문운용회사가 자산운용을 담당하므로 자산운용의 효율성 및 투명성이 높아진다.

Chapter 06 부동산개발 및 관리론

학습포인트 부동산이용, 부동산개발, 부동산관리, 부동산마케팅에 대해 이해한다.

1 부동산이용 및 개발

1. 부동산이용

(1) 토지이용의 집약도와 입지잉여

① **토지이용의 집약도**(intensity of land): 토지이용에 있어 단위면적당 투입되는 노동과 자본의 양을 말한다. 이는 다음과 같은 식으로 표현할 수 있다.

$$\text{토지이용의 집약도} = \frac{\text{투입되는 노동과 자본의 양}}{\text{단위면적}}$$

② **집약적 토지이용과 집약한계**
  ㉠ 토지이용의 집약도가 높은 토지이용을 집약적 토지이용이라고 한다. 집약적 토지이용에는 **수확체감의 법칙***이 작용하므로 집약도가 높아짐에 따라 단위면적당 투입되는 노동·자본의 양에 대한 수익의 비율은 감소한다.
  ㉡ 따라서 집약적 토지이용은 무한히 계속할 수 있는 것이 아니다. 집약적 토지이용의 한계점을 집약한계라고 한다. 집약한계란 투입되는 **한계비용***이 산출되는 **한계수입***과 일치하는 데까지 추가투입되는 경우의 집약도이다.
  ㉢ 즉, 집약한계는 이윤극대화를 가져오는 토지이용의 집약도이며, 이는 집약적 토지이용의 상한선을 의미한다.

> **용어 정리**

* 수확체감의 법칙
토지가 고정되어 있는 상태에서 노동이나 자본의 투입량을 늘리면 총생산량(총수확량)은 증가하나 추가적인 생산량은 점점 감소하게 되는 법칙이다.

* 한계비용
생산량 한 단위를 추가로 생산할 때 드는 총비용의 증가분을 말한다.

* 한계수입
생산량 한 단위를 추가로 판매할 경우 얻는 총수입의 증가분을 말한다.

③ **조방적 토지이용과 조방한계**
㉠ 토지이용의 집약도가 낮은 토지이용을 조방적 토지이용이라고 한다.
㉡ 조방적 토지이용 역시 무한히 계속할 수 있는 것이 아니며, 그 한계점을 조방한계라고 한다.
㉢ 조방한계란 최적의 조건하에서 겨우 생산비를 감당할 수 있는 수익밖에 얻을 수 없는 집약도이다.
㉣ 즉, 조방한계는 총수입과 총비용이 일치하는 손익분기점에서의 토지이용의 집약도이며, 이는 집약적 토지이용의 하한선을 의미한다.
㉤ 결국, 토지이용은 집약한계를 상한선, 조방한계를 하한선으로 하여 선택적으로 최유효이용방안을 모색한다.

④ **입지잉여**
㉠ 동일한 산업을 경영하더라도 입지조건이 양호한 경우에는 특별한 이익을 얻을 수 있는데, 이를 입지잉여라고 한다.
㉡ 입지잉여는 입지조건이 나쁠수록 감소한다. 그러나 입지조건과 토지이용의 집약도가 같은 경우라도 입지잉여가 모든 산업에 똑같이 발생하지는 않는다.
㉢ 입지잉여가 영(0)이 되는 위치를 그 산업의 관점에서는 한계입지라고 한다. 입지잉여가 높은 위치는 한정되어 있으나 그러한 위치를 원하는 입지주체는 많으므로 치열한 입지경쟁이 발생한다.
㉣ 입지경쟁이 치열할수록 지가는 높아지고, 높은 지가는 토지이용을 집약화시킨다.

⑤ **지가와 토지이용**
㉠ 지가와 토지이용의 관계를 살펴보면, 지가수준이 높은 곳은 집약적인 토지이용이 이루어지고, 지가수준이 낮은 곳은 조방적인 토지이용이 이루어진다.
㉡ 일반적으로 토지이용에 있어 1차 산업보다 2차 산업이 더 집약적이고, 2차 산업보다 3차 산업이 더 집약적이라고 할 수 있다.

(2) 도시스프롤(sprawl) 현상

① **의의**: 도시의 성장·개발현상이 무질서하고 불규칙하게 평면적으로 확산되는 것을 말한다. 이는 도시 외곽부의 팽창인 도시의 평면적 확산이며, 경우에 따라서는 입체슬럼 형태를 보이기도 한다. 또한 산발적인 도시의 확대이고, 도시의 외곽지대에서 발달하는 무계획적인 시가지현상이다.

② **원인**: 개발도상국에서 도시계획이나 토지이용계획을 소홀히 한 데에서 원인을 찾을 수 있다.

③ **유형 및 특징**
  ㉠ 도시스프롤의 유형으로는 고밀도연쇄개발현상, 저밀도연쇄개발현상, 개구리가 뛰는 것처럼 도시에서 중간중간에 상당한 공지를 남기면서 교외로 확산되는 현상 등이 있다.
  ㉡ 스프롤 현상은 주거지역 이외에 상업지역, 공업지역에서도 발생한다. 스프롤 지대의 지가수준은 일반적으로 표준적 수준의 이하이다.

(3) 침입적 토지이용

① **침입과 계승**
  ㉠ **침입**(invasion): 어떤 인구집단 또는 토지이용의 형태에 새로운 이질적인 것이 개입되는 현상을 말한다.
  ㉡ **계승**(succession): 침입의 결과 새로운 차원의 인구집단 또는 토지이용이 종래의 것을 교체하는 결과를 말한다.

② **특징**
  ㉠ 침입은 확대적 침입과 축소적 침입으로 구분되는데, 확대적 침입이 통상적이다. 확대적 침입은 인근의 규모에 비해 보다 큰 규모의 부동산을 개발하는 침입이다.
  ㉡ 낮은 지가수준, 강한 흡인력이 있는 개발 등은 침입활동을 유발하는 원인이 되며, 침입의 결과 지가수준이 상승한다.
  ㉢ 주로 기존의 영세적인 취락이나 지역에 침입활동이 이루어지며, 때로는 먼저 거주하던 주민의 저항을 초래하기도 한다.
  ㉣ 행정적 규제 등으로 인해 침입이 쉽지 않은 경우도 있다.

(4) 직·주분리와 직·주접근

① 직·주분리

⊙ 의의: 직장과 주거지가 분리되는 것을 말하는데, 직장을 도심에 두고 있는 근로자가 주거지를 도심에서 멀리 두는 현상을 말한다.

ⓒ 원인: 도심 환경의 악화, 도심의 지가상승, 도심의 재개발, 교통 발달 등이 원인이다.

ⓒ 결과: 도심공동화 현상이 나타난다. 도심공동화 현상이란 인구의 시외 이주로 도심의 상주인구가 감소하여 도심의 주·야간 인구차가 커지는 현상을 말한다. 또한 외곽은 침상도시(bed town)화 되며, 외곽지역의 지가가 상승한다.

② 직·주접근

⊙ 의의: 직장과 주거지를 가급적 가까운 곳에 두려는 현상을 말하는데, 회귀(return)현상이라고도 한다.

ⓒ 원인: 도심의 상대적 지가 하락, 도심 환경의 개선, 정책적 유도, 교통체증의 심화 등이 원인이다.

ⓒ 결과: 도심의 주거용 건물이 고층화되는 현상, **도시회춘화 현상***이 나타난다.

> 📖 **용어 정리**
>
> * 도시회춘화 현상
> 최근 도심의 오래된 건물이 재건축됨에 따라 도심에 거주하는 소득계층이 저소득층에서 중·고소득층으로 유입·대체되는 현상을 말한다. ⇨ 젠트리피케이션(gentrification)

2. 부동산개발

(1) 부동산개발의 의의 및 과정

① 부동산개발의 의의와 분류

⊙ 의의: 타인에게 공급할 목적으로 토지를 조성하거나 건축물을 건축, 공작물을 설치하는 행위로 조성·건축·대수선·리모델링·용도변경 또는 설치되거나 설치될 예정인 부동산을 공급하는 것을 말한다. 다만, 시공을 담당하는 행위는 제외된다. 이에는 건축에 의한 개량, 조성에 의한 개량이 있다.

ⓐ 건축에 의한 개량: 토지 위에 건물이나 다리와 같은 건조물을 세움으로써 토지의 유용성을 증가시키는 것으로, 이는 공간창조와 관계된다.

ⓑ 조성에 의한 개량: 도로공사, 배수공사, 수도의 설치 등과 같이 토지 자체를 개량하는 것이다.

ⓛ **분류**
　　　ⓐ **유형적 개발**: 직접적으로 토지의 물리적 변형을 초래하는 행위로, 건축·토목사업·공공사업 등이 이에 해당한다.
　　　ⓑ **무형적 개발**: 토지의 물리적 변형은 초래하지 않으나, 이용상태에 변경을 초래하는 행위로, 용도지역·지구의 지정 또는 변경, 농지전용 등이 이에 해당한다.
　　　ⓒ **복합적 개발**: 토지의 유형·무형의 개발행위가 동시에 이루어지는 경우로, 토지형질변경사업, 도시재개발사업, 공업단지조성사업, 도시개발사업 등이 이에 해당한다.
② **부동산개발의 과정**: 아이디어 단계, 예비적 타당성 분석단계, 부지모색과 확보단계, 타당성 분석단계, 금융단계, 건설단계, 마케팅단계 등으로 구성된다.
　ⓘ **아이디어 단계**: 모든 부동산개발은 구상으로부터 시작된다. 어떠한 형태의 공간이 필요한가, 어디에 입지해야 하는가, 현재 가지고 있는 부지를 무슨 용도로 이용해야 하는가, 구상에 맞는 부지를 어떻게 매입해야 하는가 등을 구상하는 단계이다.
　　➕ 아이디어 단계를 구상단계라고도 한다.
　ⓛ **예비적 타당성 분석단계**: 개발업자는 부동산개발에서 기대되는 수익이 비용을 상회할 것인지 여부를 판단하기 위해 사전에 개발비용, 개발에 따른 시장가치, 산출임대료수익 등을 개략적으로 조사해 볼 필요가 있다.
　　➕ 예비적 타당성 분석단계를 전실행가능성 분석단계라고도 한다.
　ⓒ **부지모색과 확보단계**: 예비적 타당성 분석의 결과, 타당성이 있다고 판단이 되면, 곧바로 부지의 구입에 착수한다.
　　➕ 부지모색과 확보단계를 부지구입단계라고도 한다.
　ⓔ **타당성 분석 및 디자인단계**: 부지가 확보되면 개발업자는 더 세밀한 타당성 분석을 하여야 한다. 이는 구체적으로 「국토의 계획 및 이용에 관한 법률」·「건축법」 등의 공법상 규제분석, 토양구조물 등의 부지분석, 개발 후의 시장분석, 개발비 및 예상수익 등의 재정분석 등으로 나누어 행해진다.
　　➕ 타당성 분석 및 디자인단계를 실행가능성 분석단계라고도 한다.
　ⓜ **금융단계**: 택지조성 및 건설자금의 융자 등을 고려하는 단계이다.
　ⓗ **건설단계**(택지조성): 건물 등의 토지개량물을 설치하여 물리적인 공간을 창조하는 단계이다. 택지조성의 경우는 토지의 형질을 변경하고 개량하여 택지화한다.
　ⓢ **마케팅단계**(분양): 개발사업계획의 성공 여부는 궁극적으로 시장성에 따라 달라진다.

(2) 부동산개발의 위험과 타당성 분석

① **부동산개발의 위험 분석**: 부동산개발은 현재에 이루어지지만 수익은 미래에 나타나므로 그것이 내포하고 있는 불확실성으로 인해 위험요소가 개재한다. 부동산개발에 따르는 위험은 법률적 위험, 시장위험, 비용위험 등으로 구분할 수 있다.

㉠ **법률적 위험**: 공법상의 규제나 사법상의 제한 등 법적 환경의 변화로 인한 위험부담을 말한다. 부동산개발에 따르는 공·사법적 위험을 예방하기 위해서는 개발사업의 법률적 타당성 분석을 하는 것이 중요하다. 법률적 위험부담을 최소화하기 위한 최선의 선택은 이미 이용계획이 확정된 토지를 구입하는 것이다.

㉡ **시장위험**: 항상 끊임없이 변화하는 부동산시장의 불확실성으로 인해 개발업자가 부담하는 위험부담을 말한다. 시장위험은 시장조사를 통해 줄일 수 있다. 따라서 부동산개발업자는 특정 부동산이 시장에서 변화하는 가격으로 임대되거나 매매될 가능성이 있는지를 연구하는 시장성 연구를 해야 한다. 다음 그림은 개발사업의 가치와 시장위험의 관계를 나타낸 것이다. 개발사업이 완성에 가까워질수록 개발사업의 가치는 커지고 시장위험은 줄어든다.

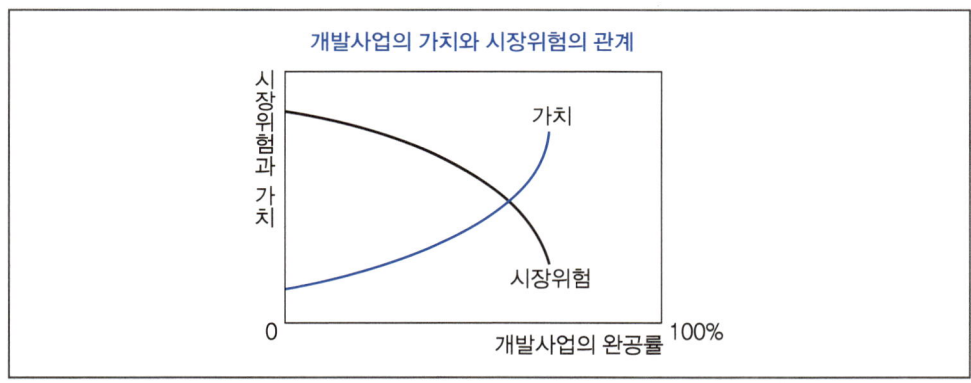

개발사업의 가치와 시장위험의 관계

㉢ **비용위험**: 개발기간이 예상보다 길어지거나, 예상하지 못한 인플레이션이 발생하여 비용부담이 증가하는 위험부담을 말한다. 부동산개발사업으로부터의 적정한 수익획득의 여부는 생산에 투입된 비용에 좌우되는 경우가 많다. 따라서 개발사업의 성공을 위해서는 비용위험부담을 최소화하는 것이 중요하다. 비용위험을 줄이기 위해 개발업자는 시공사와 **최대가격보증계약***을 맺기도 한다.

> 📖 **용어 정리**
>
> ***최대가격보증계약**(guaranteed maximum price contract)
> 개발사업에 실제로 든 비용이 계약금액을 초과하더라도 개발업자는 추가적인 비용을 부담하지 않는다는 유형의 계약을 말한다.

② **부동산개발의 타당성 분석**: 타당성 분석이란 계획하고 있는 개발사업이 투자 자본에 대한 기회비용(투자자의 요구수익률)을 확보할 수 있는지 여부를 분석하는 것으로, 법률적·경제적·기술적 타당성 분석이 행해지는데, 일반적으로 경제적 타당성 분석이 가장 중요시된다. 이때 순현가법이나 내부수익률법 등이 투자결정의 준거로 흔히 사용된다. 타당성 분석의 결과가 유리하게 나왔다고 해서 반드시 사업의 성공을 보장하는 것은 아니다. 또한 타당성 분석의 결과가 비록 동일하다고 할지라도, 개발업자에 따라 채택될 수도 있고 채택되지 않을 수도 있다. 따라서 개발사업 자체로는 타당성이 있다거나 없다고 말하기 곤란하다. 결국, 개발사업의 채택 여부는 타당성 분석의 결과가 개발사업의 목적을 얼마나 충족시켜 주느냐에 달려 있다.
㉠ **부동산분석의 체계**: 부동산분석은 지역경제분석, 시장분석, 시장성 분석, 타당성 분석, 투자분석의 단계별 분석과정을 거쳐 이루어진다.

지역경제분석 < 시장분석 < 시장성 분석	<	타당성 분석 < 투자분석
시장분석(선행)	시장자료·정보의 제공	경제성 분석(후행)

위 내용에서 '<'는 포함관계를 표시하는 것으로, 시장분석은 지역경제분석을 포함하고, 시장성 분석은 지역경제분석과 시장분석을 포함하며, 투자분석은 모든 분석을 포함하고 있음을 의미한다. 이때 지역경제분석·시장분석·시장성 분석을 포함하는 시장분석은 선행분석에 해당하며, 타당성 분석과 투자분석을 포함하는 경제성 분석은 후행분석에 해당한다.

ⓐ **지역경제분석**: 대상 지역의 부동산 수요에 영향을 미치는 인구, 고용, 소득 등의 요인을 분석하는 작업을 말한다.

ⓑ **시장분석**: 특정 지역이나 부동산유형에 대한 수요, 공급 등을 분석하는 작업을 말한다.

ⓒ **시장성 분석**: 향후 개발될 부동산이 시장에서 매매되거나 임대될 수 있는지에 대한 경쟁력을 분석하는 것을 말한다. 시장성 분석의 방법 중 하나로 **흡수율(absorption rate)*** 분석을 사용하는데, 이는 지난 한 해 동안 공급된 부동산이 얼마만큼의 비율로 시장에서 흡수(매수 또는 임대)되었는지를 분석하는 것을 말한다. 흡수율 분석은 부동산시장의 추세를 파악하는 데 많은 도움을 주나, 단순히 과거의 추세를 파악하는 것만이 아니라 이를 기초로 개발사업의 미래의 흡수율을 파악하려는 목적이 있다.

> **용어 정리**
>
> * **흡수율**(absorption rate)
> 시장에 공급된 부동산이 단위시간 동안 시장에서 흡수된 비율이다.
>
> ➕ **흡수시간**(absorption time)
> 공급된 부동산이 시장에서 완전히 흡수될 때까지 걸린 시간이다.

　　　ⓓ **타당성 분석**: 개발사업에 투자자금을 끌어들일 수 있을 정도로 충분한 수익이 발생하는지를 분석하는 작업이다.
　　　ⓔ **투자분석**: 투자분석을 통해 최종적인 투자 여부를 결정한다.
　ⓛ **시장분석과 경제성 분석**: 부동산개발의 타당성 분석의 순서는 개발사업에 대한 시장분석을 먼저 하고, 그 다음에 경제성 분석을 실시한다.
　　ⓐ **시장분석**
　　　ⅰ) **의의 및 목적**: 시장분석은 특정 개발사업이 시장에서 채택될 수 있는지를 분석하는 것이며, 개발사업의 투자결정에 필요한 모든 정보를 제공하는 데 목적이 있다. 시장분석은 개발사업이 안고 있는 물리적·법률적·경제적·사회적 제약조건에 대한 분석도 포함한다.
　　　ⅱ) **시장분석의 역할**: 시장분석은 다음과 같은 역할을 한다.

> - 첫째, 특정 용도에는 어떤 부지가 적합한지를 결정하는 역할을 한다(입지론).
> - 둘째, 주어진 부지는 어떤 용도에 적합한지를 결정하는 역할을 한다(적지론).
> - 셋째, 주어진 자본을 투자할 대안을 찾고 있는 투자자를 위해 수행되기도 한다.
> - 넷째, 타당성 분석은 새로운 개발사업에 대해서는 물론 기존의 개발사업에 대해서도 행해진다.

　　　ⅲ) **시장분석의 구성요소**: 도시 및 지역분석, 근린분석, 부지분석, 수요분석, 공급분석으로 나뉜다.
　　ⓑ **경제성 분석**: 시장분석에서 수집된 자료를 활용하여 개발사업에 대한 수익성을 평가하고, 최종적인 투자결정을 하는 것이다. 시장분석은 특정 개발사업에 대한 채택 가능성을 평가하기 위한 것이지만, 경제성 분석은 특정 개발사업의 수익성 유무를 평가하여 최종적인 투자결정을 짓는 것이다.

(3) 부동산개발의 유형

① 부동산개발의 유형은 일반적으로 신개발과 재개발로 나눌 수 있다.

② **도시재개발 시행방법에 의한 분류**

㉠ **보전재개발**: 사전에 노후·불량화의 진행을 방지하기 위해 채택하는 가장 소극적인 도시재개발이다.

㉡ **수복재개발**: 도시시설 및 건물의 본래 기능을 회복하기 위해 현재의 시설 대부분을 그대로 보존하면서 노후·불량화의 요인만을 제거하는 것으로, 소극적인 도시재개발의 대표적인 예이다.

㉢ **개량재개발**: 기존시설의 확장·개선 또는 새로운 시설의 첨가를 통해 도시기능을 제고하고자 하는 도시재개발의 형태로, 수복재개발의 일종이다.

㉣ **철거재개발**: 부적당한 기존환경을 완전히 제거하고 새로운 환경, 즉 시설물로 대체시키는 가장 전형적인 도시재개발의 유형이다.

③ **부동산개발방식의 유형 - 용지의 취득방식에 따라**

㉠ **단순개발방식**: 토지형질변경사업과 같이 토지소유자에 의한 자력개발방식을 말한다.

㉡ **환지방식**: 택지가 개발되기 전 토지의 위치·지목·면적·등급·이용도 및 기타 사항을 고려하여 택지가 개발된 후 개발된 토지를 토지소유자에게 재분배하는 방식으로, 도시개발사업에서 많이 활용한다.

㉢ **매수방식**: 대상토지의 전면매수를 원칙으로 하며, 사업시행자에 의한 수용절차가 필요한 개발방식이다.

㉣ **혼합(혼용)방식**: 대상토지를 전면매수 또는 환지하는 방식을 혼합하는 개발방식으로, 「도시개발법」에 의한 도시개발사업 등이 대표적인 예이다.

(4) 부동산개발과 개발권양도제

① **개념**: 개발권양도제(TDR; Transferable Development Rights)란 개발제한으로 인해 규제되는 보전지역(규제지역)에서 발생하는 토지소유자의 손실을 보전하기 위한 제도이다. 개발권양도제는 현재 우리나라에서는 시행되고 있지 않은 제도이다. 미국의 경우 초기에는 도심지의 역사적 유물 등을 보존하기 위한 목적으로 실시되었으나, 최근에는 토지정책의 수단 중 토지이용규제의 한 방법으로 이용되고 있다.

② **장단점**: 장점으로는 개발로 인해 나타나는 형평성 문제를 어느 정도 보완하고, 생태환경보전에도 효과적이라는 점을 들 수 있다. 그러나 손실을 입은 자와 이익을 얻은 자의 관계가 불분명하여 개발로 인해 나타나는 형평성 문제를 완전하게 해소하기 어렵다는 단점도 있다.

(5) 부동산공영개발

공영개발이란 공적 주체인 국가, 지방자치단체, 공사 등이 택지개발, 주택건설의 주체가 되는 것을 말하는데, 이는 시장실패의 수정, 효율성과 형평성의 조화 추구를 위해 필요하다. 부동산공영개발은 토지의 계획적 이용을 통해 토지이용의 효율성을 제고할 수 있으며, 택지의 대량공급이 가능하다는 장점이 있다. 또한 개발이익의 사회적 환수가 가능하고, 공공사업으로 재투자가 가능하며, 토지투기 방지와 지가 안정을 기할 수 있다는 장점도 있다. 그러나 사업비 전액을 사업시행자가 먼저 지출함으로써 시행자의 자금부담이 가중되며, 용지보상 지출로 인한 통화량 팽창으로 주변지역의 지가 상승이 우려된다는 단점이 있다.

(6) 민간의 부동산개발방식

민간의 부동산개발 사업방식에는 자체개발사업, 지주공동사업, 토지신탁개발방식 그리고 컨소시엄 구성방식이 있다.

① **자체개발사업**: 토지소유자가 사업주체가 되어 자금조달과 시공의 전 과정을 담당하는 사업 형태이다. 이 방식은 개발사업의 이익이 모두 토지소유자에게 귀속되고, 사업시행자의 의도대로 사업추진이 가능하며, 사업시행의 속도도 빠르다는 장점이 있다. 그러나 사업의 위험성이 매우 높고, 자금조달의 부담이 크다는 단점이 있다.

② **지주공동사업**: 토지소유자와 개발업자가 부동산개발을 공동으로 시행하는 방식으로서, 일반적으로 토지소유자는 토지를 제공하고 개발업자는 개발의 노하우를 제공하여 서로의 이익을 추구하는 형태이다. 이 방식의 가장 큰 장점은 불확실하고 위험도가 큰 부동산 개발사업에 대한 위험을 지주와 개발업자 간에 분산하는 데 있다. 이에는 공사비 대물변제형, 분양금 공사비 지급형, 사업위탁방식 등이 있다.

③ **토지신탁개발방식**: 토지소유자로부터 형식적인 소유권을 이전받은 신탁회사가 토지를 개발·관리·처분하여 그 수익을 수익자에게 돌려주는 방식이다.

④ **컨소시엄 구성방식**: 토지소유자와 컨소시엄 구성회사가 공동으로 개발하는 사업 형태이다. 이는 대규모 개발사업에 있어 사업자금의 조달 또는 상호 기술보완 등의 필요에 의해 법인 간에 컨소시엄을 구성하여 사업을 수행하는 방식이다. 참여회사 중의 하나가 대표회사가 되거나 별도의 연합법인을 설립하여 시행할 수 있다. 사업의 안정성 확보라는 점에서 장점이 있으나, 사업시행에 시간이 오래 걸리고 출자회사 간 상호 이해조정이 필요하며 책임의 회피현상이 있을 수 있다는 단점이 있다.

(7) 경제기반이론

① **의의**: 어떤 지역의 기반산업이 활성화되면 비기반산업도 함께 활성화됨으로써 지역경제의 성장과 발전이 유도된다는 이론이다.

② **입지계수*** – 기반산업의 판별: 입지계수를 통해 해당 지역의 수출기반산업 또는 경제기반산업 여부를 판별할 수 있다.

$$입지계수(LQ) = \frac{A지역의\ X산업구성비}{전국의\ X산업구성비}$$

$$= \frac{\dfrac{A지역의\ X산업에\ 대한\ 고용자\ 수}{A지역의\ 전\ 산업에\ 대한\ 고용자\ 수}}{\dfrac{국가\ 전체의\ X산업에\ 대한\ 고용자\ 수}{국가\ 전체의\ 전\ 산업에\ 대한\ 고용자\ 수}}$$

- LQ > 1이면 X산업은 그 지역의 기반산업이다.
- LQ = 1이면 X산업은 전국 평균과 동일하게 분포되어 있다.
- LQ < 1이면 X산업은 그 지역의 비기반산업이다.
- ✚ 산업의 고용자 수 또는 산업의 생산액을 사용할 수 있다.

> **용어 정리**
>
> ***입지계수**
> 해당 지역 특정 산업의 특화도를 파악할 수 있게 하는 지수이다. 입지계수를 통해 해당 지역의 기반산업을 판별할 수 있다.

🔍 **사례**

다음 표와 같은 자료를 통해 A지역 X산업의 입지계수를 구하고 특화도를 파악하여 기반산업 여부를 판별하여 보자.

지역별 산업생산액

(단위: 억원)

산업 / 지역	A	B	전국
X산업	100	400	500
기타	200	200	400
전체	300	600	900

- A지역 X산업의 입지계수(LQ)를 구하면 다음과 같다.

$$입지계수(LQ) = \frac{A지역\ X산업의\ 생산액\ /\ A지역\ 전체\ 산업의\ 생산액}{국가\ 전체의\ X산업의\ 생산액\ /\ 국가\ 전체의\ 전체\ 산업의\ 생산액}$$

$$= \frac{100/300}{500/900} = \frac{9}{15} = 0.6$$

- A지역 X산업의 입지계수(LQ)는 1보다 작으므로 X산업은 A지역의 비기반산업이라고 볼 수 있다.

③ **경제기반승수***: 경제기반승수란 기반산업의 고용인구 변화에 대한 지역사회 총고용인구 변화의 비율이다. 따라서 경제기반승수를 통해 기반산업 수출부문의 고용인구 변화가 지역의 전체 고용인구에 미치는 영향을 예측할 수 있다.

- 지역사회 전체의 인구 증가 = 경제기반승수 × 기반산업의 인구 증가
- 경제기반승수 = $\dfrac{1}{1 - \text{비기반산업의 비율}}$

> **용어 정리**
>
> * 경제기반승수
> 경제기반산업의 고용증가 등이 지역 전체의 고용 인구변화에 미치는 영향을 예측할 수 있게 하는 승수이다.

2 부동산관리

1. 부동산관리의 의의 및 필요성

(1) 부동산관리의 의의

부동산관리는 부동산을 그 목적에 맞게 최유효이용할 수 있도록 하는 부동산의 유지·보존·개량 및 그 운용에 관한 일체의 행위를 말한다. 이는 부동산의 처분에 대응하는 개념이다.

(2) 부동산관리의 필요성

부동산관리는 도시화, 건축기술의 발달, 부재소유자의 요구 등에 의해 필요성이 대두되었다. 인구의 도시집중은 단독주택에서 공동주택으로 주택구조를 변경시켰고, 그로 인해 공동주택의 전문적인 관리를 필요로 하게 되었다. 또한 도시화와 더불어 대형·고층건물의 수요가 늘고 이에 부응한 건축기술이 발달하면서 전문적인 관리가 아니고는 유지가 불가능하게 되었다. 도시화가 부동산개발이나 투자를 촉진하게 되어 도시지역의 부동산이 대량으로 임대화되었는데, 이와 같은 부재자의 소유현상은 소유자로 하여금 부동산의 관리를 전문관리인에게 위탁하게 하는 요인이 되었다.

(3) 부동산관리의 3가지 영역

부동산관리는 시설관리, 재산관리(건물 및 임대차관리), 자산관리 등으로 구분할 수 있는데, 그중 자산관리가 가장 중요하다.

① **시설관리**(facility management): 단순히 시설의 사용자나 기업의 요구에 따라 각종 부동산시설을 운영·유지하는 형태의 소극적 관리를 말한다. 시설관리는 물리적 유지관리로, 설비의 운전 및 보수, 에너지 관리, 건물 청소관리, 방범·방재 등 보안관리 등이 있다.

② **재산관리**(property management): 건물 및 임대차관리라고도 하는데, 부동산 보유기간 중에 부동산의 운영수익을 극대화하고 자산가치를 증진시키기 위한 관리를 말한다. 이는 임대 및 수지관리로서 수익목표의 수립, 자본적·수익적 지출계획 수립, 연간 예산수립, 임대차 유치 및 유지, 비용통제 등을 수행하는 것이다.

③ **자산관리**(asset management): 부동산가치를 증가시킬 수 있는 방법들을 모색함으로써 부동산 소유자나 기업의 부(富)를 극대화하려는 적극적인 관리를 말한다. 자산관리는 투자관리로, 포트폴리오 관리, 투자리스크 관리, 부동산의 매입과 매각관리, 프로젝트 금융 등이 있다.

2. 부동산관리의 내용(복합적 관리, 광의의 관리)

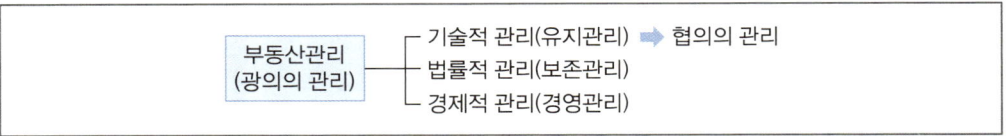

부동산관리란 기술적·법률적·경제적 관리를 포함하는 광의의 관리, 즉 복합적 관리를 말한다.

(1) 기술적 관리

기술적 관리란 대상부동산에 대한 물리적·기능적 하자의 발생에 따른 필요한 기술적 조치 및 이에 대한 예방적 유지활동을 말한다.

(2) 법률적 관리

법률적 관리란 대상부동산에 대한 행정적 내지 법률적 측면에서 관리하는 것을 말한다. 부동산의 유용성을 보호하고자 하는 법률상의 절차와 처리로서 법적인 보장을 최대한 확보하려는 관리행위이다.

(3) 경제적 관리

경제적 관리란 부동산을 활용하여 발생하는 총수익에서 제 비용(관리비)을 뺀 순수익이 합리적으로 산출되고 있는지의 여부를 위해 관리하는 것을 말한다.

3. 부동산관리의 방식

부동산관리방식 중 가장 역사가 오래된 자가관리방식은 근대적인 방식이며, 위탁관리방식은 현대적 의미에서 전문적인 관리방식이다.

(1) 자가관리(자영관리, 직접관리)

단독주택, 연립주택, 소규모 공동주택, 작은 면적의 토지 등을 소유자 자신이 직접 관리하는 방식이다. 이는 부동산소유자가 자기의 부동산을 직접 관리하거나 또는 타인에게 임대한 부동산 및 기타 시설물을 직접 관리하는 방식이다.

■ 자가관리의 장단점

장점	• 자기가 직접 관리하므로 관리비가 절약된다. • 항상 주의를 집중하여 하자 발생을 미연에 방지할 수 있다. • 기밀 유지에 효과적이며, 보안관리 면에서 효율적인 관리가 가능하다. • 기술적인 유지와 환경을 양호하게 보존할 수 있다. • 관리요원의 건물·설비에 대한 애착이 강하다.
단점	• 소유자가 전문가가 아닌 경우 전문성을 발휘할 수 없다. • 부동산의 관리로 인해 자기의 본업에 열중하기 어렵다. • 업무가 타성에 젖기 쉽고, 적극적 의욕을 결하기 쉽다.

(2) 위탁관리(외주관리, 간접관리)

부동산 소유자가 직접 관리하지 않고 전문업자에게 위탁하여 관리하는 방식이다. 공동주택이나 건물관리에 많이 이용하는 방식으로, 관리방식 중 가장 전문화된 관리방식이다.

■ 위탁관리의 장단점

장점	• 전문분야 외의 사항을 분리함으로써 소유자가 본업에 열중할 수 있다. • 관리업무의 타성화가 방지된다. • 전문업자를 활용함으로써 부동산관리가 합리적이다.
단점	• 부동산 내의 기밀 유지 및 보안이 불완전하다. • 관리요원들의 부동산설비에 대한 애호정신이 낮다. • 각 부분의 종합적 관리가 용이하지 않다.

(3) 혼합관리

부동산의 특성에 따라 일부는 소유자가 직접 관리하고 필요한 부분만 전문가에게 위탁하여 관리하는 방식이다. 이는 자가관리와 위탁관리의 장점을 채용한 형태이다.

■ 혼합관리의 장단점

장점	• 부득이한 업무부분만을 위탁하므로 자가관리와 위탁관리의 장점을 가져올 수 있다. • 자가관리에서 위탁관리로 이행하는 과도기에서 채택할 수 있는 유리한 방식이다.
단점	• 책임소재가 불명확하여 전문업자를 충분히 활용할 수 없다. • 운영이 잘못되면 두 가지 방식의 단점만 노출될 수 있다.

4. 부동산관리활동

(1) 임대차활동

임대차활동이란 임대차를 통해 수입을 확보하는 것을 말하는데, 부동산관리활동 중 가장 중요한 기초활동이다. 임대차활동은 대상부동산에 맞는 임차인들을 선정하는 데에서 시작된다. 부동산관리자는 가능임차인이 대상부동산에 맞다고 판단되면 임대차계약을 체결하게 된다. 임대료를 결정하는 방법은 총임대차, 순임대차, 비율임대차로 나눌 수 있다.

① **총임대차**(gross lease)

의의	임차인이 임대인에게 지불한 지불임대료에서 부동산운영에 관련된 부동산세금, 보험료 등의 제 비용을 지불하는 방법을 말한다.
적용	주거용 부동산

② **순임대차**(net lease)

의의		임차인은 임대인에게 순수한 임대료만을 지불하고, 나머지 비용은 임차인과 임대인의 사전협상에 의해 지불하는 방법을 말한다.
적용		공업용 부동산
종류	1차 순임대차	순수한 임대료 이외에 편익시설에 대한 비용, 부동산 세금까지를 임차인이 지불하는 방법을 말한다. ➕ 그냥 순임대차라고 하면 1차 순임대차를 말하는 것이다.
	2차 순임대차	1차 순임대차의 항목 이외에 보험료까지 지불하는 방법을 말한다.
	3차 순임대차	2차 순임대차의 항목 이외에 유지수선비까지 지불하는 방법을 말한다. ➕ 3차 순임대차가 가장 일반적으로 사용된다.

③ **비율임대차**(percentage lease)

의의	임차인의 총수입 중에서 일정 비율을 임대료로 지불하는 방법을 말한다.
적용	매장용 부동산

(2) 대상부동산의 유지활동

대상부동산의 유지활동은 일상적 유지활동, 예방적 유지활동, 대응적 유지활동으로 구분할 수 있다.

① **일상적 유지활동**: 청소하기, 쓰레기 치우기, 잔디 깎기, 소독 등과 같이 일상적으로 늘 수행하는 유지활동을 말한다. 이를 정기적 유지활동이라고 한다.

② **예방적 유지활동**: 시설이나 장비 등이 제 기능을 효율적으로 발휘하도록 수립된 유지계획에 따라 문제가 발생하기 전에 행하는 유지활동을 말한다. 이를 사전적 유지활동이라고 한다.

③ **대응적 유지활동**: 문제가 발생하고 난 후에 행하는 유지활동을 말한다. 이를 사후적 유지활동 또는 수정적 유지활동이라고 한다. 부동산의 유지·관리상의 문제가 발생한 후 처리하면 고비용의 지출, 임차인의 불편 등을 야기하므로 예방적 유지·관리를 강화할 필요가 있다.

5. 건물의 내용연수와 수명현상

(1) 건물의 내용연수

건물의 내용연수란 건물이 유용성을 지속할 수 있는 내구연한을 말한다. 이는 관리자의 태도, 시공상태, 입지조건 및 관리방법에 따라 달라진다. 내용연수에는 물리적 내용연수, 경제적 내용연수, 기능적 내용연수, 행정적 내용연수가 있다.

(2) 건물의 수명현상

건물은 신축이 완료된 순간부터 그 유용성과 가격이 감퇴하기 시작한다. 이와 같이 건물이 완공되어 그 내용연수가 전부 만료하여 철거되기까지 공통적인 국면과 규칙적인 현상이 있는데, 이를 건물의 연수사이클 또는 연령주기, 생애주기라고 한다. 이는 전개발단계, 신축단계, 안정단계, 노후단계, 완전폐물단계의 순서를 거친다.

① **전개발단계**: 앞으로 건물이 건축될 용지의 상태에 있는 단계를 말한다. 전개발단계에서는 처음으로 건물이 신축되는 용지도 있고, 택지이용의 전환에 따라 기존건물이 철거되고 새 건물이 건설될 용지도 있다. 이 단계에서 취하여야 할 사항으로는 건축계획 및 건축 후의 관리계획, 도시계획상의 규제 및 고층건물에 대한 공적인 규제, 건축설계사·감정평가사·공인중개사·공인회계사·세무사·권리분석사 등의 활용, 시장조사 등이 있다.

② **신축단계**: 건물이 완성된 단계를 말하는데, 신축된 건물의 기능이 사전계획과 완전히 부합하는 일은 많지 않다. 일반적으로 건물의 유용성은 이 단계에서 가장 높이 나타난다.

③ **안정단계**: 신축단계의 모든 이익이 사라지고 건물이 본격적·장기적으로 안정되는 단계이다. 이 단계는 건물이 존속하는 기간 중 가장 장기간에 이른다. 안정단계의 관리상태에 따라 건물수명의 장단이 결정된다. 즉, 관리상태가 좋으면 안정단계가 상당히 연장된다. 또한 기술적 상태에 대한 세밀한 검사와 관리가 실시되면 건물의 기능적 하자를 최소화할 수 있다. 특정인에게 같은 용도로 장기간 임대하는 경우에는 경제적 임대료의 수준을 유지하도록 노력한다. 건물의 시설이나 구조를 일부 개조·수선 등을 해야 한다면 이 단계에서 하는 것이 효과적이다.

④ **노후단계**: 건물의 물리적·기능적 상태가 급격히 악화되기 시작하는 단계이다. 이는 설비의 낙후, 외관의 악화, 보다 낮은 수준의 임차인이 들어서는 것 등으로 측정 가능하다. 이 시기에 건물의 기능개선 등을 목적으로 새로운 투자를 한다면 문제를 더욱 어렵게 만들 수 있다. 대부분의 소유자는 새로운 개량비의 지출을 억제하는 대신 건물 자체를 교체할 계획을 세우는 것이 통상적이다. 새로운 임대차계약을 체결함에 있어 기간 등 계약조건이 후일의 교체에 지장이 없도록 배려하여야 한다.

⑤ **완전폐물단계**: 건물의 설비 등이 쓸모가 거의 없어져 건물의 경제적 가치가 거의 없어지는 단계이다. 건물의 교체를 전제로 전개발단계를 향해 모든 일이 전개된다.

3 부동산마케팅

1. 부동산마케팅(marketing)의 의의 및 분류

(1) 부동산마케팅의 의의

부동산마케팅이란 부동산과 부동산업에 대한 태도나 행동을 형성·유지·변경하기 위해 수행하는 활동을 말한다.

(2) 부동산마케팅의 분류

① **주거용 부동산마케팅**: 단독주택·아파트 및 기타 주거시설의 판매나 임대를 개발 또는 조장하기 위해 노력하는 활동이다.

② **업무용 부동산마케팅**: 공장·점포·사무실·창고 같은 업무용 부동산을 개발·판매 또는 임대하기 위해 노력하는 활동이다.

③ **토지투자마케팅**: 투자 목적을 위해 토지를 개발하고 판매하기 위해 노력하는 활동이다.

④ **부동산서비스마케팅**: 중개·평가·권리분석·금융·관리·상담 등 부동산서비스업 분야에서 각각 그들의 서비스를 개발·판매하기 위해 노력하는 활동이다.

⑤ **부동산임대마케팅**: 사무실·토지·공장·점포·별장·창고 등 각종 부동산의 임대를 개발 또는 조장하기 위한 활동이다.
⑥ **부동산정책마케팅**: 부동산정책의 개발과 홍보를 위한 공중관계활동이다.

2. 부동산마케팅과 환경

부동산마케팅과 관련된 환경은 거시환경과 미시환경으로 구분할 수 있다.

(1) 거시환경

거시환경은 자연환경과 인문환경으로 구분할 수 있는데, 이중 인문환경에는 ① 경제적·기술적 환경, ② 정치적·행정적 환경, ③ 사회적·문화적 환경이 있다.

(2) 미시환경

① **경쟁업자**: 부동산기업은 이익을 발생시키는 시장점유율을 높이기 위해 경쟁업자와 경쟁한다.
② **공중**: 기업목적을 달성하는 데 실질적 또는 잠재적으로 이해관계를 가지는 집단을 말한다.
③ **정부**: 적극적인 행정작용을 통해 부동산기업에 영향을 미친다.

3. 부동산마케팅의 전략

마케팅 이론과 관련하여 부동산마케팅은 3가지 차원에서 접근이 가능하다. 부동산시장이 공급자 우위에서 수요자 우위의 시장으로 전환되면 마케팅의 중요성이 더욱 증대된다.

(1) 시장점유 마케팅 전략

부동산시장을 점유하기 위한 전략으로 STP 전략, 4P MIX 전략이 있다.
① **STP 전략**: 시장세분화(Segmentation), 표적시장(Target), 차별화(Positioning) 등의 전통적인 전략을 말한다.
  ㉠ **시장세분화 전략**: 수요자 집단을 인구·경제학적 특성에 따라 세분하고, 세분된 시장에서 상품의 판매지향점을 분명히 하는 전략을 말한다.
  ㉡ **표적시장 선정 전략**: 세분화된 시장에서 자신의 상품과 일치되는 수요집단을 확인하거나 선정된 표적집단으로부터 신상품을 기획하는 일이 중요하다.
  ㉢ **차별화 전략**: 동일한 표적시장을 갖는 다양한 공급경쟁자들 사이에서 자신의 상품을 어떻게 차별화시킬 것인가 하는 전략을 말한다.

② **4P MIX 전략**: 제품(Product), 가격(Price), 유통경로(Place), 판매촉진(Promotion)의 제 측면에 있어 차별화를 도모하는 전략을 말하며, 상업용 부동산의 마케팅 등에 많이 사용되고 있다.

⊙ 제품(Product) 전략: 구조물과 부대시설 및 배치에 있어 경쟁력을 가질 수 있도록 하는 전략이다. 예를 들어, 아파트 1층에 단독정원을 둔다든지 녹지공간을 극대화하는 등 다양한 차별화 전략이 현실적으로 채택되고 있는 추세이다.

ⓒ 가격(Price) 전략: 품질에 비해 저렴하게 하며, 표적수요자의 자금동원 능력과 금융을 연계하여 구성하여야 한다.

ⓒ 유통경로(Place) 전략: 직접분양 또는 분양대행사를 효과적으로 이용하는 방안으로 구성된다. 개업공인중개사, 현 입주자, 주택금융기관 등을 효과적으로 활용하는 방안이 마련되어야 한다.

ⓔ 판매촉진(Promotion) 전략: 대부분 매체를 통해 일반대중에게 전달하는 판촉활동으로, 최근에는 이미지형·설득형 광고가 많이 활용되며, 사외보 발행, 여론선도자 육성, 주민참여행사 개최 등 다양한 방법이 동원되고 있다.

(2) 고객점유 마케팅 전략

소비자의 구매의사 결정과정의 각 단계에서 소비자와의 심리적인 접점을 마련하고 전달하려는 메시지의 취지와 강약을 조절하는 전략을 말한다. 이는 전통적인 시장점유 마케팅이 공급자의 일방적인 접근이었다는 반성으로부터 소비자를 중심으로 한 고객점유 마케팅이 도입되기 시작하였다. 고객점유 마케팅은 주의(Attention), 관심(Interest), 욕망(Desire), 행동(Action)으로 이어지는 소비자의 구매의사결정과정의 각 단계에서 소비자와의 심리적 접점을 마련하고, 전달되는 메시지의 톤과 강도를 조절하여 마케팅 효과를 극대화하려는 것이다.

(3) 관계 마케팅 전략

공급자와 소비자의 상호작용을 중요시하여 양자 간 장기적·지속적인 관계 유지를 주축으로 하는 마케팅 전략을 말한다. 이는 브랜드와 연관이 되는데, 아파트나 주거형 오피스텔 등에서는 이미 다양한 개념의 브랜드가 출현하고 있고, 한 지역의 해당 브랜드의 성공은 다른 지역에도 파급되는 경향을 보이고 있다.

PART 3

부동산 감정평가론

부동산 감정평가론은 40문제 중 6~7문제 정도 출제됩니다. 특히, 기초입문서에서는 부동산의 가격(가치)이론, 감정평가의 3방식 부분의 기초개념 위주로 잘 정리해 두어야 합니다.

Chapter 01 감정평가의 기초

학습포인트 감정평가의 개념과 분류에 대해 설명할 수 있다.

1. 감정평가의 개념

토지 등의 **경제적 가치***를 판정하여 그 결과를 가액(價額)으로 표시하는 것을 말한다.

> **용어 정리**
>
> *경제적 가치
> - 교환의 대가인 교환가치 ⇨ 가액 ← 원본
> - 용익의 대가인 사용가치 ⇨ 임료 ← 과실

① '토지 등'이란 토지 및 그 정착물, 동산, 기타 재산, 유가증권 등을 말한다.
② '경제적 가치를 판정한다'라 함은 대상물건의 교환가치, 시장가치를 판단하고 측정한다는 것을 의미한다.
③ '그 결과를 가액으로 표시하는 것'이라 함은 측정한 결과를 구체적으로 화폐금액으로 표시한다는 것을 의미한다.

2. 부동산평가의 기능

구분	부동산정책적 기능	일반경제적 기능
의의	부동산이 지니는 객관적 가치를 평가하여 부동산정책의 효율적 수행을 가능하게 하는 기능을 말한다.	불완전경쟁시장인 부동산시장의 결함을 보완함으로써 부동산자원의 효율적 배분과 경제적 유통질서의 확립에 기여하는 기능을 말한다.
기능	• 적정한 가치의 유도 • 부동산의 효율적 이용·관리 • 합리적 손실 보상 • 과세의 합리화	• 부동산자원의 효율적 배분 • 거래질서 확립 및 유지 • 의사결정의 판단기준 제시

3. 감정평가의 분류

(1) 감정평가의 전제조건에 따른 분류

① **현황평가**: 대상부동산*의 설비·상태·구조·이용방법, 제한물권의 부착, 점유상태 등의 현황을 그대로 평가하는 것을 말한다.
⇨ 대상부동산의 현재 상태대로 가치를 평가하는 것

> **용어 정리**
>
> *대상부동산
> 해당 부동산을 말하는 것으로, 감정평가에서 대상부동산이란 감정평가의 대상이 되는 부동산을 말한다. 거래활동에서는 거래의 대상이 되는 부동산을 말하고, 중개활동에서는 중개의 대상이 되는 부동산을 말한다.

② **조건부평가**: 부동산가치에 영향을 줄 수 있는 새로운 상황의 발생을 상정하여 그 조건이 성취되는 경우를 전제로 부동산을 평가하는 것을 말한다.

> **+ 보충 현황기준 원칙**
>
> 조건부 감정평가가 남용되는 것을 방지하기 위해 「감정평가에 관한 규칙」에서는 현황을 기준으로 감정평가를 하는 것을 원칙으로 한다.

③ **기한부평가**: 장래에 도달할 확실한 일정 시점을 기준시점*으로 해서 행하는 평가를 말한다(예 분양시점이 확실한 아파트).

> **용어 정리**
>
> *기준시점
> 대상물건의 감정평가액을 결정하는 기준이 되는 날짜를 말한다(감정평가에 관한 규칙 제2조 제2호). 기준시점은 대상물건의 가격조사를 완료한 날짜로 한다. 다만, 기준시점을 미리 정하였을 때에는 그 날짜에 가격조사가 가능한 경우에만 기준시점으로 할 수 있다(감정평가에 관한 규칙 제9조 제2항).

④ **소급평가**: 과거 어느 시점을 기준시점으로 하여 부동산가치를 평가하는 것을 말한다(예 민사·형사사건의 유력한 증거로서의 평가).

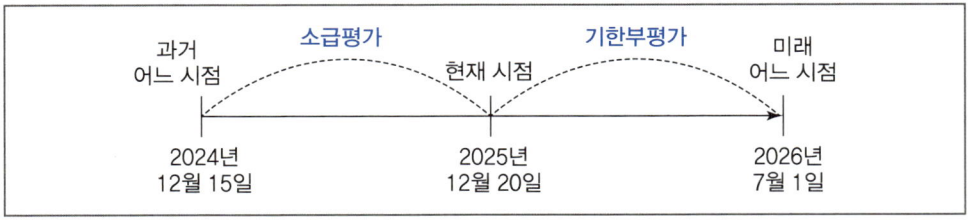

(2) 평가대상물건에 따른 분류(감정평가에 관한 규칙 제7조)

- 원칙: 개별평가
- 예외: 일괄평가·구분평가·부분평가

① **개별평가**: 감정평가는 대상물건마다 개별로 하여야 한다.
② **일괄평가**: 둘 이상의 대상물건이 일체로 거래되거나 대상물건 상호 간에 용도상 불가분의 관계가 있는 경우에는 일괄하여 감정평가할 수 있다.
   예 토지와 건물이 일체로 거래가 되는 경우
③ **구분평가**: 하나의 대상물건이라도 가치를 달리하는 부분은 이를 구분하여 감정평가할 수 있다.
   예 대로변에 접한 토지에 있어 전면(상업용지)과 후면(주거용지)의 평가
④ **부분평가**: 일체로 이용되고 있는 대상물건의 일부분에 대하여 감정평가하여야 할 특수한 목적이나 합리적인 이유가 있는 경우에는 그 부분에 대하여 감정평가할 수 있다.

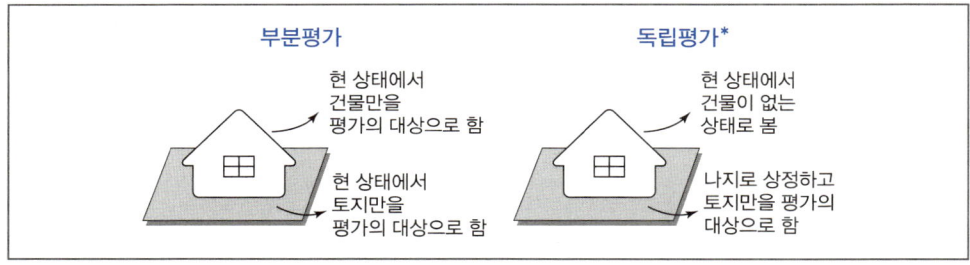

용어 정리

*독립평가
부동산이 토지 및 건물 등으로 결합하여 구성된 경우에 그 구성부분인 토지만을 독립된 부동산으로 규정하여 평가하는 것을 말한다.

4. 부동산평가의 특별원칙

① 능률성의 원칙
② 안전성의 원칙
③ 전달성의 원칙

Chapter 02   부동산의 가격(가치)이론

♀ 학습포인트   부동산가치와 가격, 부동산가치의 특징, 부동산가치의 발생요인 및 형성요인, 지역분석과 개별분석, 부동산가치의 제 원칙에 대해 이해한다.

1 부동산가격(가치)의 일반이론

1. 부동산가치의 본질

(1) 부동산가치의 의의

부동산의 가치는 부동산의 소유에서 비롯되는 장래의 이익에 대한 현재가치이다. 즉, 시장가치를 말한다.

(2) 가치(value)와 가격(price)

가치(value)	가격(price)
장래 기대되는 편익을 현재가치로 환원한 값	특정 부동산에 대한 교환의 대가로 시장에서 매도자와 매수자 간에 지불된 실거래액
대상부동산에 대한 현재의 값 ⇨ 감정평가사가 전문가	대상부동산에 대한 과거의 값 ⇨ 공인중개사가 전문가
가치=가격 ± 오차	시장수급작용으로 거래당사자 사이에 제안된 값
주관적, 추상적	객관적, 구체적
가치는 무수히 많음 ⇨ 가치의 다원적 개념	주어진 시점에서 대상부동산에 대한 가격은 하나임

2. 부동산가치의 특징 및 이중성

(1) 부동산가치의 특징

① 교환의 대가인 가액과 용익의 대가인 임료로 표시된다.

> • 교환의 대가인 교환가치 ⇨ 가액 ← 원본
> • 용익의 대가인 사용가치 ⇨ 임료 ← 과실

② 부동산에 관한 소유권, 기타 권리·이익의 가치일 뿐, 물건 자체에 대한 물리적 가격은 아니다.
③ 장기적인 고려하에 형성되며 항상 변동의 과정에 있다.
④ 거래당사자의 개별적인 동기나 특수한 사정이 개입되기 쉽다.
⑤ 해당 지역 및 다른 부동산과의 상호작용에 의해 가치가 결정된다.
⑥ 부동산은 장기간 이용되므로 장기간 수익을 올릴 수 있다.

(2) 부동산가치의 이중성

부동산의 가치는 수요·공급의 관계에 의해 결정되고, 일단 가치가 결정되면 그 가치가 반대로 수요와 공급에 영향을 미쳐 수요와 공급을 조절하는 것을 의미한다.

3. 부동산가치의 발생요인

(1) 부동산의 효용(유용성)

효용(유용성)은 인간의 필요나 욕구를 만족시켜 줄 수 있는 재화의 능력을 말한다. 즉, 부동산의 효용은 수익성과 쾌적성 등을 통해 인간의 욕구를 만족시키는 정도를 의미한다.
① **주거용**: 쾌적성 + 편리성
② **상업용**: 수익성
③ **공업용**: 생산성

(2) 부동산의 상대적 희소성

상대적 희소성은 인간의 욕망에 비해 욕망의 충족수단이 질적·양적으로 한정되어 있어 부족한 상태를 말한다. 즉, 부동산의 상대적 희소성이란 부동산의 수요에 비해 공급이 희소하다는 것을 의미한다.

(3) 부동산에 대한 유효수요

유효수요는 대상부동산을 구매하고자 하는 욕구로, 지불능력(구매력)을 필요로 한다. 즉, 유효수요란 구매력이 있는 수요를 말한다.

(4) 부동산의 이전성

부동산의 이전성(양도가능성)은 부동산의 물리적인 이전을 말하는 것이 아니라, 부동산 소유권에 대한 명의가 자유롭게 이전될 수 있어야 한다는 것이다.

4. 시장가치

(1) 의의

시장가치란 감정평가의 대상이 되는 토지등(이하 '대상물건')이 통상적인 시장에서 충분한 기간 동안 거래를 위하여 공개된 후 그 대상물건의 내용에 정통한 당사자 사이에 신중하고 자발적인 거래가 있을 경우 성립될 가능성이 가장 높다고 인정되는 대상물건의 가액(價額)을 말한다(감정평가에 관한 규칙 제2조 제1호).

(2) 조건

① 대상물건의 시장성 ② 통상적인 시장
③ 출품기간의 합리성 ④ 거래의 자연성
⑤ 당사자의 정통성

(3) 시장가치와 시장가치 외의 가치를 기준으로 감정평가

① **원칙**: 대상물건에 대한 감정평가액은 시장가치를 기준으로 결정한다.
② **예외**: 시장가치 외의 가치를 기준으로 감정평가한다.

2 가치형성요인

① 부동산가치는 부동산의 효용, 상대적 희소성, 부동산에 대한 유효수요 등 가치발생요인의 상호작용에 의해 결정되는데, 이러한 가치발생요인에 영향을 주는 요인을 가치형성요인이라고 한다.
② 가치형성요인이란 대상물건의 경제적 가치에 영향을 미치는 일반적 요인, 지역적 요인 및 개별적 요인 등을 말한다.
③ 가치형성요인은 여러 요인의 상호작용 결과에 의해 형성되므로 항상 변동한다는 유동성의 특성이 있다. 가치형성요인은 독립적으로 결정되는 것이 아니라 여러 요인이 유기적으로 관련하여 가치를 형성하고 있다는 상호의존성의 특성을 가지고 있다.
④ **일반적 요인**: 부동산 전반에 영향을 미치는 요인을 말한다. 즉, 일반경제사회에 있어 부동산의 위치, 활동, 가치수준 등에 영향을 미치는 전반적인 요인을 말한다.
⑤ **지역적 요인**: 어떤 지역 내의 부동산가치에만 영향을 미치는 요인을 말한다. 자연적 조건과 일반적 요인의 상관결합으로 구성되며, 대상지역의 규모와 특성을 형성하고 그 지역에 속하는 부동산가치수준을 형성하는 요인이다.
⑥ **개별적 요인**: 대상부동산의 가치에만 영향을 미치는 요인을 말한다. 대상부동산의 특수한 상태·조건 등 개별성이 가치형성에 영향을 미치는 요인이라 할 수 있다.

3 지역분석 및 개별분석

1. 지역분석

지역분석은 지역요인을 분석하는 작업으로, 이는 구체적으로 인근지역의 표준적 이용을 판단하여 그 지역 내 부동산의 가격수준을 판정하는 작업이다.

2. 지역분석의 대상

지역분석의 대상으로서 특히 중요한 지역은 인근지역, 유사지역 및 동일수급권이다.

(1) 인근지역

① **의의**: 감정평가의 대상이 된 부동산(대상부동산)이 속한 지역으로, 부동산의 이용이 동질적이고 가치형성요인 중 지역요인을 공유하는 지역을 말한다.

② **특성**
　㉠ 인근지역의 지역 특성은 대상부동산의 가치형성에 직접 영향을 미친다.
　㉡ 인근지역 내 부동산은 대상부동산과 상호대체·경쟁의 관계에 있고, 동일한 가격수준을 가진다.
　㉢ 인근지역 내 부동산은 대상부동산과 용도적·기능적으로 동질성을 가진다.

③ **인근지역의 수명현상**: 인근지역의 수명현상을 생태학적 측면에서 파악하여 각 국면의 여러 현상의 특징을 나타낸 것이다.

성장기	신개발, 재개발	• 약 15~20년 • 지역기능 급변 • 지가의 상승 높음 • 투기현상이 개재됨 • 입지경쟁 치열 • 입주민: 젊고 교육수준 높음 • 성숙기에 비해 주민들의 유동이 많음
성숙기	안정기	• 약 20~25년 • 지역기능 최고 • 지가수준 최고 • 지가안정 또는 가벼운 상승 • 입지경쟁 안정 • 입주민: 사회적·경제적 수준 최고 • 주민의 유동이 적음
쇠퇴기	노후화	• 약 40~50년 • 건물의 경제적 내용연수 경과 • 중고부동산이 거래의 중심 • 하향여과현상 시작 • 관리비와 유지비가 급격히 증가 • 지가 하락 • 재개발 시작 • 입주민: 사회적·경제적 수준 낮음
천이기	과도기	• 하향여과현상 활발 • 입주민: 저소득층의 활발한 유입 • 가벼운 지가 상승 • 재개발 활발
악화기	소생기	• 슬럼(slum)화 직전 • 지가 최저 수준 • 재개발 마지막

(2) 유사지역
① **의의**: 대상부동산이 속하지 아니하는 지역으로, 인근지역과 유사한 특성을 갖는 지역을 말한다.
② **특성**: 유사지역은 대상부동산이 속한 인근지역과 용도적·기능적으로 동질적이며, 양 지역의 부동산은 서로 대체·경쟁관계가 성립한다.

(3) 동일수급권(동일한 시장지역)
① **의의**: 일반적으로 대상부동산과 대체·경쟁관계가 성립하고 가치형성에 서로 영향을 미치는 관계에 있는 다른 부동산이 존재하는 권역을 말하며, 인근지역과 유사지역을 포함한다.
② **동일수급권의 파악**
  ㉠ **주거지**: 주거지의 동일수급권은 도심으로 통근이 가능한 지역범위와 일치하는 경향이 있다. 이는 지역적 선호, 사회적 지위, 명성 등에 따라 대체관계가 성립하여 범위가 좁아지기도 한다.
  ㉡ **상업지**: 상업지의 동일수급권은 상업배후지를 기초로 상업수익에 관한 대체성을 갖는 지역의 범위와 일치하는 경향이 있다.
  ㉢ **공업지**: 공업지의 동일수급권은 일반적으로 제품의 생산 및 판매비용의 경쟁성이 대체성을 갖는 지역의 범위와 일치하는 경향이 있다.
  ㉣ **이행지**: 일반적으로 이행될 것으로 보이는 토지의 종별 동일수급권과 일치하는 경향이 있다.
  ➕ 이행 또는 전환이 완만한 경우에는 이행·전환 전 토지의 동일수급권도 고려한다.
  ㉤ **후보지**: 일반적으로 전환될 것으로 보이는 토지의 종별 동일수급권과 일치하는 경향이 있다.

3. 개별분석

(1) 의의
대상부동산의 개별적 요인을 분석하여 **최유효이용***을 판단하고, 대상부동산의 가격을 판정하는 작업이다.

> **용어 정리**
>
> *최유효이용
> 객관적인 양식과 통상의 이용 능력을 가진 사람에 의한 합리적이고 합법적인 최고·최선의 사용방법으로, 부동산의 유용성이 최고로 발휘되는 사용방법을 말한다.

(2) 개별분석과 지역분석의 관계

① 개별부동산의 최유효이용 판정은 인근지역의 지역적 특성의 제약하에 있으므로 개별분석에 있어서는 인근지역의 **표준적 이용***과의 상관관계를 명백히 하여야 한다.

> 📖 **용어 정리**
>
> ***표준적 이용**
> 해당 지역의 평균적인 이용을 말한다. 즉, 인근지역에 속하는 개개의 부동산의 최유효이용의 집약적·평균적인 사용방법을 말한다.

② 개별분석은 고립적인 분석이 아니며, 작업의 선후관계로는 지역분석이 선행되고 그 결과에 따라 개별분석이 행해진다.
③ 부동산의 감정평가액을 구할 때에는 먼저 지역분석을 통해 인근지역의 가격수준을 파악하고 그 가격수준 중에 있는 개개의 부동산의 가격을 판단하여야 한다.
④ 지역분석은 표준적 이용의 현상과 장래의 동향을 명확히 하고, 개별분석은 대상부동산의 개별요인을 분석하여 최유효이용을 판정하는 것이다.
⑤ 지역분석은 전체적·광역적 개념인 데 비해 개별분석은 부분적·국지적 개념이다.
⑥ 지역분석은 적합의 원칙과 관련 있고, 개별분석은 균형의 원칙과 관련 있다.

구분	지역분석	개별분석
분석 순서	선행분석	후행분석
분석 내용	가치형성의 지역적 요인을 분석	가치형성의 개별적 요인을 분석
분석 범위	대상지역(대상지역에 대한 전체적·광역적·거시적 분석)	대상부동산(대상부동산에 대한 부분적·구체적·미시적 분석)
분석 방법	전반적 분석	개별적 분석
분석 기준	표준적 이용	최유효이용
가격 관련	가격 수준	(구체적인) 가격
가격 원칙	적합의 원칙	균형의 원칙

4 부동산가격(가치)의 제 원칙

1. 의의

① 부동산가격(가치)의 제 원칙이란 부동산의 가치가 어떻게 형성되고 유지되는지에 관한 법칙성을 추출하여 부동산평가활동의 지침으로 삼으려는 하나의 행위기준이다.
② 가격(가치)의 제 원칙은 각각 서로 고립되어 작용하는 원칙이 아니라, 서로 직접·간접의 연관을 가지고서 하나의 체계를 형성하고 있다.

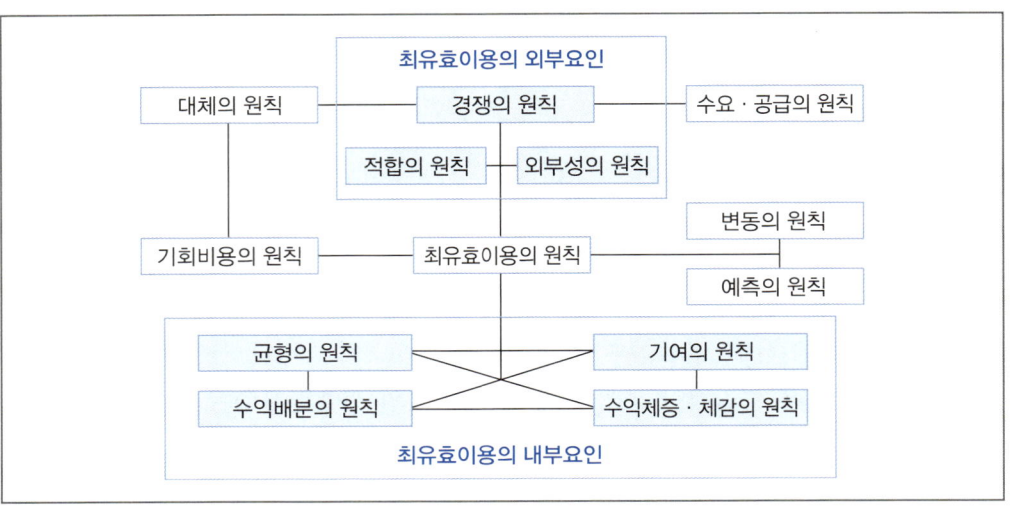

2. 부동산가격(가치)의 제 원칙

(1) 시간의 원칙

① **변동**(변화)**의 원칙**: 부동산의 가치는 부동산가치 형성요인의 상호 인과관계적 결합과 그것의 변동과정에서 형성·변화된다는 원칙이다.

② **예측**(예상, 기대)**의 원칙**: 부동산의 가치가 당해 부동산의 장래의 수익성이나 쾌적성에 대한 예측의 영향을 받아 결정된다는 원칙이다.

(2) 내부원칙

① **균형**(비례)**의 원칙**: 부동산의 유용성이 최고도로 발휘되기 위해서는 그 내부구성요소의 조합이 균형을 이루고 있어야 한다는 원칙이다.

② **기여**(공헌)**의 원칙**: 부동산가치는 부동산 각 구성요소의 가치에 대한 공헌도에 따라 영향을 받는다는 원칙이다.

③ **수익체증·체감의 원칙**: 부동산의 단위투자액을 계속적으로 증가시키면 이에 따라 총수익은 증가하지만, 증가하는 단위투자액에 대응하는 수익은 증가하다가 일정한 수준(한계수익의 극대점)을 넘으면 점차 감소하게 된다는 원칙이다.

④ **수익배분**(잉여생산성)**의 원칙**: 총수익은 노동·자본·토지·경영 등의 각 생산요소에 배분되는데, 노동·자본·경영에 배분되고 남은 잔여분(잉여생산성)은 그 배분이 정당하게 행하여지는 한 토지에 귀속된다는 원칙이다.

(3) 외부원칙

① **적합**(조화)**의 원칙**: 부동산의 수익성 또는 쾌적성이 최고도로 발휘되기 위해서는 대상부동산이 그 주위 환경에 적합하여야 한다는 원칙이다.

② **외부성**(외부효과)**의 원칙**: 대상부동산의 가치가 외부적 요인에 의해 영향을 받는다는 원칙이다.
③ **경쟁의 원칙**: 초과이윤은 경쟁을 야기하고, 경쟁은 초과이윤을 감소 또는 소멸시킨다는 원칙이다.

(4) 기타 원칙
① **수요·공급의 원칙**: 부동산의 특성으로 인해 제약을 받지만 부동산가치도 기본적으로 수요와 공급의 상호관계에 의해 결정된다는 원칙이다.
② **대체의 원칙**: 부동산의 가치는 대체가 가능한 다른 부동산이나 재화의 가격과 상호 영향으로 형성된다는 원칙이다.
③ **기회비용의 원칙**: 어떤 투자대상의 가치평가를 그 투자대상의 기회비용으로 평가한다는 원칙이다.

(5) 최유효(최고·최선)이용의 원칙
① 최유효이용의 원칙이란 부동산가치가 최유효이용을 전제로 파악되는 가격을 표준으로 하여 형성된다는 원칙이다. 이는 부동산에만 적용되는 원칙으로, 가치의 제 원칙 중 가장 중추적인 기능을 담당한다.
② 최유효이용이란 객관적으로 보아 양식과 통상의 이용능력을 가진 사람이 부동산을 합법적이고 합리적이며 최고·최선의 방법으로 이용하는 것을 말한다.
③ 감정평가사는 대상부동산의 가치를 평가하는 데 있어 반드시 최유효이용의 원칙을 적용하여 평가해야 한다. 그러나 부동산의 현실적인 이용방법이 반드시 최유효이용이 되는 것은 아니다.

Chapter 03 감정평가의 3방식

학습포인트 감정평가의 3방식(원가방식, 비교방식, 수익방식)에 대해 이해한다.

1 감정평가 3방식의 개요

가격의 3면성은 감정평가 3방식에 성립근거를 제공하고 있다. 원가방식은 비용성에, 비교방식은 시장성에, 수익방식은 수익성에 그 근거를 두고 있는 것이다. 감정평가방식을 적용하여 산정한 가액을 **시산가액***, 임대료를 시산임료라고 한다. 시산가액을 감정평가액으로 확정하기 위해서는 **시산가액조정***이라는 작업이 필요하다.

> 📖 **용어 정리**
>
> * **시산가액**
> 대상물건의 감정평가액을 결정하기 위해 각각의 감정평가방법을 적용하여 산정한 가액을 말한다.
>
> * **시산가액조정**
> 3방식에 의해 구한 시산가액 또는 시산임료를 상호 관련시켜 재검토함으로써 시산가액 상호간의 격차를 조정하는 작업을 말한다.

1. 원가방식(비용성)

원가방식이란 비용성의 원리를 따르는 평가방식으로, 원가법에 의해 대상물건의 시산가액을 구하는 방법과 적산법에 의해 대상물건의 시산임료를 구하는 방법을 말한다. 비용접근법(cost approach)이라고도 한다.

① 원가방식에 의해 시산가액을 구하는 방법을 원가법이라고 하며, 구한 시산가액을 적산가액이라고 한다.
② 원가방식에 의해 시산임료를 구하는 방법을 적산법이라고 하며, 구한 시산임료를 적산임료라고 한다.

2. 비교방식(시장성)

비교방식이란 시장성의 원리를 따르는 평가방식으로, 거래사례비교법에 의해 대상물건의 시산가액을 구하는 방법과 임대사례비교법에 의해 대상물건의 시산임료를 구하는 방법을 말한다. 시장접근법(market approach)이라고도 한다.

① 비교방식에 의해 시산가액을 구하는 방법을 거래사례비교법이라고 하며, 구한 시산가액을 비준가액이라고 한다.
② 비교방식에 의해 시산임료를 구하는 방법을 임대사례비교법이라고 하며, 구한 시산임료를 비준임료라고 한다.

3. 수익방식(수익성)

수익방식이란 수익성의 원리를 따르는 평가방식으로, 수익환원법에 의해 대상물건의 시산가액을 구하는 방법과 수익분석법에 의해 대상물건의 시산임료를 구하는 방법을 말한다. 소득접근법(income approach)이라고도 한다.

① 수익방식에 의해 시산가액을 구하는 방법을 수익환원법이라고 하며, 구한 시산가액을 수익가액이라고 한다.
② 수익방식에 의해 시산임료를 구하는 방법을 수익분석법이라고 하며, 구한 시산임료를 수익임료라고 한다.

한눈에 보기	감정평가 3방식				
가격의 3면성	3방식	특징	평가조건	6방법	시산가액 및 시산임료
비용성	원가방식 (비용접근법)	공급가격 (투입가치)	가액	원가법	적산가액
			임료	적산법	적산임료
시장성	비교방식 (시장접근법)	균형가격 (수요공급가격) (시장가치)	가액	거래사례비교법 (매매사례비교법)	비준가액
			임료	임대사례비교법	비준임료
수익성	수익방식 (소득접근법)	수요가격 (산출가치)	가액	수익환원법	수익가액
			임료	수익분석법	수익임료

2 원가방식

1. 원가법

(1) 의의

① 원가법이란 대상물건의 재조달원가에 감가수정(減價修正)을 하여 대상물건의 가액을 산정하는 감정평가방법을 말한다. 원가법에 따라 산정된 가액을 적산가액이라고 한다.

② 이는 대상부동산의 가치가 감가상각(감가수정)된 가치와 동일하다는 개념이다.

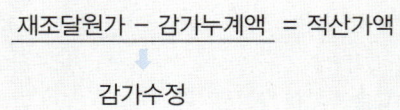

재조달원가 − 감가누계액 = 적산가액
↓
감가수정

(2) 재조달원가(재생산비용)

① **의의**: 대상물건을 기준시점에 재생산하거나 재취득하는 데 필요한 적정원가의 총액을 말한다.

② **종류**
   ㉠ **복제원가**(reproduction cost, 복조원가): 기준시점 현재 대상부동산과 동일 또는 유사한 자재를 사용하여 신규의 복제부동산을 재조달 또는 재생산하는 데 소요되는 물리적 측면의 원가를 말한다.
   ㉡ **대치원가**(replacement cost, 대체비용): 기준시점 현재 대상부동산과 자재·공법 등이 유사하여, 기능면에서 동일성을 갖고 동일한 효용을 갖는 부동산을 신규로 대치하는 데 소요되는 효용 측면의 원가를 말한다.

ⓒ 복제원가와 대치원가의 비교: 복제원가는 물리적 측면의 동일성을, 대치원가는 효용 측면의 동일성을 강조한다는 점에서 구별된다.

③ **산정기준**
   ㉠ 건물의 재조달원가: 대상건물을 일반적인 방법으로 건축하는 데 드는 비용을 기준으로 산정하는 것을 원칙으로 한다. ⇨ 도급(都給)건설이든 자가건설이든 도급건설에 준하여 처리한다.
   ㉡ 토지의 재조달원가
      ⓐ 원가법은 원칙적으로 적용하지 않는다.
      ⓑ 조성지·매립지·개간지·간척지 등에 적용한다.

④ **산정방법**
   ㉠ 직접법　　　　　　　　　㉡ 간접법

(3) 감가수정

① **의의**: 대상물건에 대한 재조달원가를 감액하여야 할 요인이 있는 경우에 물리적 감가, 기능적 감가 또는 경제적 감가 등을 고려하여 그에 해당하는 금액을 재조달원가에서 공제하여 기준시점에 있어서의 대상물건의 가액을 적정화하는 작업을 말한다.

② **감가수정과 감가상각**

구분	감가수정	감가상각
관련	감정평가	기업회계·세무회계
목적	기준시점에서 현존가격의 적정화(경제적 가치산정), 시장가치를 구함	비용배분과 자본의 유지회수, 정확한 원가계산, 진실한 재정상태 파악
적용	• 재조달원가를 기초로 함 • **경제적 내용연수***를 기초로 함 　⇨ 장래 보존연수 중점 • 관찰감가법이 인정됨 • 물리적·기능적·경제적 감가요인 취급 • 잔가율이 물건에 따라 다른 개별성이 있음 • 감가에 있어 시장성을 고려함 • 감가액이 실제감가와 일치 • 비상각자산인 토지에도 인정되는 경우 있음	• 취득원가(장부가격)를 기초로 함 • 법정내용연수를 기초로 함 　⇨ 경과연수 중점 • 관찰감가법이 인정되지 않음 • 물리적·기능적 감가요인만 취급 • 잔가율이 일정 • 시장성을 고려하지 않음 • 감가액이 실제감가와 불일치 • 상각자산에만 인정

📖 용어 정리

* 경제적 내용연수
경제적 수명이 다하기까지의 버팀연수이다. 인근지역의 변화, 인근환경과 건물의 부적합, 부근의 다른 건물과 비교한 시장성 감퇴 등에 의해 경제적 수명이 다하기까지의 연수를 말한다. 감정평가에서는 주로 경제적 내용연수를 사용한다.

③ **감가의 요인**: 부동산의 건설 또는 취득일로부터 시간의 경과나 사용 등으로 인해 그 경제적 가치 및 효용이 감소되는 요인을 말한다. 물리적·기능적 요인에 의한 감가는 **치유 가능한 감가*** 또는 **치유 불가능한 감가***에 해당하며, 경제적 요인에 의한 감가는 치유 불가능한 감가에 해당한다.

> **용어 정리**
>
> * **치유(회복) 가능한 감가**
> 감가요인 치유에 따라 추가되는 보수비용보다 보수 이후의 가치 증가분이 큰 경우를 말한다.
>
> * **치유(회복) 불가능한 감가**
> 보수비용보다 가치 증가분이 작은 경우를 말한다.

㉠ **물리적 감가요인**: 대상물건의 물리적 상태 변화에 따른 감가요인을 말한다. 대상부동산의 사용에 따른 마멸 및 파손, 시간의 경과에서 오는 손모, 자연적 작용에 의하여 생기는 노후화 및 우발적 사고로 인한 손상 등이 이에 해당한다.

㉡ **기능적 감가요인**: 대상물건의 기능적 효용 변화에 따른 감가요인을 말한다. 즉, 건물과 부지와의 부적응, 설계의 불량, 형식의 구식화, 설비의 부족 및 능률의 저하 등에 의한 기능적 진부화 등이 이에 해당한다.

㉢ **경제적 감가요인**: 인근지역의 경제적 상태, 주위환경, 시장상황 등 대상물건의 가치에 영향을 미치는 경제적 요소들의 변화에 따른 감가요인을 말한다. 즉, 인근지역의 쇠퇴, 부동산과 부근 환경과의 부적합, 당해 부동산과 부근 다른 부동산과의 비교에 있어 시장성의 감퇴 등 부동산의 경제적 부적응이 경제적 감가요인이다.

㉣ **법률적 감가요인**: 소유권 및 등기 등의 하자 여부, 지역지구제의 위반 등으로 인한 가치의 손실 등이 법률적 감가요인이다. 법률적 요인에 의한 감가는 경제적 요인에 의한 감가와 함께 외부적 요인에 의한 감가에 해당한다.

④ **감가수정의 방법**: 감가수정을 할 때에는 경제적 내용연수를 기준으로 한 정액법이나 정률법 또는 상환기금법 중 대상물건에 가장 적합한 방법을 적용하여야 한다. 다만, 감가수정이 적절하지 아니한 경우에는 물리적·기능적·경제적 감가요인을 고려하여 관찰감가 등으로 조정하거나 다른 방법에 따라 감가수정할 수 있다.

㉠ 내용연수에 의한 방법
　ⓐ 정액법 ⇨ 직선법, 균등상각법
　　ⅰ) 의의: 대상부동산의 감가행태가 매년 일정액씩 감가된다는 가정하에 부동산의 감가총액을 단순한 경제적 내용연수로 평분하여 매년의 상각액으로 삼는 방법이다.

$$\text{매년감가액} = \frac{\text{재조달원가} - \text{잔존가액}}{\text{경제적 내용연수}}$$

・감가누계액 = 매년 감가액 × 경과연수
・적산가액 = 재조달원가 − 감가누계액

　　ⅱ) 특징: 감가누계액이 경과연수에 정비례한다.
　　ⅲ) 장점: 계산이 간단하고 용이하다.
　　ⅳ) 단점: 실제의 감가와 불일치한다.
　　ⅴ) 적용대상: 건물·구축물 등의 평가에 적용한다.
　ⓑ 정률법 ⇨ 잔고점감법, 체감상각법
　　ⅰ) 의의: 대상부동산의 감가행태가 매년 일정률로 감가된다는 가정하에 매년 말 가격에 일정한 상각률을 곱해 매년의 상각액을 구하는 방법이다.
　　ⅱ) 특징: 상각액이 첫해에 가장 많고, 재산가치가 체감됨에 따라 상각액도 체감한다.
　　ⅲ) 장점: 능률이 높은 초기에 많이 감가하여 안전하게 자본을 회수할 수 있다.
　　ⅳ) 단점: 매년 상각액이 상이하여 매년 상각액이 표준적이지 못하다.
　　ⅴ) 적용대상: 기계·기구 등의 동산 평가에 적용한다.
　ⓒ 상환기금법 ⇨ 감채기금법, 기금적립법
　　ⅰ) 의의: 대상부동산의 내용연수가 만료되는 때 감가누계상당액과 그에 대한 복리계산의 이자상당액을 포함하여 당해 내용연수로 상환하는 방법이다.
　　ⅱ) 장점: 연간 상각액은 아주 적고, 평가액은 타 방법보다 아주 높다.
　　ⅲ) 단점: 계산이 복잡하다.
㉡ 관찰감가법: 대상부동산 전체 또는 구성부분을 면밀히 관찰하여 물리적·기능적·경제적 감가요인과 감가액을 직접 관찰하여 구하는 방법이다.
㉢ 분해법: 대상부동산에 대한 감가요인을 물리적·기능적·경제적 요인으로 세분한 후 이에 대한 감가액을 각각 별도로 측정하고 이것을 전부 합산하여 감가수정액을 산출하는 방법이다. ⇨ 내구성 분해방식

(4) 원가법의 장단점

① 장점
  ㉠ 건물, 기계장치, 재생산이 가능한 물건 등 상각자산에 널리 적용할 수 있다.
  ㉡ 시장성이 없는 부동산이나 수익성이 없는 부동산(예 공공용 부동산 등) 등을 평가할 경우에 활용된다.

② 단점
  ㉠ 토지와 같이 재생산이 불가능한 자산에는 적용이 어렵다.
  ㉡ 재조달원가에만 치중하므로 대상부동산에 대한 시장성 및 수익성이 반영되지 못한다.

2. 적산법

$$기초가액 \times 기대이율 + 필요제경비 = 적산임료$$

적산법이란 대상물건의 기초가액에 기대이율을 곱하여 산정된 기대수익에 대상물건을 계속하여 임대하는 데 필요한 경비를 더하여 대상물건의 임대료(賃貸料)를 산정하는 감정평가방법을 말한다. 적산법에 따라 산정된 임대료를 적산임료라고 한다.

3 비교방식

1. 거래사례비교법

$$사례가액 \times (사정보정치 \times 시점수정치 \times 지역요인\ 비교치 \times 개별요인\ 비교치 \times 면적) = 비준가액$$

(1) 의의

거래사례비교법이란 대상물건과 가치형성요인이 같거나 비슷한 물건의 거래사례와 비교하여 대상물건의 현황에 맞게 사정보정(事情補正), 시점수정, 가치형성요인 비교 등의 과정을 거쳐 대상물건의 가액을 산정하는 감정평가방법을 말한다. 거래사례비교법에 따라 산정된 가액을 비준가액이라고 한다.

(2) 적용방법

① **거래사례의 수집 및 선택**: 거래사례비교법으로 감정평가할 때에는 거래사례를 수집하여 적정성 여부를 검토한 후 다음의 요건을 모두 갖춘 하나 또는 둘 이상의 적절한 사례를 선택하여야 한다.

> ㉠ 거래사례가 정상이라고 인정되는 사례나 정상적인 것으로 보정이 가능한 사례
> ㉡ 기준시점으로 시점수정이 가능한 사례
> ㉢ 대상물건과 위치적 유사성이나 물적 유사성이 있어 지역요인·개별요인 등 가치형성요인의 비교가 가능한 사례

② **사례자료의 정상화**

㉠ **사정보정**: 거래사례에 특수한 사정이나 개별적 동기가 반영되어 있거나 거래당사자가 시장에 정통하지 않는 등 수집된 거래사례의 가격이 적절하지 못한 경우, 그러한 사정이 없었을 경우의 적절한 가격수준으로 정상화하는 작업을 말한다.

㉡ **시점수정**: 거래사례의 거래시점과 대상물건의 기준시점이 불일치하여 가격수준의 변동이 있을 경우에 거래사례의 가격을 기준시점의 가격수준으로 정상화하는 작업을 말한다. 거래시점을 알 수 없으면 시점수정을 할 수 없으므로 거래사례로 선택할 수 없다.

㉢ **지역요인 및 개별요인의 비교**: 거래사례와 대상물건 간에 종별·유형별 특성에 따라 지역요인이나 개별요인 등 가치형성요인에 차이가 있는 경우에는 이를 각각 비교하여 대상물건의 가치를 개별화·구체화하여야 한다.

(3) 거래사례비교법의 장단점

① **장점**

㉠ 현실성이 있고 실증적이며 설득력이 있다.
㉡ 토지의 평가에 주로 적용되고, 3방식 중 중추적 역할을 하며 실무에 많이 사용된다.
㉢ 이해하기 쉽고 간편하다.

② **단점**

㉠ 거래가 잘 성립되지 않는 부동산은 적용이 곤란하다.
㉡ 비과학적이다.
㉢ 극단적인 호·불황의 국면에서는 적용이 곤란하다.

2. 임대사례비교법

임대사례비교법이란 대상물건과 가치형성요인이 같거나 비슷한 물건의 임대사례와 비교하여 대상물건의 현황에 맞게 사정보정, 시점수정, 가치형성요인 비교 등의 과정을 거쳐 대상물건의 임대료를 산정하는 감정평가방법을 말한다. 임대사례비교법에 따라 산정된 임대료를 비준임료라고 한다.

3. 공시지가기준법

공시지가기준법이란 감정평가의 대상이 된 토지(이하 '대상토지')와 가치형성요인이 같거나 비슷하여 유사한 이용가치를 지닌다고 인정되는 표준지(이하 '비교표준지')의 공시지가를 기준으로 대상토지의 현황에 맞게 시점수정, 지역요인 및 개별요인 비교, 그 밖의 요인의 보정(補正)을 거쳐 대상토지의 가액을 산정하는 감정평가방법을 말한다.

4 수익방식

1. 수익환원법

(1) 의의

① 수익환원법이란 대상물건이 장래 산출할 것으로 기대되는 순수익이나 미래의 현금흐름을 환원하거나 할인하여 대상물건의 가액을 산정하는 감정평가방법을 말한다. 수익환원법에 따라 산정된 가액을 수익가액이라고 한다.

$$수익가액 = \frac{순수익}{환원(이)율}$$

② 수익환원법은 수익성의 사고방식에 기초를 두고 있으며, 수익이 발생하는 물건을 대상으로 하므로 수익성이 없는 교육용·주거용·공공용 부동산의 평가에는 적용할 수 없다.

(2) 환원방법

수익환원법으로 감정평가할 때에는 직접환원법이나 할인현금흐름분석법 중 감정평가의 목적이나 대상물건에 적절한 방법을 선택하여 적용한다.

① **직접환원법**: 단일기간의 순수익을 적절한 환원율로 환원하여 대상물건의 가액을 산정하는 방법을 말한다.

② **할인현금흐름분석법**: 대상물건의 보유기간에 발생하는 복수기간의 순수익(이하 '현금흐름')과 보유기간 말의 복귀가액에 적절한 할인율을 적용하여 현재가치로 할인한 후 더하여 대상물건의 가액을 산정하는 방법을 말한다.

(3) 순수익(순영업소득)

대상물건에 귀속하는 적절한 수익으로, 유효총수익에서 운영경비를 공제하여 산정한다.

(4) 환원(이)율

① **의의**: 순수익을 자본환원하는 이율로, 부동산가치에 대한 순영업소득의 비율을 말한다.

$$환원이율 = \frac{순영업소득}{부동산가치} \times 100(\%)$$

② 직접환원법에서 사용하는 환원율은 시장추출법으로 구하는 것을 원칙으로 한다.

➕ 보충 환원이율을 구하는 방법

1. **시장추출법(시장비교방식)**
   대상부동산과 유사성 있는 거래사례로부터 순수익을 구하여 사정보정, 시점수정 등을 거쳐 환원이율을 추출하는 방법이다.
2. **조성법(요소구성법)**
   대상부동산에 관한 위험을 여러 가지 구성요소로 분해하고, 개별적인 위험에 따라 위험할증률을 더해 감으로써 자본환원율을 구하는 방법이다.
3. **투자결합법(이자율합성법)**
   대상부동산에 대한 투자자본과 그것의 구성비율을 결합하여 환원이율을 구하는 방법이다.
4. **저당지분방식(엘우드법)**
   매 기간 동안의 현금흐름, 기간 말 부동산의 가치 상승 또는 하락분, 보유기간 동안의 **지분형성분*** 의 세 요소를 고려하여 환원이율을 구하는 방법이다.
5. **부채감당법**
   저당투자자의 입장에서 부채감당률에 근거하여 환원이율을 구하는 방법이다.

📖 용어 정리

* **지분형성분**
보유기간 동안 저당대부에 대한 원금과 이자를 정기적으로 지불함으로 인해 기간 말에 지분투자자 몫으로 돌아가는 지분가치의 증가분, 즉 상환된 원금을 말한다.

(5) 수익환원법의 장단점

① 장점
  ㉠ 임대용 부동산이나 기업용 부동산 등 **수익성 부동산***의 평가에 유용하다.
  ㉡ 장래 발생할 것으로 기대되는 순수익의 기준시점에서 현재가치를 구하는 것이므로 논리적이며 이론적이다.

> **용어 정리**
>
> * **수익성 부동산**
> 임대용과 기업용으로 분류되는데, 보통 임대용 부동산을 가정하여 분석할 때가 많다.

② 단점
  ㉠ 주거용·교육용·공공용 부동산과 같이 수익이 없거나 수익을 파악하기 곤란한 비수익성 부동산에는 적용하기 어렵다.
  ㉡ 수익에만 치중하기 때문에 수익에 차이가 없는 부동산은 건물의 신·구로 인한 평가액의 차이가 없어진다.

2. 수익분석법

수익분석법이란 일반기업 경영에 의해 산출된 총수익을 분석하여 대상물건이 일정한 기간에 산출할 것으로 기대되는 순수익에 대상물건을 계속하여 임대하는 데 필요한 경비를 더하여 대상물건의 임대료를 산정하는 감정평가방법을 말한다. 수익분석법에 따라 산정된 임대료를 수익임료라고 한다.

Chapter 04 부동산가격공시제도

학습포인트 공시지가제도, 주택가격공시제도, 비주거용 부동산가격공시제도에 대해 이해한다.

1 공시지가제도

1. 표준지공시지가

(1) 의의
 ① 공시지가란 널리 지가를 공개하여 국가 또는 국민이 일정 지역의 지가수준을 항상 파악할 수 있게 한 것을 말한다. 「부동산 가격공시에 관한 법률」에서는 "표준지공시지가라 함은 이 법의 규정에 의한 절차에 따라 국토교통부장관이 조사·평가하여 공시한 표준지의 단위면적당 가격을 말한다."라고 정의하고 있다.

② 공시지가는 국토교통부장관이 매년 공시기준일(매년 1월 1일) 현재의 가격을 조사·평가하여 **중앙부동산가격공시위원회***의 심의를 거쳐 공시하는 표준지 1m^2당의 **적정가격***이다.

③ 공시지가의 가격기준일은 매년 1월 1일이며, 보통 2월 말경 공시한다.

용어 정리

* 중앙부동산가격공시위원회
표준지공시지가, 표준주택가격, 공동주택가격, 비주거용 표준부동산가격, 비주거용 집합부동산가격 등의 조사·평가 및 이의신청에 대한 심의를 하는 국토교통부장관 소속의 위원회이다.

* 적정가격
토지, 주택 및 비주거용 부동산에 대해 통상적인 시장에서 정상적인 거래가 이루어지는 경우 성립될 가능성이 가장 높다고 인정되는 가격을 말한다.

(2) 표준지공시지가의 공시사항 및 효력

① 표준지공시지가 공시사항
  ㉠ 표준지의 지번
  ㉡ 표준지의 단위면적당 가격
  ㉢ 표준지의 면적 및 형상
  ㉣ 표준지 및 주변토지의 이용 상황
  ㉤ 지목
  ㉥ 용도지역
  ㉦ 도로 상황
  ㉧ 그 밖에 표준지공시지가 공시에 필요한 사항

② 공시지가의 효력
  ㉠ 토지시장의 지가정보 제공: 표준지공시지가는 토지시장의 지가정보를 제공한다.
  ㉡ 일반적인 토지거래의 지표: 표준지공시지가는 일반적인 토지거래의 지표가 된다.
  ㉢ 국가 등에 의한 지가산정의 기준: 표준지공시지가는 국가·지방자치단체가 업무와 관련하여 지가를 산정하는 경우에 그 기준이 된다고 규정하고 있다.
  ㉣ 개별토지의 평가기준: 공시지가는 감정평가법인 등이 개별적으로 토지를 감정평가하는 경우에 그 기준이 된다.

2. 개별공시지가

(1) 의의

① 개별공시지가란 시장·군수 또는 구청장이 「부동산 가격공시에 관한 법률」의 절차에 따라 대상토지의 가격을 산정한 후 시·군·구 부동산가격공시위원회*의 심의를 거쳐 국토교통부장관의 확인을 받아 결정·공시한, 공시기준일 현재 관할 구역 안의 개별토지의 단위면적당 가격을 의미한다.

② 개별공시지가는 시장·군수·구청장이 매년 5월 31일까지 결정·공시한다.

> **용어 정리**
>
> *시·군·구 부동산가격공시위원회
> 개별공시지가, 개별주택가격, 비주거용 개별부동산가격 등의 조사·평가 및 이의신청에 대한 심의를 하는 시장·군수 또는 구청장 소속의 위원회이다.

(2) 활용

개별공시지가는 토지 관련 국세의 부과기준과 지방세의 과세시가표준액의 조정자료로 활용됨은 물론, 개발부담금 등 각종 부담금의 부과기준으로 쓰인다.

한눈에 보기 표준지공시지가와 개별공시지가

구분	표준지공시지가	개별공시지가
근거법	「부동산 가격공시에 관한 법률」	
주체	국토교통부장관	시장·군수·구청장
평가대상	약 50만 필지	전국 필지
평가방식	• 거래사례비교법 • 수익환원법 • 원가법	토지가격 비준표(比準表) 적용 (표준지가격으로부터 추정)
효력	• 토지거래의 지표 • 개별토지가격의 산정기준 • 토지시장의 지가정보제공 • 보상금 산정	• 국세 및 지방세의 부과기준 • 각종 부담금의 부과기준 • 국·공유재산 사용료·대부료 산정을 위한 토지가격

2 주택가격공시제도

1. 단독주택가격공시제도

단독주택가격은 표준주택과 개별주택으로 구분하여 공시한다.

(1) 표준주택가격공시제도

① **표준주택가격의 의의**
  ㉠ 표준주택가격이란 「부동산 가격공시에 관한 법률」에서 규정한 절차에 따라 국토교통부장관이 조사·평가하여 공시한 표준주택의 적정가격을 말한다.
  ㉡ 국토교통부장관이 매년 공시기준일(매년 1월 1일) 현재의 가격을 조사·평가하여 중앙부동산가격공시위원회의 심의를 거쳐 공시하는 적정가격이다.

② **표준주택가격의 공시사항**
  ㉠ 표준주택의 지번
  ㉡ 표준주택가격
  ㉢ 표준주택의 대지면적 및 형상
  ㉣ 표준주택의 용도, 연면적, 구조 및 사용승인일(임시사용승인일을 포함한다)
  ㉤ 그 밖에 대통령령이 정하는 사항

(2) 개별주택가격공시제도

① **의의**: 개별주택가격은 전국의 단독·다가구주택을 대상으로 국토교통부장관이 매년 공시하는 표준주택가격을 기준으로 시장·군수·구청장이 산정하여 공시한 주택가격이다.
② 시장·군수 또는 구청장은 매년 4월 30일까지 개별주택가격을 결정·공시하여야 한다.

2. 공동주택가격공시제도

① **의의**: 공동주택가격이란 「부동산 가격공시에 관한 법률」에서 규정한 절차에 따라 국토교통부장관이 공동주택에 대해 매년 공시기준일(1월 1일) 현재의 적정가격을 조사·산정하여 공시하는 가격을 말한다.
② 공동주택(아파트, 연립, 다세대 등)은 표준주택과 개별주택으로 구분하지 않는다.
③ 국토교통부장관은 매년 4월 30일까지 공동주택가격을 산정·공시하여야 한다.

3. 주택가격공시의 효력

① 표준주택가격은 국가·지방자치단체 등의 기관이 그 업무와 관련하여 개별주택가격을 산정하는 경우에 그 기준이 된다.
② 개별주택 및 공동주택의 가격은 주택시장의 가격정보를 제공하고, 국가·지방자치단체 등의 기관이 과세 등의 업무와 관련하여 주택의 가격을 산정하는 경우에 그 기준으로 활용될 수 있다.

3 비주거용 부동산*가격공시제도

> **용어 정리**
>
> *비주거용 부동산
> 주로 상업·업무용 부동산을 말하는데, 이는 다시 일반부동산(한 건물의 소유자가 한 명)과 집합부동산(한 건물의 소유자가 여러 명)으로 나뉜다.

1. 비주거용 일반부동산가격의 공시

(1) 비주거용 표준부동산가격

① 국토교통부장관이 용도지역, 이용상황, 건물구조 등이 일반적으로 유사하다고 인정되는 일단의 비주거용 일반부동산 중 선정한 비주거용 표준부동산에 대해 공시한 매년 공시기준일 현재의 적정가격을 말한다.

② 비주거용 표준부동산가격의 가격공시는 국토교통부장관이 하며, 공시기준일은 1월 1일로 한다.

(2) 비주거용 개별부동산가격

① 시장·군수 또는 구청장이 시·군·구부동산가격공시위원회의 심의를 거쳐 결정·공시한, 매년 비주거용 표준부동산가격의 공시기준일 현재 관할 구역 안의 비주거용 개별부동산의 가격을 말한다.

② 시장·군수 또는 구청장은 비주거용 개별부동산가격을 결정·공시하려는 경우에는 매년 4월 30일까지 결정·공시하여야 한다.

2. 비주거용 집합부동산가격의 공시

① 국토교통부장관이 비주거용 집합부동산에 대해 조사·산정한, 매년 공시기준일 현재의 적정가격을 말한다.

② 국토교통부장관은 비주거용 집합부동산에 대해 매년 공시기준일 현재의 적정가격을 조사·산정하여 중앙부동산가격공시위원회의 심의를 거쳐 공시할 수 있다.

③ 국토교통부장관은 비주거용 집합부동산가격을 산정·공시하려는 경우에는 매년 4월 30일까지 산정·공시하여야 한다.

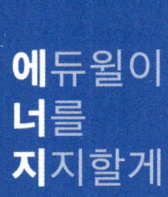

절대 어제를 후회하지 마라.
인생은 오늘의 나 안에 있고
내일은 스스로 만드는 것이다.

- L. 론 허바드(L. Ron Hubbard)

SUBJECT

2

민법 및 민사특별법

PART 1 민법총칙
PART 2 물권법
PART 3 계약법
PART 4 민사특별법

오리엔테이션　#1차 시험 #1교시 제2과목 #50분, 40문제

- 개인들 사이에 생기는 법적인 다툼을 해결하기 위해 존재하는 법
- 민법총칙: 물권법과 계약법에 공통적으로 적용되는 내용
- 물권법: 물권의 특징과 법률효과
- 계약법: 매매·교환·임대차
- 민사특별법: 다섯 개의 법률 학습

TIP 판례를 중심으로 시험이 주로 출제되므로 집중 학습 필요!

PART
1
민법총칙

민법총칙은 물권법과 계약법에 공통적으로 적용될 내용들을 기술한 부분입니다. 민법총칙에서는 특히 법률행위의 개념이 중요하므로 법률행위의 의의와 특징을 잘 파악해 두어야 합니다.

Chapter 01 권리변동 일반

학습포인트 법률요건의 분류를 이해한다.

1 법률관계와 권리의무

1. 법률관계

(1) 법률관계

① 법률관계란 법에 의해 규율되는 생활관계를 말하는데, 이는 주로 권리·의무관계로 나타난다.

> **🔍 사례**
>
> 甲이 자기가 소유하는 건물에 대해 乙과 매매계약을 체결한 경우 甲과 乙 사이에는 매매계약이라는 법률관계가 생기게 되는바, 이는 민법 제563조 이하의 규율을 받게 된다. 즉, 甲은 乙에게 매매대금을 지급해 줄 것을 요구할 수 있는 권리를 가지는 한편, 乙에 대해 건물소유권을 이전해 줄 의무를 지게 된다. 반면, 乙은 甲에게 건물소유권을 이전해 줄 것을 요구할 수 있는 권리를 가지는 한편, 甲에 대해 매매대금을 지급할 의무를 부담한다.

② 법률관계는 법에 의해 규율되는 생활관계이므로 법규범의 특성상 강제성을 가진다는 점에 그 특징이 있다. 즉, 어느 일방이 의무를 이행하지 않는 경우 상대방은 국가기관의 힘을 빌려 **강제이행***을 할 수 있다.

> **📘 용어 정리**
>
> **＊강제이행**
> 채권자의 이행청구에 응해 채무자가 임의로 이행하지 않는 경우 채권의 실현을 위해 채권자에게 주어진 이행강제수단을 말한다.
> **예** 甲이 乙에게 자동차를 매도하기로 하고 대금을 미리 수령하였으나 이행기일이 지나도록 자동차를 인도하지 않고 있는 경우, 乙은 법원의 확정판결 등을 받아 강제이행을 할 수 있는데, 이는 집행관이 甲으로부터 점유를 빼앗아 乙에게 인도하는 방식으로 한다.

(2) 인간관계와 호의관계

① **인간관계**: 법 외적 생활관계(가족관계, 애정관계, 우의관계, 예의관계)를 말한다.
  ㉠ 구체적인 예

> ⓐ 아버지가 아들에게 생일선물을 하기로 약정한 경우
> ⓑ 친구의 결혼식에 참석하기 위해 일정한 장소에서 만나기로 약속한 경우
> ⓒ 결혼식을 특정 종교방식에 의하기로 약정한 경우

  ㉡ 인간관계는 법률관계와 달리 강제성이 없으므로 인간관계에 기한 약속을 어기더라도 그 이행을 청구하거나 **채무불이행***에 기한 손해배상을 청구할 수 없다. 법률관계와 인간관계는 법적 보호의 필요성에 의해 구별된다.

용어 정리

* **채무불이행**
채무자가 채무의 내용에 좇은 이행을 하지 않는 것을 말한다(제390조).

② **호의관계**: 호의에 의해 일정한 이익을 주고받는 생활관계를 말한다.
  ㉠ 구체적인 예

> ⓐ 자가용 운전자인 甲이 지나가는 행인 乙을 호의로 동승시킨 경우
> ⓑ 부모가 잠시 외출한 동안 그 집 아이를 대가 없이 돌봐주기로 한 경우

  ㉡ 법률관계와 호의관계는 당사자 간의 법적 구속의사의 유무로 구별된다. 즉, 호의행위자의 상대방이 호의행위자에게 법적으로 구속당할 의사가 있다고 판단되면 법률관계로 본다.

2. 권리와 의무

(1) 권리

권리란 일정한 이익을 향유하기 위해 법이 인정한 힘을 말한다(권리법력설이 통설).

(2) 의무

의무란 법적 구속을 말한다. 의무 중에 대표적인 것이 채무이다.

2 권리의 변동

1. 의의

① 사람의 생활관계가 변함에 따라 법률관계도 변동하게 되고, 이를 권리중심으로 보면 권리가 변동하는 모습으로 나타나게 된다. 변동이란 발생, 변경, 소멸을 총칭하는 말이다.
② 법규범은 일정한 요건을 갖추면 일정한 효과가 나오도록 규정되어 있는데, 이때 법률효과를 발생하게 하는 원인을 법률요건이라고 하고, 법률요건이 갖추어졌을 때 발생하는 법률관계의 변동을 법률효과라고 한다.

2. 권리변동의 모습

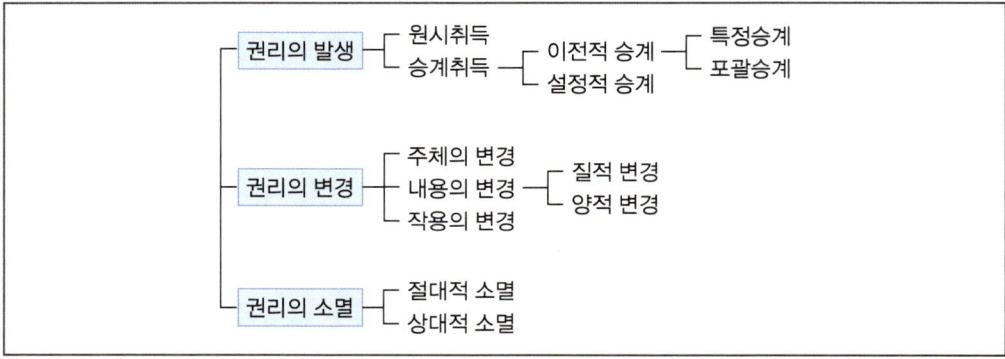

(1) 권리의 발생

① **원시취득**(절대적 발생)
  ㉠ 원시취득이란 종전에 없던 권리가 처음으로 생기는 것을 말한다. 신축건물의 소유권취득, 취득시효, **선의취득***, 무주물선점·유실물습득·매장물발견, 첨부(**부합***·혼화·가공), 인격권·가족권의 취득, 매매로 인한 채권취득 등이 이에 해당한다.

> **용어 정리**
>
> * **선의취득**
> 예를 들어, 甲의 시계를 임차하여 점유하고 있는 乙이 그 시계를 자신의 것처럼 丙에게 매도한 경우, 乙을 시계의 소유자인 것으로 믿고 거래한 경우 丙은 시계의 소유권을 취득하게 되는데, 이를 선의취득이라고 한다.
>
> * **부합**
> 소유자를 각각 달리하는 수 개의 물건이 결합하여, 훼손이나 과다한 비용을 지출하지 않고서는 분리할 수 없어서 1개의 물건으로 되는 것을 말한다.

ⓒ 원시취득은 타인의 권리를 기초로 하지 않고 권리를 취득하는 것이므로 전주(前主)의 하자나 부담이 소멸한다.
② **승계취득**(상대적 발생)
　　㉠ 승계취득이란 타인이 가지고 있던 기존의 권리가 승계되는 것을 말한다.
　　㉡ 승계취득은 타인의 권리를 기초로 해서 권리를 취득하는 것이므로 전주(前主)의 하자나 부담을 그대로 승계한다.
　　㉢ 승계취득은 이전적 승계와 설정적 승계로 나뉜다.
　　　　ⓐ 이전적 승계: 전주가 가지고 있던 권리를 그대로 취득하는 것으로, 이는 특정승계와 포괄승계로 나뉜다.
　　　　　　ⅰ) **특정승계**: 개별적 권리취득원인에 의해 개개의 권리를 취득하는 경우로 매매, 증여, 사인증여*, 교환 등이 이에 해당한다.
　　　　　　ⅱ) **포괄승계**: 하나의 원인에 의해 다수의 권리를 일괄적으로 취득하는 경우로 상속, 포괄유증, 회사합병 등이 이에 해당한다.

> **용어 정리**
>
> *사인증여
> 증여자의 사망으로써 비로소 효력이 발생하는 증여이다.

　　　　ⓑ **설정적 승계**: 설정적 승계란 전주의 권리내용의 일부만을 취득하는 것으로, 제한물권의 설정이 이에 해당한다.

(2) 권리의 변경

① **주체의 변경**: 이전적 승계를 권리주체의 변경이라는 관점에서 본 것이다.
② **내용의 변경**: 질적 변경과 양적 변경으로 나뉜다.
　　㉠ 질적 변경: 권리의 내용이 질적으로 변경되는 경우로 건물소유권이전채무의 이행불능으로 인한 손해배상청구권, 물상대위*, 대물변제 등이 이에 해당한다.

> **용어 정리**
>
> *물상대위
> 담보물권의 목적물이 멸실, 훼손, 공용징수로 인해 그 목적물에 갈음하는 금전 기타 물건으로 변하여 목적물의 소유자에게 귀속하는 경우, 담보물권이 그 변형물 또는 대표물 위에 효력이 미치는 것을 말한다.

　　㉡ 양적 변경: 권리의 내용이 양적으로 변경되는 경우로 제한물권의 설정이나 소멸로 인한 소유권의 증감, 첨부 등이 이에 해당한다.

③ **작용의 변경**: 권리의 효력(힘)이 변경되는 경우로 저당권의 순위승진, 등기된 임차권의 대항력 등이 이에 해당한다.

(3) 권리의 소멸

① **절대적 소멸**

㉠ 절대적 소멸이란 권리가 절대적으로 소멸하는 경우로 목적물의 멸실로 인한 소유권의 소멸, 포락*으로 인한 소유권의 소멸, 변제로 인한 채권의 소멸 등이 이에 해당한다.

㉡ 주의할 것은 목적물이 멸실하더라도 물권이 절대적으로 소멸하는 것은 아니라는 점이다. 질권*과 저당권은 물상대위성이 있으므로 목적물이 멸실하더라도 그 가치적 변형물 위에 존속한다.

> **용어 정리**
>
> * 포락
> 바닷물 등이 넘쳐 토지가 바다의 일부가 되어 그 원상복구가 사회통념상 불가능한 상태에 이른 것을 말한다.
>
> * 질권
> 채권자가 그의 채권의 담보로서 채무자 또는 제3자로부터 받은 동산 또는 일정한 재산권을 채무의 변제가 있을 때까지 유치하고, 변제가 없는 때에는 그 목적물로부터 우선변제를 받을 수 있는 권리를 말한다.

② **상대적 소멸**: 이전적 승계를 전주의 입장에서 본 것이다.

3 권리변동의 원인

1. 서설

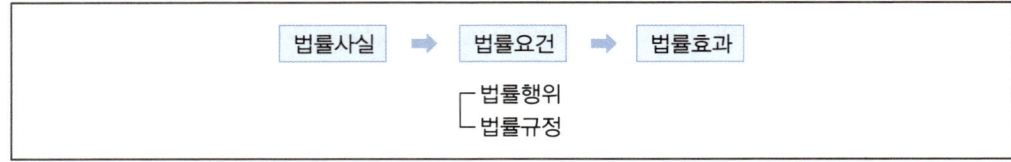

(1) 의의

법률사실이란 법률요건을 이루는 개개의 사실을 말하고, 법률요건은 권리변동의 원인을 말하며, 법률효과는 권리변동의 결과를 말한다.

> **🔍 사례**
>
> 甲은 자기가 소유하는 건물에 대해 乙과 매매계약을 체결하고자 한다. 먼저 甲은 자신의 건물을 "1억원에 팔겠다."라는 청약의 의사표시를 하고 이에 대해 乙은 "좋다. 1억원에 사겠다."라는 승낙의 의사표시를 할 것이다. 이렇게 청약과 승낙의 의사표시가 합치하면 甲과 乙 사이에는 매매라는 계약이 성립하고, 매매계약이 성립하면 甲은 乙에게 건물소유권이전의무를 지고 乙은 甲에게 대금지급의무를 진다.
> ➡ 여기서 청약과 승낙의 의사표시는 법률사실에 해당하고, 매매는 법률요건에 해당하며, 건물소유권이전청구권과 대금지급청구권은 법률효과에 해당한다.

(2) 법률요건으로서의 법률행위와 법률규정

① 법률요건은 크게 법률행위에 의한 경우와 법률규정에 의한 경우로 나눌 수 있다. 법률행위에 의한 법률요건은 당사자가 의욕한 대로 법률효과가 발생하지만, 법률규정에 의한 법률요건은 당사자의 의사와 무관하게 법률규정에 의해 법률효과가 발생한다는 점이 가장 큰 차이점이다.

② 사적 자치(私的自治)의 원칙을 기본원리로 하는 민법에 있어 가장 중요한 법률요건은 역시 법률행위이다. 이러한 법률행위에는 **단독행위**, **계약**, **합동행위**가 있지만, 이 중에서 가장 큰 비중을 차지하는 것은 계약이다. 한편, 법률규정에 의한 법률요건으로는 준법률행위, **사무관리***(제734조), **부당이득***(제741조), **불법행위***(제750조)가 있다.

> **📖 용어 정리**
>
> ***사무관리**
> 법률상 또는 계약상 원인 없이 타인을 위해 그의 사무를 처리하는 행위를 말한다.
> **예** 甲의 부재 중에 이웃에 사는 乙이 태풍으로 인해 무너질 듯한 甲의 담장을 수리해 주는 경우
>
> ***부당이득**
> 법률상 원인 없이 타인의 재산 또는 노무로 인하여 이득을 얻고 이로 인하여 타인에게 손해를 가한 경우를 말한다. 수익자는 받은 목적물을 반환하여야 하고 원물을 반환할 수 없을 때에는 그 가액을 반환하여야 한다.
>
> ***불법행위**
> 고의·과실로 위법하게 타인에게 손해를 가하는 행위를 말한다. 불법행위에 있어서는 채무불이행과 달리 피해자가 가해행위, 손해발생, 인과관계, 가해자의 고의·과실 모두를 입증하여야 한다.

2. 법률사실의 분류

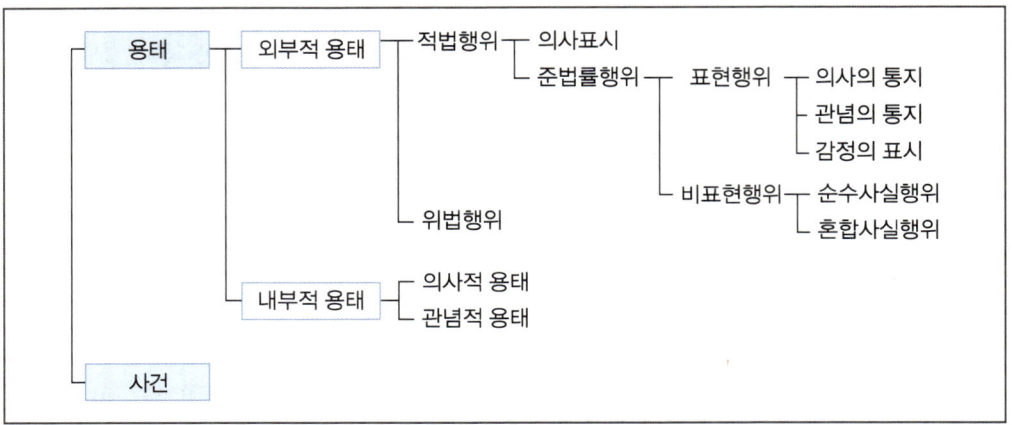

Chapter 02   법률행위

♀ **학습포인트**   법률행위의 개념을 이해한다.

1 법률행위 일반

1. 서설

(1) 법률행위의 의의

① 법률행위는 의사표시를 필수불가결의 요소로 하는 법률요건이다(의사표시는 법률사실에 해당한다). 법률행위는 행위자가 의욕한 대로 사법상의 효과가 발생하므로 사적 자치를 실현하는 가장 중요한 법률상의 수단이다.

② 취소, 매매, 회사설립 등 개개의 행위유형에는 모두 의사표시가 있으므로 의사표시를 요소로 하는 개개의 행위유형을 전부 총괄하는 개념으로 만들어 낸 것이 법률행위라는 개념이다. 따라서 법률행위는 실존하는 개념이 아니라 추상적 매개개념이다.

(2) 의사표시와의 관계

법률행위는 한 개의 의사표시만으로 이루어지는 경우도 있지만(단독행위), 보통 여러 개의 의사표시로 구성되며(계약, 합동행위), 경우에 따라서는 의사표시 외에 **등기***와 같은 **공시***방법(제186조)이나 주무관청의 허가(제32조) 등을 필요로 하는 경우도 있다. 따라서 법률행위와 의사표시는 개념상 구별된다.

📖 용어 정리

***등기**
국가기관인 등기관이 등기부에 부동산에 관한 일정한 사실관계 및 권리관계를 기록하는 것 또는 그러한 기록 그 자체를 말한다.

***공시**
물권의 귀속과 내용을 외부에 알려야 한다는 원칙(등기, 인도, 명인방법)을 말하는데, 이는 정적 거래안전을 보호하는 데 필요한 것이다.

2. 법률행위의 종류

(1) 단독행위, 계약, 합동행위 – 의사표시의 수와 방향에 의한 구별

① **단독행위**: 한 개의 의사표시에 의해 성립하는 법률행위를 말한다. 단독행위는 상대방 없는 단독행위와 상대방 있는 단독행위로 나눌 수 있다.

㉠ 상대방 없는 단독행위: 유언(**유증***), 재단법인설립행위, 소유권과 점유권의 포기, 상속의 승인·포기가 있다.

㉡ 상대방 있는 단독행위: 동의, **철회***, **상계***, 추인, 취소, 해제, 해지, **채권포기(채무면제)***, 제한물권의 포기, 공유지분의 포기, 취득시효이익의 포기, 수권행위 등이 있다.

📖 용어 정리

***유증**
유언자가 유언에 의해 자기의 재산을 수증자에게 사후에 무상으로 양도할 것을 내용으로 하는 단독행위이다.

***철회**
아직 효력을 발생하고 있지 않은 법률행위의 효력 발생을 저지하는 의사표시를 말한다.

***상계**
채권자와 채무자가 서로 동종의 채권·채무를 가지는 경우에 그 채권과 채무를 대등액에서 소멸시키는 채무자의 일방적 의사표시를 말한다.

***채권포기(채무면제)**
채권자가 채무자에 대해 채무를 소멸시키는 일방적 의사표시를 말한다.

② **계약**: 서로 대립하는 두 개 이상의 의사표시의 합치로 성립하는 법률행위를 말한다.
　㉠ 계약에는 채권계약(매매, 임대차 등), 물권계약(지상권설정계약, 저당권설정계약 등), 준물권계약(채권양도 등), 가족법상의 계약(혼인, 이혼 등)이 있다.
　㉡ 민법전에 규정되어 있는 15종의 계약을 전형계약 또는 유명계약(有名契約)이라고 한다. 전형계약을 일정한 기준에 따라 분류하면 다음과 같다.

증여	당사자 일방이 무상으로 재산을 상대방에게 수여하는 의사를 표시하고 상대방이 이를 승낙함으로써 성립하는 계약	무상
매매	당사자 일방이 재산권을 상대방에게 이전할 것을 약정하고 상대방이 그 대금을 지급할 것을 약정함으로써 성립하는 계약	유상
교환	당사자 쌍방이 금전 이외의 재산권을 서로 이전할 것을 약정함으로써 성립하는 계약	
소비대차	당사자 일방이 금전 기타 대체물의 소유권을 상대방에게 이전할 것을 약정하고 상대방은 그와 같은 종류, 품질 및 수량으로 반환할 것을 약정함으로써 성립하는 계약	유상 + 무상
사용대차	당사자 일방이 상대방에게 무상으로 사용·수익하게 하기 위해 목적물을 인도할 것을 약정하고 상대방은 이를 사용·수익한 후 그 물건을 반환할 것을 약정함으로써 성립하는 계약	무상
임대차	당사자 일방이 상대방에게 목적물을 사용·수익하게 할 것을 약정하고 상대방이 이에 대하여 차임을 지급할 것을 약정함으로써 성립하는 계약	유상
고용	당사자 일방이 상대방에 대해 노무를 제공할 것을 약정하고 상대방이 이에 대해 보수를 지급할 것을 약정함으로써 성립하는 계약	
도급	당사자 일방이 어느 일을 완성할 것을 약정하고 상대방이 그 일의 결과에 대해 보수를 지급할 것을 약정함으로써 성립하는 계약	
여행	당사자 한쪽이 상대방에게 운송, 숙박, 관광 또는 그 밖의 여행 관련 용역을 결합하여 제공하기로 약정하고 상대방이 그 대금을 지급하기로 약정함으로써 성립하는 계약	
현상광고	광고자가 어느 행위를 한 자에게 일정한 보수를 지급할 의사를 표시하고 이에 응한 자가 그 광고에 정한 행위를 완료함으로써 성립하는 계약	
위임	당사자 일방이 상대방에 대해 사무의 처리를 위탁하고 상대방이 이를 승낙함으로써 성립하는 계약	유상 + 무상
임치	당사자 일방이 상대방에 대해 금전이나 유가증권 기타 물건의 보관을 위탁하고 상대방이 이를 승낙함으로써 성립하는 계약	
조합	2인 이상이 상호출자하여 공동사업을 경영할 것을 약정함으로써 성립하는 계약	유상
종신 정기금	당사자 일방이 자기, 상대방 또는 제3자의 종신까지 정기로 금전 기타의 물건을 상대방 또는 제3자에게 지급할 것을 약정함으로써 성립하는 계약	유상 + 무상
화해	당사자가 상호 양보하여 당사자 간의 분쟁을 종지할 것을 약정함으로써 성립하는 계약	유상

③ **합동행위**: 방향을 같이하는 두 개 이상의 의사표시의 합치로 성립하는 법률행위를 말한다. 사단**법인*** 설립행위와 **공유***자 전원에 의한 공유물의 포기를 예로 들 수 있다.

> **용어 정리**
>
> ***법인**
> 법률에 의해 권리능력이 인정된 사단(사람의 집단) 또는 재단(재산의 집합)을 말하는데, 법인은 그 구성원이나 관리자와 독립된 법인격을 가지며, 독립한 권리의무의 주체가 된다.
>
> ***공유**
> 1개의 소유권이 분량적으로 분할되어 수인에게 귀속하는 공동소유 형태를 말한다.

(2) 채권행위, 물권행위, 준물권행위 – 법률효과에 의한 구별

① **채권행위**: 채권발생을 목적으로 하는 법률행위로, 의무부담행위에 해당한다.
  ㉠ 채권행위는 당사자에게 일정한 의무를 부담하게 하는 데 그치고 직접 물권변동이 일어나게 하지는 않으므로 반드시 이행의 문제를 남긴다.
  ㉡ 채권행위는 의무부담행위에 해당하므로 처분권한을 필요로 하지 않는다.

② **물권행위**: 물권변동을 목적으로 하는 법률행위로, 처분행위에 해당한다.
  ㉠ 물권행위는 직접 물권변동이 일어나게 하므로 이행의 문제를 남기지 않는다.
  ㉡ 물권행위는 처분행위에 해당하므로 처분권한을 필요로 한다.

③ **준물권행위**: 물권 이외의 권리의 변동을 목적으로 하는 법률행위로, 처분행위에 해당한다.
  ㉠ 준물권행위의 예로는 채권양도, 채무면제, 지식재산권의 양도를 들 수 있다.
  ㉡ 준물권행위도 처분행위에 해당하므로 역시 이행의 문제를 남기지 않는다.

(3) 요식행위, 불요식행위 – 방식의 요구에 의한 구별

① 의사표시가 일정한 방식에 따라 행해져야 하는 법률행위를 요식행위라고 하고, 그러한 방식이 요구되지 않는 법률행위를 불요식행위라고 한다.

② 민법은 계약자유의 원칙의 한 내용으로 방식의 자유를 인정하고 있으므로 불요식행위가 원칙이다. 그러나 당사자로 하여금 법률행위를 신중하게 하도록 하기 위해 또는 법률관계를 명확하게 하기 위해 일정한 방식이 요구되기도 한다. 요식행위에 해당하는 것으로는 법인설립행위, 유언, 혼인, 이혼, **인지***, 입양, 어음·수표행위 등이 있다.

> **용어 정리**
>
> ***인지**
> 혼인 외의 출생자와 그 생부 또는 생모 사이에 법률상 친자관계를 형성하는 것을 말한다.

(4) 주된 행위, 종된 행위 – 다른 법률행위의 필요 여부에 의한 구별
① 법률행위가 성립하기 위해 다른 법률행위의 존재를 필요로 하는 법률행위를 종된 행위라고 하고, 그 전제가 되는 법률행위를 주된 행위라고 한다.
② 담보계약(저당권설정계약, 보증계약)은 금전소비대차계약의 종된 행위이고, 계약금계약은 매매계약의 종된 행위이며, 보증금계약은 임대차계약의 종된 행위이다.
③ 종된 행위는 주된 행위에 관해 부종성이 있다. 즉, 주된 행위가 성립하여야 종된 행위도 성립하며, 주된 행위가 무효·취소로 소멸하는 경우에는 종된 행위도 같이 소멸한다.

2 법률행위의 요건

1. 서설

① 법률행위가 완전한 효력을 발생하기 위해서는 논리적으로 성립요건을 갖추고 나서 효력요건을 갖추어야 한다. 성립요건이란 어떤 법률행위가 법률행위로 인정받기 위한 최소한의 외형적 요건을 말하고, 효력요건이란 일단 성립한 법률행위가 그 내용대로 효력을 발생하기 위해 필요한 요건이다.
② 성립요건을 결하게 되면 법률행위는 불성립(부존재)하게 되므로 유효·무효 여부를 따져볼 필요가 없다. 그리고 일단 성립한 법률행위가 효력요건을 결하게 되면 무효(취소를 포함한다)가 된다. 따라서 불성립과 무효는 개념상 구별된다.

2. 법률행위의 요건

(1) 일반적 성립요건
모든 법률행위에 공통적으로 요구되는 요건을 말한다.

> ① 당사자
> ② 법률행위의 목적(내용)
> ③ 의사표시

(2) 일반적 효력요건

모든 법률행위에 공통적으로 요구되는 요건을 말한다.

> ① 당사자가 **권리능력***, **행위능력***, **의사능력***을 가져야 한다.
> ② 법률행위의 목적이 확정성, 가능성, 적법성, 사회적 타당성이 있어야 한다.
> ③ 의사표시에 있어 의사와 표시가 일치하고 하자가 없어야 한다.

용어 정리

* 권리능력
권리의무의 주체가 될 수 있는 추상적·잠재적인 자격(지위, 능력)을 말하는데, 자연인은 출생에 의해 권리능력을 취득하고 법인은 설립등기를 한 때 권리능력을 취득한다.

* 행위능력
단독으로 유효한 법률행위를 할 수 있는 자격을 말한다. 행위능력의 여부는 객관적·획일적으로 판단하며, 제한능력자가 법정대리인의 동의 없이 한 법률행위는 취소될 수 있다.

* 의사능력
자기가 한 법률행위의 의미나 결과를 판단할 수 있는 정신적 능력을 말한다. 의사능력의 유무는 당해 법률행위와 관련하여 구체적·개별적으로 판단하며, 의사무능력자가 한 법률행위는 무효이다.

3 법률행위의 목적

1. 서설

① 법률행위의 목적(내용)이란 법률행위를 하는 자가 그 법률행위에 의해 발생시키려고 하는 법률효과를 말한다. 법률행위는 의사표시를 필수불가결의 요소로 하므로 법률행위의 목적은 결국 의사표시의 내용에 의해 결정된다.
② 법률행위가 유효하기 위해서는 법률행위의 목적에 확정성, 가능성, 적법성, 사회적 타당성이 있어야 한다. 이 중 어느 하나라도 결한 경우 그 법률행위는 무효로 된다.

2. 확정성

① 법률행위가 유효하기 위해서는 법률행위의 목적을 확정할 수 있어야 한다. 그러나 이는 법률행위 성립 당시에 확정할 필요는 없고 이행기까지 확정할 수 있으면 된다.

② 법률행위의 목적이 불명확한 경우 **법률행위의 해석*** 을 통해 이를 확정하고, 확정할 수 없는 경우에 그 법률행위는 무효로 된다.

> **용어 정리**
>
> *** 법률행위의 해석**
> 법률행위의 목적을 명확히 하는 것을 말한다. 의사표시의 존부(存否) 자체가 불분명한 경우, 의사표시의 내용이 불명확한 경우, 또는 표시행위의 의미가 다의적(多義的)인 경우에는 법률행위의 해석이 필요하게 된다.

3. 가능성

(1) 불능 여부의 판단기준과 판단시점

① 법률행위가 유효하기 위해서는 법률행위의 목적이 실현가능하여야 하며 법률행위의 불능 여부는 사회통념에 따라 결정된다. 예를 들어, 한강에 빠진 시계를 찾아내는 계약을 한 경우, 이는 물리적으로는 가능할지 몰라도 사회통념상 불가능하다고 평가된다.

② 법률행위의 목적이 불능인지의 여부는 법률행위 성립 당시를 기준으로 판단한다.

(2) 불능의 종류

① **원시적 불능과 후발적 불능**: 법률행위 성립 당시를 기준으로 이미 그 이전에 법률행위의 목적이 불능인 경우를 원시적 불능이라고 하고, 법률행위 성립 당시에는 법률행위의 목적이 가능하였지만 이행기에 그 목적이 불가능하게 된 경우를 후발적 불능이라고 한다.

② **객관적 불능과 주관적 불능**: 법률행위의 목적을 어느 누구도 실현할 수 없는 경우를 객관적 불능이라고 하고, 당해 채무자만 실현할 수 없는 경우를 주관적 불능이라고 한다.

③ **전부불능과 일부불능**: 법률행위의 목적의 전부가 불능인 경우를 전부불능이라고 하고, 일부가 불능인 경우를 일부불능이라고 한다.

4. 적법성

(1) 서설
법률행위가 유효하기 위해서는 법률행위의 목적이 적법하여야 한다. 적법성이란 강행규정에 위반되지 않아야 한다는 것을 말한다. 법률행위는 원칙적으로 자유롭게 할 수 있지만 법질서가 승인하는 한도 내에서 인정된다.

(2) 강행규정
① **의의**: 강행규정(강행법규)이란 법령 중 선량한 풍속 기타 사회질서와 관계있는 규정을 말한다. 이에 반해 **임의규정(임의법규)***은 법령 중의 선량한 풍속 기타 사회질서와 관계없는 규정을 말한다.

> **용어 정리**
>
> ***임의규정(임의법규)**
> 선량한 풍속 기타 사회질서에 관계없는 규정을 말한다. 임의규정의 특징은 당사자가 임의규정의 내용과 다른 특약을 맺더라도 그 특약은 유효하다는 점이다.

② **특성**: 어떤 규정이 강행규정인 경우 당사자는 이와 다른 특약을 맺어 그 적용을 배제할 수 없으므로, 강행규정과 다른 내용의 특약은 무효이다. 그러나 어떤 규정이 임의규정인 경우에는 당사자는 이와 다른 특약을 맺어 그 적용을 배제할 수 있으므로 임의규정과 다른 내용의 특약은 유효하다.

③ **강행법규와 단속법규의 관계**: 다수설은 강행법규를 단속법규와 효력법규로 나눈다.

> **사례** 쌍벌규정(雙罰規定)
>
> 1. 무허가 음식점의 음식물 판매행위는 단속법규에 해당하는 예이다. 이 경우에는 허가를 받지 않고 영업을 하였기 때문에 「식품위생법」에 의해 행정상의 제재를 받지만, 사법상의 행위에 해당하는 음식물판매행위에는 영향이 없으므로(유효) 음식점 주인은 음식물에 대한 대금의 지급을 청구할 수 있다.
> 2. 법률이 특히 엄격한 기준을 정하여 일정한 자격을 갖춘 자(의사, 약사, 전당포주, 광업권자)에게만 일정한 영업을 하도록 허용하는 경우, 그 명의를 대여하고 일정 대가를 받기로 계약을 한 경우는 효력법규에 해당하는 예이다. 이 경우에는 명의대여가 법적으로 금지되므로 명의를 대여한 경우 관련 규정에 의해 행정상의 제재를 받을 뿐만 아니라, 사법상의 행위에 해당하는 명의대여에 대한 대가를 지불하기로 한 계약도 무효이므로 명의대여자는 그 대가의 지급을 청구할 수 없다.

5. 사회적 타당성

> **제103조【반사회질서의 법률행위】** 선량한 풍속 기타 사회질서에 위반한 사항을 내용으로 하는 법률행위는 무효로 한다.
> **제746조【불법원인급여】** 불법의 원인으로 인하여 재산을 급여하거나 노무를 제공한 때에는 그 이익의 반환을 청구하지 못한다. 그러나 그 불법원인이 수익자에게만 있는 때에는 그러하지 아니하다.

(1) 서설

법률행위가 유효하기 위해서는 적법성을 갖추었더라도 다시 사회적 타당성이 있어야 한다. 즉, 법률행위가 강행법규에 위반되지 않더라도 선량한 풍속 기타 사회질서에 위반하는 경우에는 무효로 된다(제103조). 이러한 점에서 법률행위의 적법성과 사회적 타당성은 사적 자치의 한계를 이룬다.

(2) 반사회적 법률행위의 유형화

① **정의관념에 반하는 행위**
　㉠ 밀수자금에 사용될 줄 알면서 금원을 대출해 주기로 한 약정은 무효이다(대판 1956.1.26, 4288민상96).
　㉡ 제2매수인이 매도인의 배임행위에 적극가담한 이중매매는 무효이다(대판 1970.10.23, 70다2038).
　㉢ 부첩관계의 종료를 해제조건으로 하는 증여계약은 조건뿐만 아니라 증여계약 자체가 무효이다(대판 1966.6.21, 66다530).

② **인륜에 반하는 행위**
　㉠ 자(子)가 부모와 동거하지 않겠다는 계약은 무효이며, 자식이 부모를 상대로 한 불법행위에 기한 손해배상청구도 원칙적으로 무효이다.
　㉡ 첩계약은 처(妻)의 동의가 있어도 무효이며(대판 1967.10.6, 67다1134), 부첩관계를 맺음에 있어서 처의 사망 또는 이혼이 있을 경우 첩과 혼인신고를 하여 입적하게 한다는 부수적 약정 또한 첩계약의 일부로서 무효이다(대판 1955.7.14, 4288민상156).
　㉢ 더 이상 첩생활을 하지 않겠다는 계약은 유효하다.
　㉣ 불륜관계를 단절하면서 첩의 생활비, 자녀의 양육비를 지급하겠다는 계약은 유효하다(대판 1980.6.24, 80다458).

ⓜ 부정행위를 용서받는 대가로 손해배상을 함과 아울러 가정에 충실하겠다는 서약의 취지에서 처에게 부동산을 양도하되, 부부관계가 유지되는 동안에 처가 임의로 처분할 수 없다는 제한을 붙인 약정은 유효하다(대판 1992.10.27, 92므204).

③ **개인의 자유를 심히 제한하는 행위**
  ㉠ 일생 동안 혼인 또는 이혼하지 않겠다는 계약은 무효이다(대판 1969.8.19, 69므18).
  ㉡ 여자은행원을 채용하면서 근무기간 중 혼인하지 않겠다는 계약(결혼퇴직조항)은 무효이다.
  ㉢ 영리를 목적으로 윤락행위를 하도록 권유·유인·알선 또는 강요하거나 이에 협력하는 행위는 무효이다(대판 2004.9.3, 2004다27488·27495).

④ **생존의 기초가 되는 재산의 처분행위**
  ㉠ 장차 취득하게 될 전 재산을 양도한다는 계약은 무효이다.
  ㉡ 사찰의 존립에 필요불가결한 재산인 임야를 증여하는 행위는 무효이다(대판 1970.3.31, 69다2293).

⑤ **지나치게 사행적인 행위**
  ㉠ 도박자금을 대여하는 계약은 무효이다(대판 1973.5.22, 72다2249, 동기가 표시된 사안).
  ㉡ 도박채무를 변제하기 위해 채무자로부터 부동산의 처분을 위임받은 채권자가 그 부동산을 제3자에게 매도한 경우, 도박채무부담행위와 그 변제의 약정 및 변제약정의 이행행위(부동산처분대금으로 도박채무의 변제에 충당)는 무효이다(대판 1995.7.14, 94다40147).

⑥ **불공정한 법률행위**(폭리행위)

⑦ **기타의 행위**
  ㉠ 금전소비대차계약의 당사자 사이의 경제력 차이로 인하여 이율이 사회통념상 허용되는 한도를 초과하여 현저하게 고율로 정해진 경우 그 초과부분의 이자약정은 무효이고, 무효인 부분의 이자약정을 원인으로 차주가 대주에게 임의로 이자를 지급한 경우 차주는 그 이자의 반환을 청구할 수 있다(대판 전합체 2007.2.15, 2004다50426).
  ㉡ 소송사건에서 증언의 대가로 금전을 지급하기로 약정한 경우 그것이 통상적으로 용인될 수 있는 수준(여비, 일실손해 등)을 초과하는 경우에는 무효이다(대판 1994.3.11, 93다40522).

ⓒ 양도소득세를 회피할 목적으로 한 **명의신탁***이나, 상속세를 면탈할 목적으로 피상속인의 명의에서 타인 명의로 직접 소유권이전등기를 한 경우라 하더라도 반사회적 법률행위로서 무효라고 할 수는 없다(대판 1981.11.10, 80다2475; 대판 1964.7.22, 64다554).

> **📖 용어 정리**
>
> * **명의신탁**
> 신탁자가 소유권을 보유하여 이를 관리·수익하면서 공부상의 소유명의만 수탁자로 해 두는 것을 말한다.

ⓓ 전통사찰의 주지직을 거액의 금품을 대가로 양도·양수하기로 하는 약정이 있음을 알고도 이를 묵인 또는 방조한 상태에서 한 종교법인의 주지임명행위는 반사회적 법률행위에 해당되지 않는다(대판 2001.2.9, 99다38613).

(3) 반사회적 법률행위의 효과

① **법률행위의 무효**

ⓐ 선량한 풍속 기타 사회질서에 위반하는 사항을 내용으로 하는 법률행위는 무효이다(제103조). 즉, 당사자가 그 법률행위에 의해 발생시키려고 하는 법률효과가 부정된다. 따라서 이행하기 전이면 이행할 필요가 없고, 이행한 후이면 부당이득으로서 서로 반환하여야 한다. 그러나 이때에는 **불법원인급여규정**(제746조 본문)이 적용되어 급여자의 반환청구가 부정된다.

ⓑ 또한 급여물의 소유권이 자기에게 있음을 이유로 한 소유권에 기한 반환청구도 부정되므로 급여물의 소유권은 수익자에게 귀속하게 된다(이를 '반사적 이익'이라 한다).

② **기타의 효과**

ⓐ 법률행위가 사회질서에 반하여 무효인 경우, 그 무효를 가지고 **선의***의 제3자에게도 대항할 수 있다(이를 '절대적 무효'라 한다).

ⓑ 또한 반사회적 법률행위에 대해서는 무효행위의 **추인***·전환이 인정되지 않는다.

> **📖 용어 정리**
>
> * **선의**
> 어떤 사정을 모르는 것이 선의이다.
>
> ➕ **악의**
> 어떤 사정을 아는 것이 악의이다.
>
> * **추인**
> 불완전한 법률행위를 사후에 보충하여 확정적으로 유효로 하는 일방적 의사표시를 말한다.

(4) 불공정한 법률행위

> **제104조【불공정한 법률행위】** 당사자의 궁박, 경솔 또는 무경험으로 인하여 현저하게 공정을 잃은 법률행위는 무효로 한다.
> **제746조【불법원인급여】** 불법의 원인으로 인하여 재산을 급여하거나 노무를 제공한 때에는 그 이익의 반환을 청구하지 못한다. 그러나 그 불법원인이 수익자에게만 있는 때에는 그러하지 아니하다.

① **의의**: 불공정한 법률행위(폭리행위)란 당사자의 궁박, 경솔 또는 무경험으로 인하여 현저하게 공정을 잃은 법률행위를 말한다(제104조).

② **요건**

```
객관적 요건 ── 급부와 반대급부 사이의 현저한 불균형
주관적 요건 ┬─ 피해자의 궁박, 경솔 또는 무경험한 사실의 존재
           └─ 폭리자의 악의(이용의사) - 판례는 이를 요구하는 입장
```

㉠ 불공정한 법률행위가 되기 위해서는 급부와 반대급부 사이에 현저한 불균형이 있어야 하고(객관적 요건), 피해자에게 궁박, 경솔 또는 무경험한 사실이 존재하여야 하며, 폭리행위자에게 이를 알고 이용하려는 의사, 즉 악의가 요구된다(주관적 요건). 폭리자의 악의가 필요한지의 여부에 대해 학설은 견해가 대립하나, 판례는 제104조의 '~으로 인하여'를 '이를 이용하여'로 해석하여 폭리자의 악의를 요구하는 태도이다(대판 2002.10.22, 2002다38927).

㉡ 급부와 반대급부 사이에 현저한 불균형이 존재하는지의 여부는 법률행위 성립 당시를 기준으로 판단하고, 피해자의 궁박, 경솔, 무경험한 사실이 존재하는지의 여부도 법률행위 성립 당시를 기준으로 판단한다.

③ **효과**

㉠ **법률행위의 무효**: 당사자의 궁박, 경솔 또는 무경험으로 인하여 현저하게 공정을 잃은 법률행위는 무효이다(제104조). 따라서 이행하기 전이면 이행할 필요가 없고, 이행한 후이면 부당이득으로서 서로 반환하여야 한다. 그러나 불공정한 법률행위에 있어서는 불법원인이 폭리행위자(수익자)에게만 있다. 따라서 피해자가 반환을 청구하는 경우에는, 제746조 단서가 적용되므로 피해자는 급여물의 반환을 청구할 수 있다. 그러나 폭리행위자가 반환을 청구하는 경우에는 제746조 본문이 적용되므로 폭리행위자는 급여물의 반환을 청구할 수 없고, 그 급여물은 반사적으로 수익자에게 급여물의 소유권이 귀속하게 된다(통설).

ⓒ 기타의 효과: 불공정한 법률행위로서 무효인 경우에는 그 무효를 가지고 선의의 제3자에게도 대항할 수 있다(이를 '절대적 무효'라 한다). 또한 불공정한 행위에 대해서는 무효행위의 추인·전환이 인정되지 않는다. 다만, 판례는 매매계약이 약정된 매매대금의 과다로 말미암아 불공정한 법률행위에 해당하여 무효인 경우에도 무효행위의 전환에 관한 민법 제138조가 적용될 수 있다는 입장이다(대판 2010.7.15, 2009다50308).

> **판례**
>
> **불이익의 면제가 상대방의 급부인지 여부**
> 불공정한 법률행위에서 말하는 급부와 반대급부는 해당 법률행위에서 정한 급부와 반대급부를 의미하므로, 궁박 때문에 법률행위를 하였다고 주장하는 당사자가 그 법률행위의 결과 제3자와의 계약관계에서 입었을 불이익을 면하게 되었더라도, 특별한 사정이 없는 한 이러한 불이익의 면제를 곧바로 해당 법률행위에서 정한 상대방의 급부로 평가해서는 안 된다(대판 2024.3.12, 2023다301712).

Chapter 03 의사표시

학습포인트 비정상적 의사표시의 법적 취급에 대해 이해한다.

1 총설

1. 서설

(1) 의사표시의 의의
① 의사표시란 일정한 법률효과의 발생을 목적으로 하는 의사를 표시하는 행위를 말한다.
② 의사표시는 법률행위의 필수불가결의 요소이며, 이 의사표시에 의해 행위자가 의욕한 대로 법률효과가 발생하게 된다.

(2) 의사표시의 구성요소
의사표시는 '동기* ⇨ 효과의사 ⇨ 표시의사 ⇨ 표시행위' 순으로 이루어진다.

> 🔍 **사례**
>
> 甲이 자기소유의 건물에 대해 乙에게 청약의 의사표시를 하는 경우
> - 甲은 그 건물을 팔고 다른 곳으로 이사를 가기 위해서 ➡ 동기에 해당
> - 먼저 그 건물을 팔기로 마음 먹고 ➡ 효과의사에 해당
> - 이를 乙에게 알리려는 의사를 가지고 ➡ 표시의사에 해당
> - 乙에게 문서나 구두로 1억원에 팔겠다고 하였다. ➡ 표시행위에 해당

> 📑 **용어 정리**
>
> *동기
> 표의자가 의사표시를 하게 된 연유를 말한다. 동기는 의사표시의 내용이 되지 않으며, 다만 동기가 표시된 경우에 한해 의사표시의 내용으로 된다.
>
> ➕ 동기의 불법과 동기의 착오
> 동기의 불법은 도박장을 개설하기 위해 건물을 임대차하는 경우처럼 법률행위 자체는 사회질서에 반하지 않으나 동기가 사회질서에 반하는 경우이고, 동기의 착오는 오늘 손님이 온다고 생각하고 음식을 주문했는데 내일인 경우처럼 의사표시 자체에는 착오가 없지만 동기에 착오가 있는 경우이다. 이에 대해 다수설은 동기의 불법과 동기의 착오 모두 동기가 표시된 경우에 한하여 의사표시의 내용으로 고려하고 있다.

2. 의사표시규정의 체계

(1) 의사표시의 병리현상

의사표시가 효력을 발생하기 위해서는 의사와 표시가 일치하여야 하고 하자가 없어야 한다. 의사와 표시가 일치하고 하자가 없는 경우에는 당사자가 의욕한 대로 법률효과가 발생한다. 그런데 의사와 표시가 일치하지 않거나 하자가 있는 경우에는 이를 법적으로 어떻게 처리할 것인가? 민법은 이러한 의사표시의 병적인 경우를 처리하기 위해 제107조부터 제110조까지 규정을 두고 있다.

(2) 의사표시규정의 체계

① 통설은 의사표시에 흠(欠)이 있는 경우를 '의사와 표시가 불일치하는 경우(의사의 흠결이라고도 함)'와 '하자 있는 의사표시'로 나눈다.

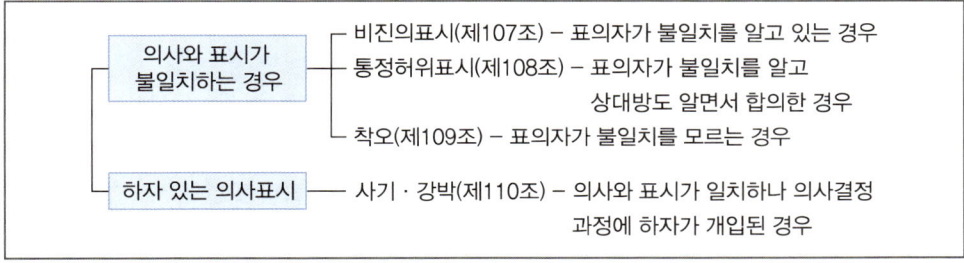

② 그 외에 민법은 의사표시의 효력발생시기(제111조), 의사표시의 수령능력(제112조), 의사표시의 공시송달(제113조)에 관해서도 규정하고 있다.

2 의사표시규정의 내용

1. 비진의표시

> **제107조 【진의 아닌 의사표시】** ① 의사표시는 표의자가 진의 아님을 알고 한 것이라도 그 효력이 있다. 그러나 상대방이 표의자의 진의 아님을 알았거나 이를 알 수 있었을 경우에는 무효로 한다.
> ② 전항의 의사표시의 무효는 선의의 제3자에게 대항하지 못한다.

(1) 의의

① 비진의표시(非眞意表示)란 표의자가 진의 아님을 알고서 한 의사표시를 말한다[단독허위표시, 심리유보(心理留保)라고도 한다].

   예 甲이 乙에게 증여의 의사가 없음에도 불구하고 乙에게 건물소유권이전등기를 경료해 준 경우, 甲이 사직할 의사 없이 회사에 대해 사직원을 제출하는 경우

② 진의의 의미에 대해 판례는 "특정한 내용의 의사표시를 하고자 하는 표의자의 생각을 말하는 것이지, 표의자가 진정으로 마음속에서 바라는 사항이 아니다."라고 하고 있다(대판 2001.1.19, 2000다51919·51926 등).

(2) 효과

① **원칙**: 비진의표시라도 원칙적으로 유효하다(제107조 제1항 본문).
② **예외**: 상대방이 표의자의 진의 아님을 알았거나 알 수 있었을 경우에는 무효이다(제107조 제1항 단서).
③ **제3자에 대한 관계**: 비진의표시가 예외적으로 무효가 되는 경우에 비진의표시의 무효를 가지고 선의의 제3자에게 대항하지 못한다(제107조 제2항). 그러나 선의의 제3자 스스로 무효를 주장하는 것은 무방하다(통설).

2. 통정허위표시

> **제108조 【통정한 허위의 의사표시】** ① 상대방과 통정한 허위의 의사표시는 무효로 한다.
> ② 전항의 의사표시의 무효는 선의의 제3자에게 대항하지 못한다.

(1) 의의

① **통정허위표시**(通情虛僞表示): 표의자가 상대방과 합의하여 행하는 허위의 의사표시를 말한다. 예를 들어, 甲이 자신의 채권자의 강제집행을 회피하기 위해 친구인 乙과 짜고 자기소유의 건물에 대해 乙 앞으로 소유권이전등기를 경료해 준 경우가 이에 해당한다. 통정허위표시에 기한 법률행위를 **가장행위(假裝行爲)***라고 한다.

> 📖 **용어 정리**
>
> ***가장행위(假裝行爲)**
> 허위표시에 기하여 이루어진 법률행위로서 민법 제108조 제1항에 따라 무효가 된다.

② **통정**: 표의자가 진의 아닌 의사표시를 하는 것을 상대방이 알고 있는 것만으로는 부족하고, 상대방과의 합의 또는 양해(諒解)를 의미한다.

(2) 효과

① **당사자 사이의 효력**

㉠ 통정허위표시는 당사자 사이에서는 언제나 무효이다(제108조 제1항). 따라서 이행하기 전이면 이행할 필요가 없고, 이행한 후이면 **부당이득으로서 서로 반환하여야 한다**. 이때 **불법원인급여*** 규정(제746조)은 적용되지 않는다. 왜냐하면 허위표시 자체가 불법원인급여의 불법은 아니기 때문이다.

> 📖 **용어 정리**
>
> ***불법원인급여**
> 반사회적 법률행위에 기하여 재산을 급여하는 것을 말한다.

㉡ 한편, 허위표시가 **채권자취소권***(제406조)의 요건을 갖춘 경우에는 통정허위표시를 한 채무자의 채권자는 채권자취소권을 행사할 수 있다(대판 1998.2.27, 97다50985).

> 📖 **용어 정리**
>
> ***채권자취소권**
> 채무자가 채권자를 해함을 알고 제3자와 재산상의 법률행위를 한 경우, 채권자가 자기의 이름으로 제3자에 대해 사해행위를 취소하고 일탈된 재산의 원상회복을 소송으로 구할 수 있는 권리를 말한다.

② **제3자에 대한 효력**

㉠ 통정허위표시는 제3자에 대한 관계에서는 원칙적으로 무효이다. 그러나 그 무효를 가지고 선의의 제3자에게 대항하지 못한다(제108조 제2항).

ⓒ 제3자가 선의인 경우 허위표시의 당사자뿐만 아니라 그 누구도 허위표시의 무효를 가지고 선의의 제3자에게 대항하지 못한다. 그러나 선의의 제3자 스스로 무효를 주장하는 것은 무방하다(통설).

3. 착오*에 의한 의사표시

> **제109조【착오로 인한 의사표시】** ① 의사표시는 법률행위의 내용의 중요부분에 착오가 있는 때에는 취소할 수 있다. 그러나 그 착오가 표의자의 중대한 과실로 인한 때에는 취소하지 못한다.
> ② 전항의 의사표시의 취소는 선의의 제3자에게 대항하지 못한다.

📖 용어 정리

* 착오
의사와 표시의 불일치를 표의자가 모르는 경우를 말한다(다수설).

(1) 의의
① 착오(錯誤)에 의한 의사표시란 의사와 표시의 불일치를 표의자가 모르는 경우를 말한다(다수설).
② 착오에 의한 의사표시에 대한 입법주의로는 무효주의와 취소주의가 있으나, 우리 민법은 취소주의를 취하고 있다(제109조).
③ 착오에 관한 제109조 규정은 임의규정이다. 따라서 당사자 사이의 특약으로 취소권을 배제할 수 있다.

(2) 취소요건

> • 법률행위 내용의 중요부분에 착오가 있을 것
> • 표의자에게 중과실이 없을 것

① 법률행위 내용의 중요부분에 착오가 있을 것
ⓐ 착오를 이유로 의사표시를 취소하기 위해서는 법률행위 내용의 중요부분에 착오가 있어야 한다.
ⓑ 중요부분인가의 여부는 주관적·객관적 표준에 좇아 구체적 사정에 따라 결정된다. 즉, 표의자의 입장에서도 착오를 알았더라면 의사표시를 하지 않았으리라고 인정되어야 하고, 동시에 일반인이 표의자의 입장에 섰더라도 착오를 알았더라면 의사표시를 하지 않을 정도로 중요한 것이어야 한다.

② **표의자에게 중과실이 없을 것**: 법률행위 내용의 중요부분에 착오가 있더라도 표의자에게 중대한 과실이 있는 경우에는 표의자는 이를 취소하지 못한다.

(3) 효과
① **당사자 사이의 효과**: 법률행위 내용의 중요부분에 착오가 있는 때에는 취소할 수 있으나, 표의자에게 중대한 과실이 있는 경우에는 취소하지 못한다(제109조 제1항).
② **제3자에 대한 효과**: 착오를 이유로 의사표시를 취소하는 경우에 그 취소를 가지고 선의의 제3자에게 대항하지 못한다(제109조 제2항).

4. 사기·강박에 의한 의사표시

> **제110조 【사기, 강박에 의한 의사표시】** ① 사기나 강박에 의한 의사표시는 취소할 수 있다.
> ② 상대방 있는 의사표시에 관하여 제3자가 사기나 강박을 행한 경우에는 상대방이 그 사실을 알았거나 알 수 있었을 경우에 한하여 그 의사표시를 취소할 수 있다.
> ③ 전2항의 의사표시의 취소는 선의의 제3자에게 대항하지 못한다.

(1) 사기에 의한 의사표시
① **의의**: 사기(詐欺)에 의한 의사표시란 표의자가 타인의 기망행위에 의해 착오에 빠지고, 그 상태에서 의사표시를 한 경우를 말한다(기망행위 ⇨ 착오 ⇨ 의사표시).
② **요건**
  ㉠ 사기자의 고의: 사기자의 고의(故意)는 2단계 고의여야만 한다.
  ㉡ 기망행위: 타인으로 하여금 착오에 빠지게 하는 일체의 행위를 말한다.
  ㉢ 기망행위의 위법성: 기망행위가 거래상 요구되는 **신의성실의 원칙***에 반하여야 한다.

> **용어 정리**
>
> ***신의성실의 원칙**
> 사회공동생활의 일원으로서 상대방의 신뢰에 어긋나지 않도록 성의를 가지고 행위할 것을 요구하는 원칙으로, 고려의 명제라고도 한다.

  ㉣ 인과관계: 인과관계도 2단계 인과관계이어야 한다. 즉, 기망행위와 착오 사이에 그리고 착오와 의사표시 사이에 각각 인과관계가 있어야 한다. 이때의 인과관계는 표의자의 주관적인 것이라도 무방하다(착오와 비교할 것).

(2) 강박에 의한 의사표시

① **의의**: 강박(强迫)에 의한 의사표시란 표의자가 타인의 강박행위에 의해 공포심을 가지고, 그 상태에서 의사표시를 한 경우를 말한다(해악고지 ⇨ 공포심 유발 ⇨ 의사표시).

② **요건**
  ㉠ 강박자의 고의: 강박자의 고의(故意)는 2단계 고의여야만 한다.
  ㉡ 강박행위: 해악(害惡)을 고지(告知)하여 공포심을 일으키는 행위를 말한다.
  ㉢ 강박행위의 위법성: 강박행위에 의해 추구하려는 목적이 위법하거나 강박의 수단이 위법하면 강박행위의 위법성이 인정된다.
  ㉣ 인과관계: 인과관계도 2단계 인과관계이어야 한다.

(3) 효과

① **상대방의 사기·강박의 경우**: 상대방이 표의자에 대해 사기·강박을 한 경우에는 표의자는 그 의사표시를 취소할 수 있다(제110조 제1항).

② **제3자의 사기·강박의 경우**
  ㉠ 상대방 없는 의사표시의 경우: 상대방 없는 의사표시에 있어 제3자가 표의자에게 사기·강박을 한 경우에는 표의자는 언제나 그 의사표시를 취소할 수 있다.
  ㉡ 상대방 있는 의사표시의 경우: 상대방 있는 의사표시에 있어 제3자가 표의자에게 사기·강박을 한 경우에는 표의자는 상대방이 그 사실을 알았거나 알 수 있었을 경우에 한하여 그 의사표시를 취소할 수 있다(제110조 제2항).

③ **제3자에 대한 효과**: 사기·강박에 의한 의사표시의 취소를 가지고 선의의 제3자에게 대항할 수 없다(제110조 제3항). 제3자의 선의는 추정*되므로 취소를 주장하는 자가 제3자의 악의를 입증하여야 한다.

> **용어 정리**
>
> *추정
> 추정과 간주는 입증곤란을 구제하기 위한 제도로, 양자는 법조문의 문언으로 구별된다. 즉, 추정은 "~로 추정한다."라고 되어 있고, 간주는 "~로 본다."라고 되어 있다.

Chapter 04 법률행위의 대리

> **학습포인트** 대리의 체계를 정리한다.

1 대리일반론

1. 서설

(1) 대리의 의의

① 대리(代理)란 대리인(代理人)이 본인(本人)의 이름으로 법률행위를 하거나 의사표시를 수령하고 그 법률효과가 모두 직접 본인에게 귀속하도록 하는 제도를 말한다.

> **사례**
>
> 건물을 매도하려는 甲이 친구인 乙에게 건물매도를 부탁하고 대리권을 수여하였다. 乙은 상대방을 물색한 끝에 丙과 매매계약을 체결하였다. 이 경우 매매계약은 乙과 丙이 체결하였지만 그 효과는 甲과 丙 사이에 발생하게 된다. 그리하여 甲은 丙에게 건물소유권이전의무를 부담하고, 丙은 甲에게 대금지급의무를 부담한다.

② 대리에 있어서 가장 큰 특징은 법률행위의 당사자(乙과 丙)와 법률효과의 당사자(甲과 丙)가 분리되는 현상이 발생한다는 점이다.

(2) 대리가 인정되는 범위

대리는 재산상의 법률행위에만 인정된다. 따라서 혼인이나 유언 등과 같은 가족법상의 법률행위(신분행위)에는 원칙적으로 대리가 인정되지 않는다.

2. 대리의 종류

(1) 임의대리와 법정대리 – 대리권수여의 근거에 따른 구별

① 임의대리(任意代理)란 본인의 **수권행위**(授權行爲)에 의해 대리권이 발생하는 경우를 말하고, 법정대리(法定代理)란 **법률규정** 등에 의해 대리권이 발생하는 경우를 말한다.

② 임의대리와 법정대리를 구별하는 실익은 대리인의 복임권(제120조, 제122조), 대리권의 소멸원인(제128조), 표현대리규정의 적용 여부에서 나타난다.

(2) 능동대리와 수동대리 – 의사표시의 주체에 따른 구별
① 능동대리(能動代理)란 대리인이 상대방에 대해 의사표시를 하는 경우를 말하고, 수동대리(受動代理)란 대리인이 상대방의 의사표시를 수령하는 경우를 말한다.
② 능동대리와 수동대리를 구별하는 실익은 현명주의(제114조, 제115조), 상대방 있는 단독행위의 무권대리(제136조)에서 나타난다.

(3) 유권대리와 무권대리 – 대리권의 유무에 따른 구별
① 유권대리(有權代理)란 대리인에게 정당한 대리권이 있는 경우를 말하고, 무권대리(無權代理)란 대리인에게 정당한 대리권이 없는 경우를 말한다.
② 이처럼 통설은 대리를 유권대리와 무권대리로 나누고, 무권대리를 다시 협의의 무권대리(제130조 내지 제136조)와 표현대리(제125조, 제126조, 제129조)로 나누고 있다.

➕ 처음부터 대리권이 없는 경우, 대리권이 존재하다가 소멸한 경우, 대리권의 범위를 넘는 대리행위를 한 경우, 자기계약과 쌍방대리의 금지규정을 위반한 경우, 공동대리의 제한규정에 위반한 경우 모두 무권대리로 취급한다.

2 대리권

1. 의의와 성질

(1) 의의
대리권이란 대리인이 법률행위의 효과를 본인에게 귀속시킬 수 있는 법률상의 지위 내지 자격을 말한다.

(2) 성질
대리권의 법적 성질에 대해서는 자격설이 통설이다. 따라서 대리권은 권리가 아니라 권한이다.

2. 대리권의 발생원인

(1) 임의대리권의 발생원인
① 수권행위
㉠ 임의대리권은 본인의 수권행위에 의해 발생한다. 수권행위란 대리권수여를 목적으로 하는 법률행위를 말한다.

ⓒ 대리권수여행위는 의사표시이지만 대리권수여의 표시는 **관념의 통지***이다.

> **용어 정리**
>
> *관념의 통지
> 다른 사람에게 일정한 사실을 알리는 것을 말한다.

② **수권행위의 방식**
  ㉠ 수권행위는 불요식행위이다. 따라서 수권행위는 구두로도 할 수 있고 서면으로도 가능하다.
  ㉡ 또한 수권행위는 명시적 의사표시뿐만 아니라 묵시적 의사표시로도 가능하다.

(2) 법정대리권의 발생원인

① 법정대리권은 법률의 규정, 지정권자의 지정행위, 법원의 선임행위에 의하여 발생한다.
② **구체적인 예**
  ㉠ 법률의 규정에 의해 대리권이 발생하는 경우: 부부간의 **일상가사***대리권(제827조), 자(子)에 대한 친권자의 대리권(제911조, 제920조), 후견인의 대리권(제938조) 등

> **용어 정리**
>
> *일상가사
> 가정생활상 상시 행해지는 행위로, 아내와 남편으로서의 동거생활을 유지하기 위해 각각 필요한 법률행위를 말한다.
> ➕ 부부는 일상가사에 관해 서로 대리권이 있다.

  ㉡ 지정권자의 지정행위에 의해 대리권이 발생하는 경우: 지정후견인(제931조), 지정유언집행자(제1093조, 제1094조) 등
  ㉢ 법원의 선임행위에 의해 대리권이 발생하는 경우: 부재자재산관리인(제23조), 상속재산관리인(제1023조, 제1040조, 제1044조, 제1047조, 제1053조) 등

3. 대리권의 범위

(1) 임의대리권의 범위

① **수권행위의 해석**: 임의대리권은 본인의 수권행위에 의해 발생하므로 임의대리권의 범위는 원칙적으로 수권행위의 해석에 의해 결정된다.

② 수권행위의 해석에 대한 보충규정

> **제118조 【대리권의 범위】** 권한을 정하지 아니한 대리인은 다음 각 호의 행위만을 할 수 있다.
> 1. 보존행위*
> 2. 대리의 목적인 물건이나 권리의 성질을 변하지 아니하는 범위에서 그 이용 또는 개량하는 행위*

📖 용어 정리

* **보존행위**
  재산의 가치를 유지·보전하는 데 필요한 일체의 행위를 말한다.

* **이용행위**
  물건이나 권리를 사용·수익하는 행위를 말한다.

* **개량행위**
  물건의 객관적 가치를 증가시키는 행위를 말한다.

(2) 법정대리권의 범위

법정대리권의 범위는 법률규정에 의해 정해진다.

4. 대리권의 제한

(1) 자기계약·쌍방대리의 금지

> **제124조 【자기계약, 쌍방대리】** 대리인은 본인의 허락이 없으면 본인을 위하여 자기와 법률행위를 하거나 동일한 법률행위에 관하여 당사자 쌍방을 대리하지 못한다. 그러나 채무의 이행은 할 수 있다.

① **의의**: 자기계약(自己契約)이란 대리인이 본인을 대리하면서 동시에 자기가 상대방이 되어 계약을 체결하는 경우를 말하고, 쌍방대리(雙方代理)란 대리인이 본인을 대리하면서 동시에 상대방을 대리하여 자기 혼자서 법률행위를 하는 경우를 말한다.

② **제124조의 취지**: 자기계약과 쌍방대리는 본인의 이익을 해할 가능성이 있기 때문에 원칙적으로 금지된다(제124조). 따라서 본인의 이익을 해할 가능성이 없는 경우에는 예외적으로 허용된다.

(2) 공동대리

> **제119조 【각자대리】** 대리인이 수인인 때에는 각자가 본인을 대리한다. 그러나 법률 또는 수권행위에 다른 정한 바가 있는 때에는 그러하지 아니하다.

① **의의**: 대리인이 수인인 경우 각자가 본인을 대리한다(각자대리의 원칙). 그러나 법률 또는 수권행위에서 공동(共同)으로만 대리하게 한 경우에는 공동으로만 대리하여야 한다(제119조 단서).
② **제119조의 취지**: 이는 대리인으로 하여금 상호견제하에 의사결정을 신중하게 함으로써 본인을 보호하고자 함에 있다.
③ **공동의 의미**: 공동대리에 있어 공동은 '의사결정의 공동'을 의미한다(통설). 즉, 의사결정에 관하여 전원이 일치하면 되고 전원이 모두 의사표시행위를 하여야 하는 것은 아니다. 따라서 일부 대리인에 의한 실행도 무방하다.

5. 대리권의 소멸

> **제127조 【대리권의 소멸사유】** 대리권은 다음 각 호의 어느 하나에 해당하는 사유가 있으면 소멸된다.
> 1. 본인의 사망
> 2. 대리인의 사망, 성년후견의 개시 또는 파산

3 대리행위

1. 현명주의

> **제114조 【대리행위의 효력】** ① 대리인이 그 권한 내에서 본인을 위한 것임을 표시한 의사표시는 직접 본인에게 대하여 효력이 생긴다.
> ② 전항의 규정은 대리인에게 대한 제3자의 의사표시에 준용*한다.

용어 정리

* 준용
  필요한 변경을 가하여 적용한다는 의미이다.

(1) 현명의 의의

① 대리인이 한 법률행위의 효과가 직접 본인에게 귀속하기 위해서는 대리인이 '본인의 이름으로' 법률행위를 하여야 하는데, 이를 현명(顯名)이라고 한다.
② 수동대리에서는 상대방이 본인에 대한 의사표시임을 표시하여야 한다(제114조 제2항). 한편, 상행위(商行爲)에 있어서는 현명주의가 적용되지 않는다(상법 제48조).

(2) 현명의 방식

① 현명은 보통 '甲의 대리인 乙'로 표시하지만 반드시 그러한 형식을 취해야 하는 것은 아니다. 즉, 현명의 방식에는 제한이 없다. 따라서 현명은 구두로도 할 수 있고 서면으로도 가능하다. 그리고 현명은 명시적 의사표시뿐만 아니라 묵시적 의사표시로도 가능하다.

② 한편, 현명한다는 것은 법률행위의 타인성(他人性)을 표시하는 것이므로 반드시 본인의 이름을 밝혀야 하는 것은 아니다.

(3) 현명하지 않은 대리행위의 효력

> **제115조 【본인을 위한 것임을 표시하지 아니한 행위】** 대리인이 본인을 위한 것임을 표시하지 아니한 때에는 그 의사표시는 자기를 위한 것으로 본다. 그러나 상대방이 대리인으로서 한 것임을 알았거나 알 수 있었을 때에는 전조 제1항의 규정을 준용한다.

① 대리인이 본인을 위한 것임을 표시하지 아니한 때에는 그 의사표시는 자기를 위한 것으로 본다(제115조 본문). 따라서 대리인이 법률관계의 당사자로 간주되므로 상대방이 대리인에게 계약의 이행을 청구한 경우 대리인은 착오를 이유로 대리행위를 취소하지 못한다.

② 그러나 상대방이 대리인으로서 한 것임을 알았거나 알 수 있었을 때에는 대리행위의 효과는 본인에게 귀속한다(제115조 단서).

2. 대리행위의 하자

> **제116조 【대리행위의 하자】** ① 의사표시의 효력이 의사의 흠결, 사기, 강박 또는 어느 사정을 알았거나 과실로 알지 못한 것으로 인하여 영향을 받을 경우에 그 사실의 유무는 대리인을 표준하여 결정한다.
> ② 특정한 법률행위를 위임한 경우에 대리인이 본인의 지시에 좇아 그 행위를 한 때에는 본인은 자기가 안 사정 또는 과실로 인하여 알지 못한 사정에 관하여 대리인의 부지를 주장하지 못한다.

(1) 원칙

① 대리에 있어서 법률행위를 하는 자는 대리인이므로 대리행위의 하자의 유무는 원칙적으로 대리인을 표준하여 결정한다(제116조 제1항).

② 대리행위에 하자가 있더라도 대리행위의 효과는 모두 직접 본인에게 귀속하므로 대리행위의 하자에 기한 무효주장권, 취소권도 모두 본인에게 귀속한다.

(2) 예외

① 대리인이 본인의 지시에 좇아 법률행위를 하는 경우에는 예외적으로 본인을 표준하여 하자 유무를 결정한다(제116조 제2항).

② 따라서 본인으로부터 물건매수에 관한 대리권을 수여받은 대리인이 본인의 지시에 좇아 상대방과 물건에 대한 매매계약을 체결하는 경우, 본인이 그 물건에 하자가 있음을 안 경우에는 대리인이 하자 있음을 몰랐다 하더라도 본인은 하자담보책임을 주장할 수 없다.

3. 대리인의 능력

> **제117조 【대리인의 행위능력】** 대리인은 행위능력자임을 요하지 아니한다.

4 대리행위의 효과

1. 법률행위의 효과귀속

대리인이 한 법률행위의 효과는 모두 직접 본인에게 귀속된다. 따라서 주된 법률효과(소유권이전등기청구권*, 매매대금지급청구권)뿐만 아니라 부수적 법률효과(하자담보청구권, 취소권, 해제권)도 모두 본인에게 귀속된다.

> **용어 정리**
>
> *등기청구권
> 등기권리자가 등기의무자에 대해 등기신청에 협력할 것을 청구할 수 있는 실체법상의 권리를 말한다.

2. 불법행위 및 사실행위의 효과귀속

불법행위와 사실행위에 대해서는 대리가 인정되지 않으므로 그 효과는 대리인 자신에게 귀속된다.

3. 본인의 능력 여부

임의대리와 법정대리에 공통적으로 요구되는 본인의 능력은 권리능력이다.

Chapter 05 법률행위의 무효와 취소

학습포인트 무효와 취소의 차이점을 정리한다.

1 무효와 취소 일반

1. 서설

(1) 무효의 의의
① 무효란 처음부터 당연히 법률행위의 효과가 발생하지 않는 것을 말한다.
② 법률행위의 무효와 불성립(부존재)은 구별된다(통설).

(2) 취소의 의의
취소란 일단 성립한 법률행위가 후에 취소권자의 취소권 행사에 의해 소급적으로 그 효력을 잃게 되는 것을 말한다.

2. 무효와 취소의 차이점

구분	무효	취소
의의	처음부터 당연히 효력이 발생하지 않는 것	일응 유효한 법률행위를 소급적으로 소멸시키는 것
주장권자	누구든지 주장 가능	취소권자에 한해 주장 가능
주장기간	제한이 없음	단기**제척기간***이 있음(3년, 10년)
기본적 효과	절대적 무효가 원칙	상대적 취소가 원칙
방치한 경우	무효원인이 치유되지 않음	제척기간 도과 시 취소원인이 치유됨
추인	추인을 하더라도 효력이 치유되지 않는 것이 원칙(무효행위의 추인)	추인을 한 경우 확정적으로 유효가 됨(취소할 수 있는 법률행위의 추인, **법정추인***)
전환	일정한 경우 전환이 인정	전환제도가 없음
각각의 사유	• 권리능력 흠결 • 의사무능력 • 목적을 확정할 수 없는 경우 • 원시적·객관적·전부불능 • 강행법규(효력규정) 위반 • 반사회적 법률행위 • 불공정한 법률행위 • 상대방이 알았거나 알 수 있었을 경우의 비진의표시 • 통정허위표시	• 제한능력 • 착오 • 사기·강박

- 불법조건부 법률행위*
- 기성조건*이 해제조건인 법률행위
- 불능조건*이 정지조건인 법률행위

> **용어 정리**

* **제척기간**
  법률이 예정하고 있는 권리의 존속기간을 말한다. 이는 법률관계를 조속히 확정하는 데 목적이 있다.

* **법정추인**
  일정한 사실이 존재하는 경우 취소권의 포기로 간주하는 것을 말한다.

* **불법조건부 법률행위**
  불법조건이 붙은 법률행위는 그것이 정지조건이든 해제조건이든 불문하고 조건뿐만 아니라 법률행위 전체가 무효이다.

* **기성조건**
  법률행위를 할 당시에 이미 성취된 조건을 말한다. 기성조건이 해제조건이면 그 법률행위는 무효이고, 기성조건이 정지조건이면 조건 없는 법률행위가 된다.

* **불능조건**
  법률행위가 성립할 당시에 이미 성취될 수 없는 조건을 말한다. 불능조건이 정지조건이면 그 법률행위는 무효이고, 불능조건이 해제조건이면 조건 없는 법률행위가 된다.

2 법률행위의 무효

1. 무효의 효과

(1) 무효와 부당이득

법률행위가 무효로 되는 경우 당사자가 의욕한 대로 법률효과가 발생하지 않는다. 따라서 이행하기 전이면 이행할 필요가 없고, 이행한 후이면 부당이득으로 반환하여야 한다.

(2) 무효의 소급효

무효는 처음부터 당연히 효력이 발생하지 않는 경우이므로 법률행위가 무효로 밝혀지는 경우에 그 법률행위는 소급적으로 무효가 된다.

2. 무효행위의 재생

(1) 서설

무효는 확정적 무효가 원칙이나, 민법은 무효인 법률행위를 유효 내지 새로운 법률행위로 간주하는 경우가 있다. 일부무효의 법리, 무효행위의 전환, 무효행위의 추인이 바로 무효행위의 재생에 해당하는 경우이다.

(2) 일부무효의 법리

> **제137조 【법률행위의 일부무효】** 법률행위의 일부분이 무효인 때에는 그 전부를 무효로 한다. 그러나 그 무효부분이 없더라도 법률행위를 하였을 것이라고 인정될 때에는 나머지 부분은 무효가 되지 아니한다.

판례

가분성이 없는 경우 일부무효의 법리 적용 여부
법률행위가 분할될 수 없거나 무효인 일부분을 제외한 나머지 목적물이 특정될 수 없는 경우에는 민법 제137조가 적용될 수 없다(대판 2024.7.11, 2024다211762).

(3) 무효행위의 전환

> **제138조 【무효행위의 전환】** 무효인 법률행위가 다른 법률행위의 요건을 구비하고 당사자가 그 무효를 알았더라면 다른 법률행위를 하는 것을 의욕하였으리라고 인정될 때에는 다른 법률행위로서 효력을 가진다.

(4) 무효행위의 추인

> **제139조 【무효행위의 추인】** 무효인 법률행위는 추인하여도 그 효력이 생기지 아니한다. 그러나 당사자가 그 무효임을 알고 추인한 때에는 (추인한 때로부터) 새로운 법률행위로 본다.

3 법률행위의 취소

1. 서설

(1) 취소의 의의
취소란 일단 성립한 법률행위가 후에 취소권자의 취소권 행사에 의해 소급적으로 그 효력을 잃게 되는 것을 말한다.

(2) 구별개념
① **무효**: 처음부터 당연히 법률행위의 효과가 발생하지 않는 것이다. 무효는 법률행위로서 성립하여 일응 유효한 법률행위를 사후적으로 그 효력을 소급적으로 소멸시키는 취소와 구별된다.
② **철회**: 법률행위의 효과가 발생하기 전에 장래에 향하여 그 효과의 발생을 저지하는 행위이다. 철회는 법률행위의 효력이 발생한 후에 소급적으로 그 효력을 소멸시키는 취소와 구별된다.

③ **해제**: 완전유효한 계약을 소급적으로 소멸시키는 것을 말한다.

2. 취소권

(1) 원인
① 취소는 취소권자의 일방적 의사표시에 의해 법률행위가 소급적으로 소멸되므로 취소를 하기 위해서는 반드시 취소권이라는 근거가 있어야 한다.
② 취소권은 상대방 있는 단독행위이며 **형성권***이다.

> **용어 정리**
>
> * **형성권**
> 권리자의 일방적 의사표시 또는 법원의 확정판결에 의해 법률관계가 변동하는 권리를 말한다.

(2) 취소권자

> **제140조 【법률행위의 취소권자】** 취소할 수 있는 법률행위는 제한능력자, 착오로 인하거나 사기·강박에 의하여 의사표시를 한 자, 그의 대리인 또는 승계인만이 취소할 수 있다.

(3) 취소의 상대방

> **제142조 【취소의 상대방】** 취소할 수 있는 법률행위의 상대방이 확정한 경우에는 그 취소는 그 상대방에 대한 의사표시로 하여야 한다.

(4) 취소권의 행사방법
① 취소는 불요식행위이므로 서면뿐만 아니라 구두로도 가능하다.
② 취소는 취소권자의 일방적 의사표시에 의해 법률행위가 소급적으로 소멸되므로 취소에는 원칙적으로 **조건***·**기한***을 붙일 수 없다.

> **용어 정리**
>
> * **조건**
> 법률행위효력의 발생 또는 소멸을 장래의 불확실한 사실에 의존하게 하는 법률행위의 부관을 말한다.
>
> * **기한**
> 법률행위효력의 발생 또는 소멸을 장래의 확실한 사실에 의존하게 하는 법률행위의 부관을 말한다.

(5) 취소의 효과

> **제141조 【취소의 효과】** 취소된 법률행위는 처음부터 무효인 것으로 본다. 다만, 제한능력자는 그 행위로 인하여 받은 이익이 현존하는 한도에서 상환할 책임이 있다.

3. 취소권의 단기제척기간

> 제146조【취소권의 소멸】취소권은 추인할 수 있는 날로부터 3년 내에 법률행위를 한 날로부터 10년 내에 행사하여야 한다.

Chapter 06 조건과 기한

학습포인트 조건과 기한의 개념을 이해한다.

1 조건부 법률행위

1. 조건과 조건부 법률행위

(1) 조건의 의의
① 조건이란 법률행위효력의 발생 또는 소멸을 장래의 불확실한 사실에 의존하게 하는 법률행위의 부관을 말한다.
② 조건은 법률행위의 내용이므로 당사자가 임의로 정한 것이어야 한다. 따라서 법정조건은 조건이 아니다. 다만, 법정조건에도 조건에 관한 규정이 유추적용된다.

(2) 조건부 법률행위
조건부 법률행위란 조건이 붙은 법률행위를 말한다. 즉, 조건이 법률행위의 내용이 되는 경우를 의미한다.

2. 조건의 종류

(1) 정지조건과 해제조건
① 정지조건
 ㉠ 법률행위효력의 발생을 장래의 불확실한 사실에 의존하게 하는 조건으로, 효력발생조건이라고도 한다.
 ㉡ 구체적인 예

> ⓐ '네가 시험에 합격하면' 이 아파트를 주겠다는 계약
> ⓑ 소유권유보부 매매
> ⓒ 장래 불하받을 것을 조건으로 하는 귀속재산의 매매

② 해제조건
  ㉠ 법률행위효력의 소멸을 장래의 불확실한 사실에 의존하게 하는 조건으로, 효력소멸조건이라고도 한다.
  ㉡ 구체적인 예

  > ⓐ '네가 시험에 합격할 때까지' 생활비를 대주겠다는 계약
  > ⓑ 약혼예물의 수수: 혼인불성립을 해제조건으로 하는 증여계약에 해당
  > ⓒ 매매토지 중 공장부지로 편입되지 아니한 부분을 매도인에게 원가로 반환한다는 약정: 공장부지로 사용되지 아니한 것을 해제조건으로 하는 매매

(2) 가장조건

> **제151조【불법조건, 기성조건】** ① 조건이 선량한 풍속 기타 사회질서에 위반한 것인 때에는 그 법률행위는 무효로 한다.
> ② 조건이 법률행위의 당시 이미 성취한 것인 경우에는 그 조건이 정지조건이면 조건 없는 법률행위로 하고 해제조건이면 그 법률행위는 무효로 한다.
> ③ 조건이 법률행위의 당시에 이미 성취할 수 없는 것인 경우에는 그 조건이 해제조건이면 조건 없는 법률행위로 하고 정지조건이면 그 법률행위는 무효로 한다.

3. 조건부 법률행위의 효력

(1) 조건의 성부 확정 전의 효력

> **제148조【조건부권리의 침해금지】** 조건 있는 법률행위의 당사자는 조건의 성부가 미정한 동안에 조건의 성취로 인하여 생길 상대방의 이익을 해하지 못한다.
> **제149조【조건부권리의 처분 등】** 조건의 성취가 미정한 권리의무는 일반규정에 의하여 처분, 상속, 보존 또는 담보로 할 수 있다.

(2) 조건의 성부 확정 후의 효력

> **제147조【조건성취의 효과】** ① 정지조건 있는 법률행위는 조건이 성취한 때로부터 그 효력이 생긴다.
> ② 해제조건 있는 법률행위는 조건이 성취한 때로부터 그 효력을 잃는다.
> ③ 당사자가 조건성취의 효력을 그 성취 전에 소급하게 할 의사를 표시한 때에는 그 의사에 의한다.

① **법률행위의 효력의 확정**
　㉠ 정지조건부 법률행위는 조건이 성취되면 법률행위의 효력이 발생하고, 조건이 불성취되면 무효로 확정된다.
　㉡ 해제조건부 법률행위는 조건이 성취되면 법률행위의 효력이 소멸하고, 조건이 불성취되면 유효로 확정된다.

② **조건성취의 효력**
　㉠ 장래효(비소급효)가 원칙: 조건부 법률행위는 조건이 성취된 때로부터 법률행위의 효력이 발생하거나 소멸한다.
　㉡ 당사자의 약정에 의한 소급효 인정 여부: 조건부 법률행위는 조건이 성취한 때로부터 그 효력이 발생하거나 소멸하는 것이 원칙이지만, 당사자의 약정에 의해 조건성취의 효력을 조건성취 전으로 소급하게 할 수 있다. 다만, 소급효 약정으로 제3자의 권리를 해하지 못한다.

2 기한부 법률행위

1. 기한과 기한부 법률행위

(1) 기한의 의의

기한이란 법률행위효력의 발생 또는 소멸을 장래의 확실한 사실에 의존하게 하는 법률행위의 부관을 말한다.

(2) 기한부 법률행위

기한부 법률행위란 기한이 붙은 법률행위로, 기한이 법률행위의 내용이 되는 경우를 말한다.

2. 기한의 종류

(1) 시기와 종기

① **시기**(始期): 법률행위효력의 발생을 장래의 확실한 사실에 의존하게 하는 기한을 말한다.
② **종기**(終期): 법률행위효력의 소멸을 장래의 확실한 사실에 의존하게 하는 기한을 말한다.

(2) 확정기한과 불확정기한

① **확정기한**: 기한도래시기가 확정되어 있는 경우를 말한다(예 '전세기간을 내년 1월 1일부터 12월 31일까지로 한다'는 내용의 계약).
② **불확정기한**: 기한도래시기가 확정되어 있지 않은 경우를 말한다(예 甲이 乙에게 '丙이 사망하면' 아파트를 주겠다는 내용의 계약).

3. 기한부 법률행위의 효력

(1) 기한도래 전의 효력

> **제154조 【기한부권리와 준용규정】** 제148조와 제149조의 규정은 기한 있는 법률행위에 준용한다.

(2) 기한도래 후의 효력

> **제152조 【기한도래의 효과】** ① 시기 있는 법률행위는 기한이 도래한 때로부터 그 효력이 생긴다.
> ② 종기 있는 법률행위는 기한이 도래한 때로부터 그 효력을 잃는다.

① **법률행위의 효력의 확정**: 시기부 법률행위는 기한이 도래하면 법률행위의 효력이 발생하고, 종기부 법률행위는 기한이 도래하면 법률행위의 효력이 소멸한다.
② **기한도래의 효력**
　㉠ 장래효(비소급효)가 원칙: 기한부 법률행위는 기한이 도래한 때로부터 법률행위의 효력이 발생하거나 소멸한다.
　㉡ 당사자의 약정에 의한 소급효 인정 여부: 조건과 달리 기한은 당사자의 약정에 의한 소급효가 인정되지 않는다. 당사자의 약정에 의해 소급효를 인정하면 기한제도 자체가 무의미해지기 때문이다.

PART 2 물권법

물권은 사람이 물건을 직접 지배하는 권리입니다. 물권법 PART에서는 개별 물권의 특징, 특히 법률효과 부분을 잘 정리해 두도록 합니다.

Chapter 01 물권법 일반

학습포인트 물권의 개념을 이해한다.

1 서설

1. 물권의 본질

(1) 물권의 의의
채권이란 특정인이 다른 특정인에게 일정한 행위를 요구하는 권리를 말한다. 이에 비해 물권이란 물건과 권리를 직접 지배하여 이익을 얻는 배타적·절대적·관념적인 재산권을 말한다.

(2) 물권의 특질
① 직접적 지배권성   ② 배타성   ③ 절대성

2. 물권의 객체

(1) 물건과 권리
① 물권의 객체는 원칙적으로는 물건이며, 물권의 객체로서의 물건은 '현존하는 특정의 독립한 물건'이어야 한다.
② 물권의 객체는 원칙적으로 물건이지만, 예외적으로 권리에 대해 물권이 성립하는 경우도 있다.

> ㉠ 재산권의 준점유(제210조)
> ㉡ 유가증권을 목적으로 하는 유치권*(제320조)
> ㉢ 재산권을 목적으로 하는 질권(제345조~제355조)
> ㉣ 지상권과 전세권을 목적으로 하는 저당권(제371조)

> 📖 **용어 정리**
>
> ***유치권**
> 타인의 물건 또는 유가증권을 점유한 자가 그 물건이나 유가증권에 관해 생긴 채권이 변제기에 있는 경우 그 채권의 변제를 받을 때까지 그 물건 또는 유가증권을 유치할 수 있는 권리를 말한다.

(2) 일물일권주의

① **의의**: 하나의 물건 위에 하나의 물권이 성립한다는 원칙을 말한다.
② **예외**
  ㉠ 1필 토지의 일부에 대해서는 분필절차를 거치지 않아도 **용익물권***이 인정될 수 있다.
  ㉡ 1동 건물의 일부에 대해서도 **구분소유권***, 전세권이 인정된다.
  ㉢ 수목의 집단에 대해 「입목에 관한 법률」에 의해 소유권보존등기를 하면 이를 입목이라고 부르는데, 이러한 입목은 소유권과 저당권의 객체가 될 수 있다.
  ㉣ **명인방법***을 갖춘 수목의 집단, 미분리 **과실***은 소유권의 객체가 된다.
  ㉤ 또한 판례에 의하면 권원 없이 타인의 토지에 농작물을 심어 그 농작물이 수확기에 이른 경우 농작물은 토지에 부합하지 않고 언제나 **경작자의 소유**라고 한다.

> 📖 **용어 정리**
>
> ***용익물권**
> 타인의 물건을 일정한 범위 내에서 사용·수익할 수 있는 물권을 말한다. 용익물권은 물건의 사용가치를 지배한다는 점에서 물건의 교환가치를 지배하는 담보물권과 다르다.
>
> ***구분소유권**
> 1동 건물 중 구조상 독립성 및 이용상의 독립성을 가진 전유부분을 목적으로 하는 소유권을 말한다. 전유부분이란 구분소유권의 목적인 건물부분을 말한다.
>
> ***명인방법**
> 지상물을 토지로부터 물리적으로 분리하지 않은 채로 토지의 소유권과 독립해서 그 자체만을 거래하는 데 이용되는 공시방법이다.
>
> ***과실(果實)**
> 과실을 생기게 하는 물건이 원물이고, 원물로부터 생기는 물건이 과실이다.
> 예 과일나무의 열매, 소의 우유, 가축의 새끼, 지료, 차임, 이자, 건물의 사용이익 등

2 물권의 종류

1. 물권법정주의

> 제185조 【물권의 종류】 물권은 법률 또는 관습법에 의하는 외에는 임의로 창설하지 못한다.

(1) 의의
① 물권법정주의란 물권은 법률 또는 **관습법***에 의하는 외에는 임의로 창설하지 못한다는 것을 말한다(제185조).
② 제185조는 **강행규정***이므로 당사자는 이 규정에 위반하여 물권의 종류나 내용을 창설할 수 없다.

(2) 근거
물권법정주의는 물권거래를 안전하게 하고 **공시의 원칙***을 관철하기 위해 인정된 것이다.

> **용어 정리**
>
> ***관습법**
> 사회 내에서 일정한 관행이 반복되어 사회의 법적 확신을 얻어 법규범화된 것을 말한다.
>
> ***강행규정**
> 선량한 풍속 기타 사회질서와 관계있는 규정을 말하는데, 강행규정의 특징은 당사자가 강행규정의 내용과 다른 특약을 맺더라도 그 특약이 무효가 된다는 점이다.
>
> ***공시의 원칙**
> 물권의 귀속과 내용을 외부에 알려야 한다는 원칙(등기, 인도, 명인방법)을 말하는데, 이는 정적 거래안전을 보호하기 위하여 필요한 것이다. 공시의 원칙을 실현하는 방법에는 성립요건주의와 대항요건주의가 있다.

2. 물권의 종류와 분류

(1) 민법상의 물권
① 개관

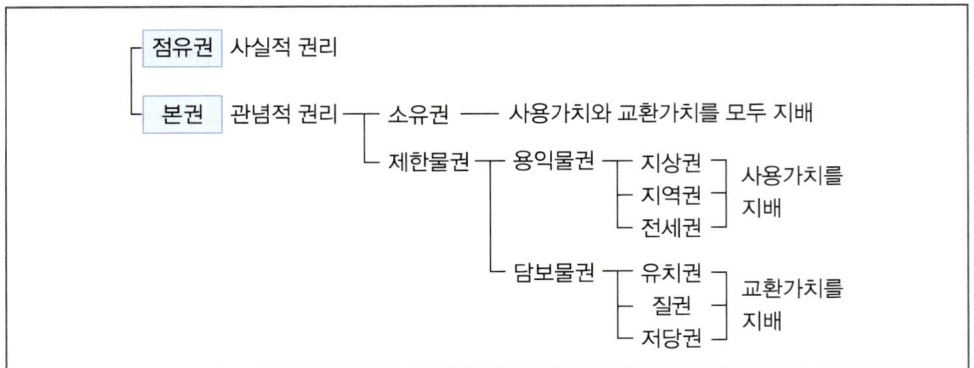

② **부동산물권과 동산물권**: 물권의 객체가 부동산인 경우를 부동산물권이라고 하고, 동산인 경우를 동산물권이라고 한다. 동산과 부동산 모두를 객체로 할 수 있는 물권에는 점유권, 소유권, 유치권이 있다.

(2) 관습법상의 물권
① 판례에 의해 인정된 관습법상의 물권으로는 **분묘기지권***, 관습법상의 법정지상권이 있다.
② 그러나 온천권과 사도통행권, 근린공원이용권은 관습법상의 물권이 아니라는 것이 판례의 태도이다(대판 1970.5.26, 69다1239; 대판 2002.2.26, 2001다64165; 대결 1995.5.23, 94마2218).

> **용어 정리**
>
> *분묘기지권
> 분묘를 소유하기 위하여 기지를 사용할 수 있는 권리를 말한다.

3 물권의 일반적 효력

1. 우선적 효력

(1) 물권 상호간의 우선적 효력
① 하나의 물건 위에 수개의 물권이 병존하는 경우, 시간적으로 먼저 성립한 물권이 우선한다. 이를 순위의 원칙(성립의 선후, 등기의 선후)이라고 한다.
② 주의할 점은 점유권은 우선적 효력이 없으므로 본권과 점유권은 병존할 수 있으며, 소유권과 제한물권이 충돌하는 경우에는 언제나 제한물권이 소유권에 우선한다는 점이다. 따라서 순위의 원칙이 적용되는 것은 제한물권 상호간의 우열문제에 한한다.

(2) 채권에 우선하는 효력
① 동일물 위에 물권과 채권이 병존하는 경우 성립시기를 불문하고 원칙적으로 물권이 우선한다.
② 그러나 예외적으로 채권이 물권에 우선하는 경우도 있다.

2. 물권적 청구권

(1) 의의
물권적 청구권이란 물권의 내용이 침해당하거나 침해당할 염려가 있는 경우 물권자가 침해자에 대해 물건의 반환, 방해제거, 방해예방을 청구할 수 있는 권리를 말한다.

(2) 인정이유
물권은 절대권이므로 모든 사람에게 주장할 수 있는 한편, 또 모든 사람으로부터 물권의 침해를 받을 수 있다. 그런데 그 침해로부터 물권을 보호해 줄 장치가 없다면 물권을 모든 사람에게 주장할 수 있도록 한 것이 아무런 의미가 없어지게 된다. 따라서 물권적 청구권은 물권의 실효성을 확보하기 위해 인정되는 제도이다.

(3) 요건
물권적 청구권이 성립하기 위해서는 다음의 요건을 갖추어야 한다.

> ① 권리자는 침해된 물권의 정당한 소지자이어야 한다.
> ② 침해 또는 침해의 염려가 있어야 한다. 이때 침해자에게 고의·과실*이 있어야 하는 것은 아니다.
> ③ 상대방은 현재 방해상태를 지배하는 자이다. 이때 상대방의 점유는 직접점유, 간접점유를 불문한다.

용어 정리

*고의·과실
고의란 위법한 결과를 예견하면서 이를 의욕하는 것을 말하고, 과실은 위법한 결과를 인식할 수 있었음에도 불구하고 부주의로 이를 예견하지 못한 것을 말한다. 「형법」에서는 고의와 과실을 엄격히 구별하나, 민법은 원칙적으로 양자를 구별하지 않는다.

(4) 내용
물권적 청구권의 내용으로는 반환청구권(예 대지인도청구, 건물명도청구 등), 방해제거청구권(예 건물철거청구, 등기말소청구 등), 방해예방청구권(예 건축금지청구, 공사중지청구 등)이 있다. 그러나 지역권*과 저당권은 목적물을 점유하는 권리가 아니므로 반환청구권이 인정되지 않는다.

용어 정리

*지역권
일정한 목적을 위해 타인의 토지를 자기토지의 편익에 이용하는 물권을 말한다.

Chapter 02 물권의 변동

📍 **학습포인트** 물권의 변동을 이해한다.

1 물권변동 일반

1. 물권변동의 의의

물권의 변동이란 물권의 발생, 변경, 소멸을 총칭하는 말이다. 물권변동을 권리의 주체라는 관점에서 보면 물권의 득실변경(得失變更)을 의미한다.

2. 물권변동의 원인

① 물권변동의 원인은 크게 법률행위에 의한 물권변동과 법률규정에 의한 물권변동으로 나눌 수 있다. 법률행위에 의한 물권변동이란 당사자의 의사에 의한 물권변동으로, 사적 자치를 원칙으로 하는 민법에서 가장 중요한 물권변동의 원인이다.

② 법률규정에 의한 물권변동이란 당사자의 의사에 의하지 않은 물권변동을 총칭하는 것으로, **취득시효***, **선의취득***, 선점·습득·발견, **첨부***, **소멸시효***, 혼동, 상속, 공용징수, 경매, 몰수 등이 이에 해당한다.

> **용어 정리**
>
> *** 취득시효**
> 물건 또는 권리를 점유하는 사실상태가 일정 기간 동안 계속된 경우에 그 상태가 진실한 권리관계와 일치하는지의 여부를 묻지 않고 권리취득의 효과가 생기는 것으로 하는 제도를 말한다.
>
> *** 선의취득**
> 동산을 점유하고 있는 자를 권리자로 믿고 평온, 공연, 선의, 무과실로 거래한 경우에는 비록 양도인이 정당한 권리자가 아니더라도 양수인이 그 동산에 대한 소유권 또는 질권을 취득하는 제도를 말한다.
>
> *** 첨부**
> 어떤 물건에 타인의 물건이 결합하거나 타인의 노력이 가하여지는 것으로, 이에는 부합·혼화·가공이 있다.
>
> *** 소멸시효**
> 권리자가 권리를 행사할 수 있음에도 불구하고 일정 기간 동안 권리를 행사하지 않는 상태가 계속된 경우에 그 권리를 소멸시키는 제도를 말한다.

2 부동산물권변동

1. 법률행위에 의한 부동산물권변동

> **제186조【부동산물권변동의 효력】** 부동산에 관한 법률행위로 인한 물권의 득실변경은 등기하여야 그 효력이 생긴다.

(1) 원칙

법률행위로 인한 물권변동에 있어 우리 민법은 성립요건주의를 취하고 있다. 따라서 법률행위에 의해 부동산물권이 변동하기 위해서는 물권행위와 등기가 있어야 한다.

(2) 제186조의 적용범위

제186조는 소유권, 지상권, 지역권, 전세권, 저당권에만 적용된다.

2. 법률규정에 의한 부동산물권변동

> **제187조【등기를 요하지 아니하는 부동산물권취득】** 상속, 공용징수, 판결, 경매 기타 법률의 규정에 의한 부동산에 관한 물권의 취득은 등기를 요하지 아니한다. 그러나 등기를 하지 아니하면 이를 처분하지 못한다.

(1) 원칙

① 법률규정에 의한 부동산물권변동이란 법률행위에 의하지 않은 부동산물권변동을 총칭하는 것이다. 법률규정에 의한 부동산물권의 취득 시에는 등기를 요하지 않는다. 등기를 요하지 않는 이유는 성질상 등기가 불가능하거나 국가기관의 행위라는 점 등을 들고 있다.

② 법률규정에 의한 부동산물권을 처분할 때에는 등기를 해야 한다.

(2) 제187조의 적용범위

① **상속**: 물권변동의 시기는 피상속인이 사망하는 때이다.
② **공용징수***: 물권변동의 시기는 협의수용의 경우에는 협의에서 정해진 시기이고, 재결수용의 경우에는 재결에서 정한 수용개시일이다.

> **용어 정리**
>
> ***공용징수**
> 공익사업을 위해 국민의 특정재산권을 법률에 의해 강제적으로 취득하는 것을 말한다.

③ **판결**: 물권변동의 시기는 판결확정 시이다. 다만, 주의할 것은 제187조에서 말하는 판결은 형성판결을 의미하고 이행판결·확인판결은 포함되지 않는다는 점이다.
④ **경매**: 소유권취득시기는 매수인(경락인)이 매각대금(경락대금)을 완납한 때이다. 제187조에서 말하는 경매는 공경매(公競賣)에 한한다.

(3) 제187조의 예외

점유취득시효(제245조 제1항, 제248조)는 제187조의 유일한 예외이다. 따라서 점유취득시효를 완성한 것만 가지고는 소유권을 취득하지 못하고 등기함으로써 소유권을 취득한다.

3 동산물권변동

1. 동산물권변동의 원인

(1) 법률행위로 인한 동산물권변동

법률행위로 인한 동산물권변동은 권리자로부터의 취득과 무권리자로부터의 취득(동산의 선의취득)으로 나눌 수 있다. 동산의 선의취득은 법률행위를 매개로 하지만 물권취득의 효과는 법률규정에 의해 발생한다.

(2) 법률규정에 의한 동산물권변동

법률규정에 의한 동산물권변동은 부동산과 같은 총칙규정을 두지 않고 소유권의 취득 부분에서 따로 규율하고 있다. 즉, 동산의 취득시효, 선점·습득·발견, 첨부(부합·혼화·가공) 등이 그것이다.

2. 권리자로부터의 취득

> **제188조 【동산물권양도의 효력, 간이인도*】** ① 동산에 관한 물권의 양도는 그 동산을 인도하여야 효력이 생긴다.
> ② 양수인이 이미 그 동산을 점유한 때에는 당사자의 의사표시만으로 그 효력이 생긴다.
> **제189조 【점유개정*】** 동산에 관한 물권을 양도하는 경우에 당사자의 계약으로 양도인이 그 동산의 점유를 계속하는 때에는 양수인이 인도받은 것으로 본다.
> **제190조 【목적물반환청구권의 양도】** 제3자가 점유하고 있는 동산에 관한 물권을 양도하는 경우에는 양도인이 그 제3자에 대한 반환청구권을 양수인에게 양도함으로써 동산을 인도한 것으로 본다.

> **용어 정리**
>
> * **간이인도(簡易引渡)**
>   양수인이 이미 그 동산을 점유한 때에는 당사자의 의사표시만으로 바로 점유가 이전되는 것으로 처리하는 것을 말한다.
>
> * **점유개정**
>   동산물권을 양도할 때 양도인이 양수인과의 사이에 점유매개관계를 설정하여 양수인에게 간접점유를 취득시키고 스스로는 양수인의 점유매개자로서 점유를 계속하는 것을 말한다.

3. 무권리자로부터의 취득 – 선의취득

> 제249조 【선의취득】 평온, 공연하게 동산을 양수한 자가 선의이며 과실 없이 그 동산을 점유한 경우에는 양도인이 정당한 소유자가 아닌 때에도 즉시 그 동산의 소유권을 취득한다.

Chapter 03 점유권

학습포인트 점유권의 특징을 파악한다.

1 점유권 일반

1. 점유권의 의의

① 점유권이란 본권(사실상의 지배를 정당화시켜 주는 법률상의 권리)의 유무를 불문하고 물건에 대한 사실상의 지배를 보호하는 권리이다.

② 예를 들어, 甲이 어떤 물건을 가지고 있는 경우는 소유자로서 가지고 있는 경우, 임차인으로서 가지고 있는 경우, 훔쳐서 가지고 있는 경우 등 여러 가지가 있을 수 있다. 그런데 민법은 이 모든 경우에 대해 점유취득의 원인을 불문하고 甲이 그 물건을 가지고 있다는 사실상태만으로 여러 가지 법적 보호를 해 주고 있다.

2. 점유의 개념

(1) 의의

① 점유란 물건에 대한 사실상의 지배를 말한다.

② 사실상의 지배가 반드시 물건에 대한 직접적 실력행사를 의미하지는 않는다.

물건에 대해 직접 실력을 미치면서도 점유가 인정되지 않는 경우도 있고(예 점유보조자*), 직접 실력을 미치지 않으면서도 점유가 인정되는 경우도 있다(예 간접점유, 점유권의 상속 등). 이와 같은 것을 점유의 관념화(觀念化)라고 한다.

> **용어 정리**
>
> *점유보조자
> 가사상, 영업상 기타 유사한 관계에 의해 타인의 지시를 받아 물건에 대한 사실상의 지배를 하는 자를 말한다. 예 가게의 점원, 가정부 등

(2) 요건

① 점유가 성립하기 위해서는 객관적 요건으로서 사실상의 지배와 주관적 요건으로서 점유설정의사가 있어야 한다.

② 사실상의 지배란 사회통념상 어떤 물건이 어떤 사람의 지배 내에 있다고 인정되는 객관적인 관계를 말한다. 이는 장소적인 관계와 시간적인 관계 및 본권과의 관계를 고려하여 판단한다. 장소적인 관계란 물리적 지배가능성, 타인의 인식가능성, 타인지배의 배제가능성을 내용으로 한다. 시간적인 관계란 점유가 어느 정도 계속되어야 한다는 것을 말한다. 그리고 점유는 본권과 무관하게 성립하는 것이지만 본권과의 관계도 중요한 참고사항이 된다.

2 점유의 관념화

1. 점유보조자

> 제195조【점유보조자】가사상, 영업상 기타 유사한 관계에 의하여 타인의 지시를 받아 물건에 대한 사실상의 지배를 하는 때에는 그 타인만을 점유자로 한다.

2. 간접점유*

> 제194조【간접점유】지상권, 전세권, 질권, 사용대차, 임대차, 임치 기타의 관계로 타인으로 하여금 물건을 점유하게 한 자는 간접으로 점유권이 있다.

> **용어 정리**
>
> *간접점유
> 점유매개관계를 통해 타인으로 하여금 물건을 점유하게 하는 경우를 말한다.

3. 점유권의 상속

> 제193조 【상속으로 인한 점유권의 이전】 점유권은 상속인에 이전한다.

3 점유의 태양

1. 자주점유와 타주점유

(1) 의의
① 자주점유(自主占有)란 소유의 의사를 가지고 하는 점유를 말하며, 타주점유(他主占有)란 자주점유 이외의 점유를 말한다. 매수인, 도인(盜人) 등이 자주점유에 해당하고, 지상권자, 전세권자, 질권자, 임차인 등은 타주점유에 해당한다.
② 자주점유는 타인의 소유권을 배척하고 자기가 소유자로서 사실상 점유하려는 의사이지 반드시 소유권이 있다고 믿고서 하는 점유가 아니다.

(2) 구별기준
① 자주점유인지의 여부는 권원의 성질에 의해 객관적으로 결정해야 한다는 것이 통설이다. 그러나 판례는 권원의 성질뿐만 아니라 점유와 관계가 있는 모든 사정을 고려해야 한다고 한다(대판 2005.4.15, 2003다49627).
② 한편, 소유의 의사는 점유개시 시에 있으면 족하다.

2. 선의점유와 악의점유

(1) 의의
① 선의점유(善意占有)란 본권이 없음에도 불구하고 본권이 있다고 오신하면서 하는 점유를 말한다.
② 악의점유(惡意占有)란 본권이 없음을 알거나 본권의 유무에 관해 의심을 품으면서 하는 점유를 말한다.

(2) 선의의 추정
① 점유자는 선의인 것으로 추정한다(제197조 제1항).
② 그러나 선의점유자라도 본권에 관한 소에 패소한 때에는 소제기 시부터 악의로 간주한다(제197조 제2항).

3. 과실 있는 점유와 과실 없는 점유

(1) 의의
본권이 없음에도 불구하고 본권이 있다고 오신하는 데 과실이 있는지 없는지에 의한 구별이다.

(2) 무과실의 추정 여부
무과실은 추정되지 않는다는 것이 통설과 판례의 태도이다.

4. 평온·공연점유와 폭력·은비점유

(1) 의의
평온점유(平穩占有)와 폭력점유(暴力占有)는 점유를 취득·보유하는 데 강폭행위를 썼는지의 여부에 따른 구별이고, 공연점유(公然占有)와 은비점유(隱秘占有)는 남몰래 하는 점유인지의 여부에 따른 구별이다.

(2) 평온·공연의 추정
민법 제197조 제1항에 의하면 점유자는 평온·공연하게 점유하는 것으로 추정한다.

5. 계속점유와 불계속점유

(1) 의의
점유의 계속성 여부에 따른 구별이다.

(2) 점유계속의 추정
전후 양 시점에 점유한 사실이 있는 때에는 그 점유는 계속한 것으로 추정한다(제198조).

4 점유권의 효력

1. 점유자의 추정적 효력

(1) 점유의 태양에 관한 추정
점유자는 소유의 의사로 선의, 평온 및 공연하게 점유한 것으로 추정한다(제197조 제1항).

(2) 점유의 계속추정

전후 양 시점에 점유한 사실이 있는 때에는 그 점유는 계속한 것으로 추정한다(제198조).

(3) 권리의 적법추정

> **제200조 【권리의 적법의 추정】** 점유자가 점유물에 대하여 행사하는 권리는 적법하게 보유한 것으로 추정한다.

2. 점유자와 회복자의 관계

(1) 서설

① 본권자(회복자)가 본권이 없는 점유자에 대해 반환청구권을 행사하는 경우 발생하는 문제들을 해결하기 위해 민법은 제201조 내지 제203조 규정을 두고 있다. 이 규정의 취지는 점유자의 이익을 보호하기 위해서이다.

② 제201조 내지 제203조 규정은 계약의 무효·취소에는 적용되나 계약의 **해제***에는 적용되지 않는다. 계약의 해제의 경우에는 제548조(원상회복의무)가 적용된다.

> **용어 정리**
>
> * 해제
> 유효하게 성립한 계약에 있어 당사자 일방의 채무불이행이 있는 경우 계약을 소급적으로 소멸시키는 일방적 의사표시를 말한다.

(2) 점유자의 과실취득권

> **제201조 【점유자와 과실】** ① 선의의 점유자는 점유물의 과실을 취득한다.
> ② 악의의 점유자는 수취한 과실을 반환하여야 하며 소비하였거나 과실로 인하여 훼손 또는 수취하지 못한 경우에는 그 과실의 대가를 보상하여야 한다.
> ③ 전항의 규정은 폭력 또는 은비에 의한 점유자에 준용한다.

(3) 목적물의 멸실·훼손에 대한 책임

> **제202조 【점유자의 회복자에 대한 책임】** 점유물이 점유자의 책임 있는 사유로 인하여 멸실 또는 훼손한 때에는 악의의 점유자는 그 손해의 전부를 배상하여야 하며 선의의 점유자는 이익이 현존하는 한도에서 배상하여야 한다. 소유의 의사가 없는 점유자는 선의인 경우에도 손해의 전부를 배상하여야 한다.

(4) 점유자의 비용상환청구권

> **제203조【점유자의 상환청구권】** ① 점유자가 점유물을 반환할 때에는 회복자에 대하여 점유물을 보존하기 위하여 지출한 금액 기타 필요비의 상환을 청구할 수 있다. 그러나 점유자가 과실을 취득한 경우에는 통상의 필요비는 청구하지 못한다.
> ② 점유자가 점유물을 개량*하기 위하여 지출한 금액 기타 유익비에 관하여는 그 가액의 증가가 현존한 경우에 한하여 회복자의 선택에 좇아 그 지출금액이나 증가액의 상환을 청구할 수 있다.
> ③ 전항의 경우에 법원은 회복자의 청구에 의하여 상당한 상환기간을 허여할 수 있다.

📘 용어 정리

* **개량**
  물건이나 권리의 가치를 증가시키는 행위를 말한다.
  예 가옥에 부가시설 설치, 무이자채권을 이자부로 전환 등

3. 점유보호청구권

> **제204조【점유의 회수】** ① 점유자가 점유의 침탈을 당한 때에는 그 물건의 반환 및 손해의 배상을 청구할 수 있다.
> ② 전항의 청구권은 침탈자의 특별승계인에 대하여는 행사하지 못한다. 그러나 승계인이 악의인 때에는 그러하지 아니하다.
> ③ 제1항의 청구권은 침탈을 당한 날로부터 1년 내에 행사하여야 한다.
> **제205조【점유의 보유】** ① 점유자가 점유의 방해를 받은 때에는 그 방해의 제거 및 손해의 배상을 청구할 수 있다.
> ② 전항의 청구권은 방해가 종료한 날로부터 1년 내에 행사하여야 한다.
> ③ 공사로 인하여 점유의 방해를 받은 경우에는 공사착수 후 1년을 경과하거나 그 공사가 완성한 때에는 방해의 제거를 청구하지 못한다.
> **제206조【점유의 보전】** ① 점유자가 점유의 방해를 받을 염려가 있는 때에는 그 방해의 예방 또는 손해배상의 담보를 청구할 수 있다.
> ② 공사로 인하여 점유의 방해를 받을 염려가 있는 경우에는 전조 제3항의 규정을 준용한다.
> **제207조【간접점유의 보호】** ① 전3조의 청구권은 제194조의 규정에 의한 간접점유자도 이를 행사할 수 있다.
> ② 점유자가 점유의 침탈을 당한 경우에 간접점유자는 그 물건을 점유자에게 반환할 것을 청구할 수 있고 점유자가 그 물건의 반환을 받을 수 없거나 이를 원하지 아니하는 때에는 자기에게 반환할 것을 청구할 수 있다.

4. 자력구제*

> **제209조【자력구제】** ① 점유자는 그 점유를 부정히 침탈 또는 방해하는 행위에 대하여 자력으로써 이를 방위할 수 있다.
> ② 점유물이 침탈되었을 경우에 부동산일 때에는 점유자는 침탈 후 직시 가해자를 배제하여 이를 탈환할 수 있고 동산일 때에는 점유자는 현장에서 또는 추적하여 가해자로부터 이를 탈환할 수 있다.

용어 정리

* **자력구제**
  자기의 점유권을 보호하기 위해 점유자 자신이 직접 실력을 행사하는 권리구제제도를 말한다.

Chapter 04 소유권

학습포인트 소유권의 특징을 파악한다.

1 소유권 일반

1. 서설

> **제211조【소유권의 내용】** 소유자는 법률의 범위 내에서 그 소유물을 사용, 수익, 처분할 권리가 있다.

(1) 소유권의 의의

소유권이란 법률의 범위 내에서 그 소유물을 사용·수익·처분할 수 있는 권리를 말한다(제211조). 이러한 소유권은 물건이 갖는 가치를 전면적으로 지배할 수 있는 완전물권이란 점에서 물건의 일부가치만을 대상으로 하는 제한물권과 구별된다.

(2) 소유권의 객체

소유권의 객체는 물건에 한한다. 따라서 채권과 같은 권리에 대해서는 소유권이 성립할 수 없다.

2. 토지소유권의 범위

> **제212조【토지소유권의 범위】** 토지의 소유권은 정당한 이익 있는 범위 내에서 토지의 상하에 미친다.

2 소유권의 취득

1. 취득시효

> **제245조【점유로 인한 부동산소유권의 취득기간】** ① 20년간 소유의 의사로 평온, 공연하게 부동산을 점유하는 자는 등기함으로써 그 소유권을 취득한다.
> ② 부동산의 소유자로 등기한 자가 10년간 소유의 의사로 평온, 공연하게 선의이며 과실 없이 그 부동산을 점유한 때에는 소유권을 취득한다.
> **제246조【점유로 인한 동산소유권의 취득기간】** ① 10년간 소유의 의사로 평온, 공연하게 동산을 점유한 자는 그 소유권을 취득한다.
> ② 전항의 점유가 선의이며 과실 없이 개시된 경우에는 5년을 경과함으로써 그 소유권을 취득한다.
> **제247조【소유권취득의 소급효, 중단사유】** ① 전2조의 규정에 의한 소유권취득의 효력은 점유를 개시한 때에 소급한다.
> ② 소멸시효의 중단*에 관한 규정은 전2조의 소유권취득기간에 준용한다.
> ➕ 취득시효에도 중단·정지·포기가 모두 있다.
> **제248조【소유권 이외의 재산권의 취득시효】** 전3조의 규정은 소유권 이외의 재산권의 취득에 준용한다.

📘 용어 정리

* **소멸시효의 중단**
  권리불행사를 중단시키는 권리자 또는 의무자의 일정한 행위가 있는 경우, 그때까지 진행된 시효기간을 소멸시키고 중단사유가 종료한 때로부터 새로 소멸시효를 진행시키는 제도를 말한다.

(1) 서설
① **의의**: 취득시효란 물건 또는 권리를 점유하는 사실상태가 일정 기간 동안 계속된 경우에 그 상태가 진실한 권리관계와 일치하는지의 여부를 묻지 않고 권리취득의 효과가 생기는 것으로 하는 제도를 말한다.
② **존재이유**: 취득시효제도는 사회질서의 안정과 유지, 입증곤란의 구제 및 권리행사의 태만에 대한 제재를 그 존재이유로 하고 있다.

③ **종류**

부동산 물권의 취득시효	점유 취득시효	20년간 소유의 의사로 평온·공연하게 부동산을 점유한 자가 등기함으로써 소유권을 취득하는 제도
	등기부 취득시효	부동산의 소유자로 등기한 자가 10년간 소유의 의사로 평온·공연·선의·무과실로 점유하면 소유권을 취득하는 제도
동산 물권의 취득시효	장기 취득시효	10년간 소유의 의사로 평온·공연하게 동산을 점유하면 소유권을 취득하는 제도
	단기 취득시효	5년간 소유의 의사로 평온·공연·선의·무과실로 동산을 점유하면 소유권을 취득하는 제도

(2) 점유취득시효

① **주체**: 취득시효의 주체는 자연인과 법인 외에 **권리능력 없는 사단*·재단***, 국가 또는 지방자치단체도 될 수 있다.

> **용어 정리**
>
> ***권리능력 없는 사단**
> 사단으로서의 실질은 가지고 있으나 설립등기를 하지 아니하여 법인격을 취득하지 못한 사단을 말한다. 법인격 없는 사단, 비법인사단, 법인 아닌 사단이라고도 한다.
>
> ***권리능력 없는 재단**
> 재단으로서의 실질을 가지고 있으나 설립등기를 하지 않은 경우를 말한다.

② **객체**: 취득시효의 객체는 부동산이다.
③ **시효기간의 기산점**: 원칙적으로 점유개시 시를 기준으로 한다.
④ **소유의 의사**
　㉠ 의의: 취득시효요건으로서 점유는 소유의 의사로 하는 점유, 즉 **자주점유***이어야 한다. 자주점유란 소유의 의사를 가지고 하는 점유이다. 주의할 것은 소유의 의사란 타인의 소유권을 배척하고 자기가 소유자로서 사실상 점유하려는 의사이지 반드시 소유권이 있다고 믿고 하는 점유가 아니라는 점이다.

> **용어 정리**
>
> ***자주점유**
> 매수인, 도인(盜人) 등이 자주점유에 해당한다.

　㉡ 판단기준: 자주점유인지의 여부는 권원의 성질에 의해 객관적으로 결정하여야 한다는 것이 통설이다. 그러나 판례는 권원의 성질뿐만 아니라 점유와 관계가 있는 모든 사정을 고려해야 한다고 한다(대판 2005.4.15, 2003다49627).
⑤ **평온·공연한 점유**: 점유자는 평온·공연하게 점유하는 것으로 추정된다(제197조 제1항).

⑥ 등기

　㉠ 점유자가 ①~⑤의 요건을 구비한 때에는 등기함으로써 그 소유권을 취득한다(제245조 제1항).

　㉡ 점유취득시효는 제187조(등기를 요하지 아니하는 부동산물권취득)의 예외로서 등기하여야 소유권을 취득한다.

⑦ 취득시효의 효과

　㉠ 취득시효는 원시취득이다. 따라서 전권리자에게 존재하였던 모든 제한은 소멸한다.

> **+ 보충** **원시취득**
>
> 종전에 없던 권리가 처음으로 생기는 것으로, 신축건물의 소유권취득, 취득시효, 선의취득, 무주물선점·유실물습득·매장물발견, 첨부(부합·혼화·가공), 인격권·가족권의 취득, 매매로 인한 채권취득 등이 이에 해당한다.

　㉡ 취득시효로 인한 권리취득의 효과는 점유를 개시한 때에 소급한다(제247조 제1항).

(3) 등기부취득시효

① 시효취득자 명의의 등기

　㉠ 소유자가 아니면서 소유자로 등기되어 있어야 한다.

　㉡ 이때의 등기는 적법 유효한 등기일 필요는 없고, 원인무효의 등기라도 무방하다.

② 10년의 등기 및 점유

　㉠ 등기기간과 점유기간은 각각 10년이어야 한다. 반드시 시효취득자 명의로 10년간 등기되어 있어야 하는 것은 아니고 전주 명의의 등기기간까지 합쳐 10년간 소유자로 등기되어 있으면 충분하다.

　㉡ 선의·무과실로 점유하여야 한다.

2. 무주물선점·유실물습득·매장물발견

(1) 무주물선점

> **제252조【무주물의 귀속】** ① 무주의 동산을 소유의 의사로 점유한 자는 그 소유권을 취득한다.
> ② 무주의 부동산은 국유로 한다.
> ③ 야생하는 동물은 무주물로 하고 사양하는 야생동물도 다시 야생상태로 돌아가면 무주물로 한다.

(2) 유실물습득

> **제253조 【유실물의 소유권취득】** 유실물은 법률에 정한 바에 의하여 공고한 후 6개월 내에 그 소유자가 권리를 주장하지 아니하면 습득자가 그 소유권을 취득한다.

(3) 매장물발견

> **제254조 【매장물의 소유권취득】** 매장물은 법률에 정한 바에 의하여 공고한 후 1년 내에 그 소유자가 권리를 주장하지 아니하면 발견자가 그 소유권을 취득한다. 그러나 타인의 토지 기타 물건으로부터 발견한 매장물은 그 토지 기타 물건의 소유자와 발견자가 절반하여 취득한다.

3. 첨부(부합·혼화·가공)

(1) 서설

① 의의
  ㉠ 첨부(添附)란 어떤 물건에 타인의 물건이 결합하거나 타인의 노력이 가하여지는 것으로, 이에는 부합·혼화·가공이 있다.
  ㉡ 첨부제도는 어떤 물건에 타인의 물건이 결합하거나 타인의 노력이 가하여진 경우 이를 원상회복하는 것이 물리적으로 불가능하지는 않다 하더라도 사회·경제적으로 불이익하므로 그 복구를 허용하지 않고서 그것을 어느 누구의 소유에 귀속시키고자 하는 데 취지가 있다.
  ㉢ 첨부에 의한 소유권취득은 법률규정에 의한 소유권취득이므로 공시방법을 요하지 않는다.

② 첨부의 중심적 효과

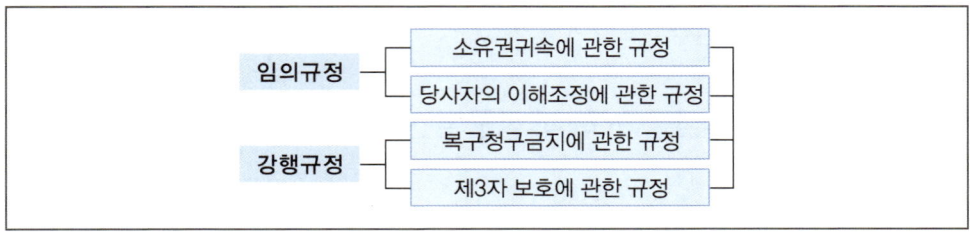

(2) 부합

> **제256조【부동산에의 부합】** 부동산의 소유자는 그 부동산에 부합한 물건의 소유권을 취득한다. 그러나 타인의 권원에 의하여 부속된 것은 그러하지 아니하다.
> **제257조【동산 간의 부합】** 동산과 동산이 부합하여 훼손하지 아니하면 분리할 수 없거나 그 분리에 과다한 비용을 요할 경우에는 그 합성물의 소유권은 주된 동산의 소유자에게 속한다. 부합한 동산의 주종을 구별할 수 없는 때에는 동산의 소유자는 부합 당시의 가액의 비율로 합성물을 공유한다.

(3) 혼화

> **제258조【혼화】** 전조의 규정은 동산과 동산이 혼화하여 식별할 수 없는 경우에 준용한다.

(4) 가공

> **제259조【가공】** ① 타인의 동산에 가공한 때에는 그 물건의 소유권은 원재료의 소유자에게 속한다. 그러나 가공으로 인한 가액의 증가가 원재료의 가액보다 현저히 다액인 때에는 가공자의 소유로 한다.
> ② 가공자가 재료의 일부를 제공하였을 때에는 그 가액은 전항의 증가액에 가산한다.

3 소유권에 기한 물권적 청구권

1. 의의

① 소유권의 내용이 침해당하거나 침해당할 염려가 있는 경우에 소유자가 침해자에 대해 물건의 반환, 방해제거, 방해예방을 청구할 수 있는 권리를 말한다.
② 민법은 제213조와 제214조에서 소유권에 기한 물권적 청구권 규정을 두고, 이 규정을 다른 물권에 준용하고 있다(제290조, 제301조, 제319조, 제370조).

2. 유형

> **제213조【소유물반환청구권】** 소유자는 그 소유에 속한 물건을 점유한 자에 대하여 반환을 청구할 수 있다. 그러나 점유자가 그 물건을 점유할 권리가 있는 때에는 반환을 거부할 수 있다.
> **제214조【소유물방해제거, 방해예방청구권】** 소유자는 소유권을 방해하는 자에 대하여 방해의 제거를 청구할 수 있고 소유권을 방해할 염려 있는 행위를 하는 자에 대하여 그 예방이나 손해배상의 담보를 청구할 수 있다.

4 공동소유 일반

① 공동소유란 하나의 물건을 2인 이상의 다수인이 공동으로 소유하는 것을 말한다.
② 공동소유의 유형으로 민법은 당사자 간의 인적 결합관계의 정도에 따라 **공유***(제262조), **합유***(제271조), **총유***(제275조)의 3가지를 인정하고 있다.

> 📖 **용어 정리**
>
> *공유
> 1개의 소유권이 분량적으로 분할되어 수인에게 귀속하는 공동소유 형태를 말한다.
>
> *합유
> 계약 또는 법률규정에 의해 수인이 조합체로서 물건을 소유하는 공동소유 형태를 말한다.
>
> *총유
> 법인 아닌 사단의 사원이 집합체로서 물건을 소유하는 공동소유 형태를 말한다.

한눈에 보기 공유·합유·총유의 비교

구분	공유	합유	총유
공동목적	공동목적 ×	공동목적 ○	공동목적 ○
지분	공유지분	합유지분	지분이 없음
지분처분	자유 (처분금지특약 가능)	전원의 동의	없음
분할청구	자유	조합이 존속하는 동안은 불가	불가
보존행위	각자가 단독으로	각자가 단독으로	총회의 결의를 거쳐 사단 자신의 명의로 하거나 구성원 전원의 이름으로 (판례)
관리행위	지분의 과반수	조합계약 ➡ 조합원의 과반수	사원총회의 결의
처분·변경행위	전원의 동의	전원의 동의	사원총회의 결의
사용·수익	지분의 비율로 전부	지분비율, 조합계약	정관 기타 규약

③ 공유물의 소수지분권자가 다른 공유자와의 협의 없이 공유물을 배타적으로 점유하는 경우 다른 소수지분권자는 공유물의 인도를 청구할 수는 없고, 공유물에 대한 공동점유·사용을 방해하는 소수지분권자의 행위에 대한 방해금지나 소수지분권자가 설치한 지상물의 제거 등 방해제거만을 청구할 수 있다(대판 전합체 2020.5.21, 2018다287522).

Chapter 05 용익물권

학습포인트 용익물권과 담보물권의 차이점을 이해한다.

1 용익물권 일반

1. 서설

용익물권(用益物權)이란 타인의 물건을 일정한 범위 내에서 사용·수익할 수 있는 물권을 말한다. 용익물권은 물건의 사용가치를 지배한다는 점에서 물건의 교환가치를 지배하는 담보물권과 다르다. 용익물권에는 지상권, 지역권, 전세권의 3가지가 있다.

2. 용익물권의 종류

(1) 지상권
타인의 토지에 건물 기타 공작물 또는 수목을 소유하기 위해 그 토지를 사용할 수 있는 물권을 말한다.

(2) 지역권
일정한 목적을 위해 타인의 토지를 자기토지의 편익에 이용하는 물권을 말한다.

(3) 전세권
전세금을 지급하고 타인의 부동산을 점유하여 그 부동산의 용도에 좇아 사용·수익하는 용익물권으로, 전세권이 소멸하면 목적부동산으로부터 전세권자가 전세금의 우선변제를 받을 수 있는 권리를 말한다.

2 지상권

1. 의의

> **제279조【지상권의 내용】** 지상권자는 타인의 토지에 건물 기타 공작물이나 수목을 소유하기 위하여 그 토지를 사용하는 권리가 있다.

① 지상권(地上權)이란 타인의 토지에 건물 기타 공작물 또는 수목을 소유하기 위하여 그 토지를 사용할 수 있는 물권을 말한다(제279조).

② 수목을 소유하기 위해서는 **구분지상권***을 설정할 수 없다(제289조의2).

> 📖 **용어 정리**
>
> * **구분지상권**
> 지하 또는 지상의 공간에 상하의 범위를 정해 건물 기타 공작물을 소유하기 위한 지상권을 말한다.

2. 성질

(1) 타물권
① 지상권은 토지소유자에 대한 권리가 아니라 타인의 토지에 대한 권리이다.
② 지상권은 1필 토지의 일부에 대해서도 성립할 수 있고, 물권이므로 양도성과 상속성이 인정된다.

(2) 건물 기타 공작물 또는 수목을 소유하기 위한 권리
① 공작물에는 지상공작물뿐만 아니라 지하공작물도 포함된다. 수목이란 식재(植栽)의 대상이 되는 식물을 말하고 경작의 대상이 되는 식물은 포함되지 않는다.
② 또한 지상권은 소유에 필요한 범위 내에서 그 부속지에까지 그 효력이 미친다.

(3) 타인의 토지를 사용할 수 있는 권리
① 우리의 경우 토지와 건물은 별개의 부동산이므로 건물은 토지에 부합하지 않는다. 따라서 우리 민법은 지상권을 타인의 토지를 사용할 수 있는 권리로 파악하고 있다.
② 지상권에는 부종성이 없다. 따라서 현재 건물 기타 공작물 또는 수목이 없더라도 지상권은 유효하게 성립하고, 기존의 건물 기타 공작물 또는 수목이 멸실하더라도 지상권은 존속한다.
③ 지상권은 토지를 점유할 수 있는 권리를 포함하고, 지상권에 대해서는 **상린관계*** 규정이 준용된다.

> 📖 **용어 정리**
>
> * **상린관계**
> 인접한 부동산의 소유자 상호간의 이용을 조절하기 위한 제도를 말한다.

(4) 지료의 지급이 지상권 성립요소인지 여부
지료의 지급이 모든 지상권의 성립요소는 아니다.

3. 지상권의 존속기간

(1) 존속기간을 약정한 경우

> **제280조【존속기간을 약정한 지상권】** ① 계약으로 지상권의 존속기간을 정하는 경우에는 그 기간은 다음 연한보다 단축하지 못한다.
> 1. 석조, 석회조, 연와조 또는 이와 유사한 견고한 건물이나 수목의 소유를 목적으로 하는 때에는 30년
> 2. 전호 이외의 건물의 소유를 목적으로 하는 때에는 15년
> 3. 건물 이외의 공작물의 소유를 목적으로 하는 때에는 5년
> ② 전항의 기간보다 단축한 기간을 정한 때에는 전항의 기간까지 연장한다.

① 최단존속기간은 제한규정이 있다(제280조). 즉, '석조, 석회조, 연와조 또는 이와 유사한 견고한 건물이나 수목의 소유를 목적으로 하는 때에는 30년, 그 밖의 건물의 소유를 목적으로 하는 때에는 15년, 건물 이외의 공작물의 소유를 목적으로 하는 때에는 5년'이다. 최단존속기간보다 짧은 기간을 정한 때에는 최단존속기간까지 연장한다.

② 최장존속기간은 제한규정이 없다. 따라서 영구무한의 지상권설정이 가능한지가 문제되는데, 판례는 이를 긍정하고 있다.

(2) 존속기간을 약정하지 아니한 경우

> **제281조【존속기간을 약정하지 아니한 지상권】** ① 계약으로 지상권의 존속기간을 정하지 아니한 때에는 그 기간은 전조의 최단존속기간으로 한다.
> ② 지상권설정 당시에 공작물의 종류와 구조를 정하지 아니한 때에는 지상권은 전조 제2호의 건물의 소유를 목적으로 한 것으로 본다.

① 설정계약으로 지상권의 존속기간을 정하지 아니한 때에는 최단존속기간을 존속기간으로 한다(제281조).

② 지상권설정 당시 공작물의 종류와 구조를 정하지 아니한 때에는 지상권의 존속기간을 15년으로 본다. 따라서 수목의 존속기간은 언제나 30년이다.

(3) 계약의 갱신

① **의의**: 계약의 갱신(更新)이란 소멸하려고 하는 지상권을 다시 존속시키기로 하는 당사자 사이의 합의를 말한다.

② 지상권자의 갱신청구권과 지상물매수청구권

> **제283조【지상권자의 갱신청구권, 매수청구권】** ① 지상권이 소멸한 경우에 건물 기타 공작물이나 수목이 현존한 때에는 지상권자는 계약의 갱신을 청구할 수 있다.
> ② 지상권설정자가 계약의 갱신을 원하지 아니하는 때에는 지상권자는 상당한 가액으로 전항의 공작물이나 수목의 매수를 청구할 수 있다.

㉠ 갱신청구권: 지상권이 존속기간의 만료로 소멸한 경우에 건물 기타 공작물이나 수목이 현존한 때에는 지상권자는 계약의 갱신을 청구할 수 있다(제283조 제1항). 갱신청구권은 청구권이므로 지상권자의 갱신청구로 곧 계약갱신의 효과가 발생하는 것이 아니라 지상권설정자가 갱신청구에 응하여 갱신계약을 체결하여야 갱신의 효과가 발생한다.

㉡ 지상물매수청구권: 토지소유자가 갱신청구에 응하지 않으면 지상권자는 지상물매수를 청구할 수 있다(제283조 제2항). 지상물매수청구권은 형성권이므로 지상물매수청구권을 행사하면 곧바로 지상물에 관한 매매계약이 성립한다. 매수청구를 할 수 있는 지상물에는 제한이 없으나 지료체납 기타 지상권자의 귀책사유로 약정소멸사유가 발생한 경우 지상물매수청구권을 행사할 수 없다는 것이 판례의 태도이다.

③ **계약갱신과 존속기간**: 당사자가 계약을 갱신하는 경우 그 존속기간은 갱신한 날로부터 최단존속기간보다 단축하지 못한다. 그러나 최단존속기간보다 장기로 하는 것은 가능하다(제284조).

4. 지상권의 효력

(1) 지상권자의 토지사용권

① 지상권자는 설정행위로 정한 목적범위 내에서 토지를 사용·수익할 수 있다.
② 토지소유자는 지상권자의 토지사용을 방해해서는 안 되는 소극적인 인용의무를 부담한다.

(2) 지상권의 처분

> **제282조【지상권의 양도, 임대】** 지상권자는 타인에게 그 권리를 양도하거나 그 권리의 존속기간 내에서 그 토지를 임대할 수 있다.

① **투하자본의 회수**: 지상권자는 타인의 토지 위에 건물을 축조하거나 수목을 식재하는 것이므로 많은 자본을 투하하게 된다. 따라서 지상권자는 자신이 투하한 자본을 회수할 필요가 생긴 경우에는 지상물을 지상권과 함께 처분할 수 있어야 한다.

② **지상권의 양도·임대·담보제공**: 지상권자는 지상권설정자의 동의 없이 지상권을 타인에게 양도하거나 그 권리의 존속기간 내에서 그 토지를 임대할 수 있고(제282조), 또한 담보로 제공할 수 있다. 지상권을 담보로 제공하는 방법은 저당권을 설정하는 것뿐이며, 제282조의 규정은 편면적 강행규정이므로 양도·임대·담보제공금지특약은 모두 무효이다.

(3) 지료지급의무

① **지료지급청구권**: 지료의 지급은 지상권의 성립요소는 아니나 당사자가 지료의 지급을 약정한 때에는 지상권자는 지료지급의무를 부담한다. 지료는 일시급이든 정기급이든 불문하며, 금전에 한하지 않는다.

② **지료증감청구권**: 지료가 토지에 관한 조세 기타 부담의 증감이나 지가의 변동으로 인하여 상당하지 아니하게 된 때에는 당사자는 그 증감을 청구할 수 있다(제286조). 지료증감청구권은 형성권이다.

③ **지료체납의 효과**

> 제287조【지상권소멸청구권】지상권자가 2년 이상의 지료를 지급하지 아니한 때에는 지상권설정자는 지상권의 소멸을 청구할 수 있다.
> 제288조【지상권소멸청구와 저당권자에 대한 통지】지상권이 저당권의 목적인 때 또는 그 토지에 있는 건물, 수목이 저당권의 목적이 된 때에는 전조의 청구는 저당권자에게 통지한 후 상당한 기간이 경과함으로써 그 효력이 생긴다.

5. 지상권의 소멸

(1) 소멸원인

① **일반적 소멸원인**: 목적물의 멸실, 공용징수, 혼동*, 몰수, 소멸시효, 존속기간의 만료, 약정소멸사유의 발생, 지상권에 우선하는 저당권의 실행에 의한 경매 등

② **특유한 소멸원인**: 지상권설정자의 소멸청구(제287조), 지상권의 포기

📖 **용어 정리**

*혼동
서로 대립하는 두 개의 법률상 지위 또는 자격이 동일인에게 귀속하는 경우를 말하는데, 혼동은 물권과 채권의 공통된 소멸원인이다.

(2) 소멸효과

> **제285조【수거의무, 매수청구권】** ① 지상권이 소멸한 때에는 지상권자는 건물 기타 공작물이나 수목을 수거하여 토지를 원상에 회복하여야 한다.
> ② 전항의 경우에 지상권설정자가 상당한 가액을 제공하여 그 공작물이나 수목의 매수를 청구한 때에는 지상권자는 정당한 이유 없이 이를 거절하지 못한다.

3 지역권

1. 지역권 일반

(1) 의의

> **제291조【지역권의 내용】** 지역권자는 일정한 목적을 위하여 타인의 토지를 자기토지의 편익에 이용하는 권리가 있다.

① 지역권(地役權)이란 일정한 목적을 위하여 타인의 토지를 자기토지의 편익에 이용하는 물권을 말한다(제291조). 이때 편익을 주는 토지를 승역지(承役地)라고 하고, 편익을 받는 토지를 요역지(要役地)라고 한다.
② 지역권은 승역지를 요역지의 편익에 이용하는 권리이다. '토지의 편익에 이용'한다는 것은 요역지의 사용가치를 증가시키는 것을 말한다. 주의할 것은 지역권에서 편익을 받는 것은 토지이지 사람이 아니라는 점이다.
③ **지역권의 특징**(요역지와 승역지 사이의 관계)

> ⊙ 지역권자로 될 수 있는 자는 토지소유자, 지상권자, 전세권자, 임차인 등이다.
> ⓒ 요역지는 반드시 1필의 토지이어야 한다. 따라서 1필 토지의 일부를 위한 지역권 설정은 불가능하다.
> ⓒ 승역지는 1필 토지의 일부이어도 무방하다. 따라서 1필 토지의 일부에 대한 지역권 설정은 가능하다.
> ⓔ 요역지와 승역지는 인접할 필요는 없다.

(2) 존속기간

지역권의 존속기간에 관해서는 규정이 없다. 영구무한의 지역권 설정도 가능하다(통설, 판례).

2. 특수지역권

> **제302조【특수지역권】** 어느 지역의 주민이 집합체의 관계로 각자가 타인의 토지에서 초목, 야생물 및 토사의 채취, 방목 기타의 수익을 하는 권리가 있는 경우에는 관습에 의하는 외에 본장의 규정을 준용한다.

4 전세권

1. 의의

> **제303조【전세권의 내용】** ① 전세권자는 전세금을 지급하고 타인의 부동산을 점유하여 그 부동산의 용도에 좇아 사용·수익하며, 그 부동산 전부에 대하여 후순위권리자 기타 채권자보다 전세금의 우선변제를 받을 권리가 있다.
> ② 농경지는 전세권의 목적으로 하지 못한다.

① 전세권(傳貰權)이란 전세금을 지급하고 타인의 부동산을 점유하여 그 부동산의 용도에 좇아 사용·수익하는 용익물권으로, 전세권이 소멸하면 목적부동산으로부터 전세권자는 전세금의 우선변제를 받을 수 있는 권리를 말한다(제303조 제1항).
② 전세권은 목적부동산을 직접 지배할 수 있는 물권인 데 비해 채권적 전세는 목적부동산을 사용·수익하게 할 것을 청구할 수 있는 채권에 불과하다.

2. 성질

(1) 타물권
① 전세권은 부동산소유자에 대한 권리가 아니라 타인의 부동산에 대한 권리이다.
② 전세권은 1필 토지의 일부 또는 1동 건물의 일부에 대해서도 성립할 수 있다. 그러나 농경지는 전세권의 목적으로 하지 못한다.

(2) 용익물권
① 전세권은 목적부동산을 점유하여 그 부동산의 용도에 좇아 사용·수익하는 권리이다.
② 지상권과 동일한 목적을 위해 전세권을 설정하는 것도 가능하다.

(3) 전세금
① 전세금의 지급은 전세권의 성립요건이다. 전세금이 현실적으로 수수될 필요는 없고 기존채권으로 전세금의 지급에 갈음할 수도 있다.

② 전세금이 목적부동산에 관한 조세·공과금 기타 부담의 증감이나 경제사정의 변동으로 인해 상당하지 아니하게 된 때에는 당사자는 장래에 대해 그 증감을 청구할 수 있다. 그러나 증액의 경우에는 대통령령이 정하는 기준에 따른 비율을 초과하지 못한다. 전세금증감청구권은 형성권이다.

3. 전세권의 취득

(1) 법률행위에 의한 취득

전세권은 전세권설정계약과 등기에 의해 성립한다. 주의할 것은 목적부동산의 인도는 성립요건이 아니라는 점이다. 그 밖에 전세권의 양도에 의해서도 전세권을 취득할 수 있다.

(2) 법률규정에 의한 취득

전세권은 상속에 의해 취득할 수 있고, 전세권의 시효취득도 가능하다.

4. 전세권의 존속기간

> **제312조 【전세권의 존속기간】** ① 전세권의 존속기간은 10년을 넘지 못한다. 당사자의 약정기간이 10년을 넘는 때에는 이를 10년으로 단축한다.
> ② 건물에 대한 전세권의 존속기간을 1년 미만으로 정한 때에는 이를 1년으로 한다.
> ③ 전세권의 설정은 이를 갱신할 수 있다. 그 기간은 갱신한 날로부터 10년을 넘지 못한다.
> ④ 건물의 전세권설정자가 전세권의 존속기간 만료 전 6월부터 1월까지 사이에 전세권자에 대하여 갱신거절의 통지 또는 조건을 변경하지 아니하면 갱신하지 아니한다는 뜻의 통지를 하지 아니한 경우에는 그 기간이 만료된 때에 전전세권과 동일한 조건으로 다시 전세권을 설정한 것으로 본다. 이 경우 전세권의 존속기간은 그 정함이 없는 것으로 본다.
> **제313조 【전세권의 소멸통고】** 전세권의 존속기간을 약정하지 아니한 때에는 각 당사자는 언제든지 상대방에 대하여 전세권의 소멸을 통고할 수 있고 상대방이 이 통고를 받은 날로부터 6월이 경과하면 전세권은 소멸한다.

(1) 설정행위에서 정하는 경우

① 최단존속기간은 제한규정이 없다. 다만, 건물전세권에 대해서는 최단존속기간규정이 있다(1년).
② 최장존속기간은 제한규정이 있다. 약정에 의한 전세권의 존속기간은 10년을 넘지 못한다. 약정기간이 10년을 넘는 때에는 10년으로 단축한다(제312조 제1항).

(2) 설정행위에서 정하지 않은 경우

① 각 당사자는 언제든지 상대방에 대하여 전세권의 소멸을 통고할 수 있고, 상대방이 이 통고를 받은 날로부터 6개월이 경과하면 전세권은 소멸한다(제313조).

② 단, 건물전세권에 대해서는 약정기간을 설정하지 않더라도 제312조 제2항의 취지상 1년간은 그 존속이 보장되는 것으로 해석한다.

(3) 계약의 갱신
① **약정갱신**: 당사자의 합의에 의한 계약갱신은 자유이나, 그 존속기간은 갱신한 날로부터 10년을 넘지 못한다. 전세권자에게는 갱신청구권이 없다.
② **법정갱신**(묵시의 갱신): 건물의 전세권설정자가 전세권의 존속기간 만료 전 6개월부터 1개월까지 사이에 전세권자에 대하여 갱신거절의 통지 또는 조건을 변경하지 아니하면 갱신하지 아니한다는 뜻의 통지를 하지 아니한 경우에는 그 기간이 만료된 때 전(前)전세권과 동일한 조건으로 다시 전세권을 설정한 것으로 본다. 이 경우 전세권의 존속기간은 그 정함이 없는 것으로 본다.

5. 전세권의 효력

(1) 전세권자의 권리·의무
① 전세권자는 목적부동산을 점유하여 그 부동산의 용도에 좇아 사용·수익할 수 있다. 전세권자가 사용목적을 위반한 경우 전세권설정자는 전세권의 소멸을 청구할 수 있다.
② 전세권자는 목적물의 현상을 유지하고 수선할 의무를 부담하므로 전세권자에게는 필요비상환청구권은 인정되지 않고 유익비상환청구권만 인정된다.

(2) 전세권의 처분

> 제306조【전세권의 양도, 임대 등】전세권자는 전세권을 타인에게 양도 또는 담보로 제공할 수 있고 그 존속기간 내에서 그 목적물을 타인에게 전전세 또는 임대할 수 있다. 그러나 설정행위로 이를 금지한 때에는 그러하지 아니하다.

① **처분의 자유**: 전세권자는 전세권을 타인에게 양도 또는 담보로 제공할 수 있고 그 존속기간 내에서 그 목적물을 타인에게 **전전세*** 또는 임대할 수 있다(제306조 본문).

📖 **용어 정리**

*전전세
전세권자의 전세권은 그대로 존속하면서 그 전세권을 목적으로 하는 전세권을 다시 설정하는 것을 말한다.

② 그러나 설정행위로써 처분을 금지할 수 있고, 이를 등기한 때에는 제3자에게 대항할 수 있다.

6. 전세권의 소멸

(1) 소멸원인
① **일반적 소멸원인**: 목적물의 멸실, 공용징수, 혼동, 몰수, 소멸시효, 존속기간의 만료, 약정소멸사유의 발생, 전세권에 우선하는 저당권의 실행에 의한 경매 등
② **특유한 소멸원인**
  ㉠ 전세권설정자의 소멸청구
  ㉡ 각 당사자의 소멸통고
  ㉢ 전세권의 포기
  ㉣ 목적물의 멸실

> **제314조 【불가항력으로 인한 멸실】** ① 전세권의 목적물의 전부 또는 일부가 불가항력으로 인하여 멸실된 때에는 그 멸실된 부분의 전세권은 소멸한다.
> ② 전항의 일부멸실의 경우에 전세권자가 그 잔존부분으로 전세권의 목적을 달성할 수 없는 때에는 전세권설정자에 대하여 전세권 전부의 소멸을 통고하고 전세금의 반환을 청구할 수 있다.

(2) 소멸효과
① **동시이행**: 전세권이 소멸한 때에는 전세권설정자는 전세권자로부터 그 목적물의 인도 및 전세권설정등기의 말소등기에 필요한 서류의 교부를 받는 동시에 전세금을 반환하여야 한다(제317조).
② **전세권자의 우선변제권**: 전세권설정자가 전세금의 반환을 지체한 때에는 전세권자는 「민사집행법」에 정한 바에 의해 전세권 목적물의 경매를 청구할 수 있다.
③ **수거권과 원상회복의무**: 전세권이 소멸하면 전세권자는 그 목적부동산을 원상으로 회복하여야 하고, 그 목적물에 부속시킨 물건은 수거할 수 있다.
④ **부속물매수청구권**
  ㉠ 전세권이 존속기간의 만료로 인해 소멸한 때 전세권설정자가 그 부속물의 매수를 청구하면 전세권자는 정당한 이유 없이 거절하지 못한다.
  ㉡ 전세권이 존속기간의 만료로 인해 소멸한 때 전세권자는 그 부속물이 전세권설정자의 동의를 얻어 부속시키거나 전세권설정자로부터 매수한 것에 한해 전세권설정자에 대해 부속물의 매수를 청구할 수 있다.

Chapter 06 담보물권

학습포인트 유치권과 저당권의 요건과 효력을 이해한다.

1 유치권

1. 서설

> **제320조【유치권의 내용】** ① 타인의 물건 또는 유가증권을 점유한 자는 그 물건이나 유가증권에 관하여 생긴 채권이 변제기에 있는 경우에는 변제를 받을 때까지 그 물건 또는 유가증권을 유치할 권리가 있다.
> ② 전항의 규정은 그 점유가 불법행위로 인한 경우에 적용하지 아니한다.

(1) 의의

유치권(留置權)이란 타인의 물건 또는 유가증권을 점유한 자가 그 물건이나 유가증권에 관하여 생긴 채권이 변제기에 있는 경우에 그 채권의 변제를 받을 때까지 그 물건 또는 유가증권을 유치할 수 있는 권리를 말한다(제320조 제1항).

(2) 인정이유

타인의 물건 또는 유가증권을 점유한 자가 그 물건이나 유가증권에 관하여 채권을 가지는 경우, 그 채권의 변제를 받을 때까지 그 물건 또는 유가증권의 반환을 거절하는 것이 공평의 원칙에 부합하기 때문이다.

2. 유치권의 성립요건

(1) 타인의 물건이나 유가증권일 것

① 목적물은 타인의 물건 또는 유가증권이고, 유치권은 동산뿐만 아니라 부동산에 대해서도 성립할 수 있다. 부동산유치권의 경우에도 등기가 필요 없으며, 유가증권을 목적으로 하는 경우에도 배서는 필요 없다.
② 타인에는 채무자뿐만 아니라 제3자도 포함된다.

(2) 목적물에 대한 점유가 적법할 것

① 유치권자는 목적물을 점유하여야 하는데, 이때의 점유는 직접점유와 간접점유를 불문한다.

② 점유는 계속되어야 한다. 점유의 계속은 유치권의 존속요건이므로 점유를 상실하면 유치권은 소멸한다. 다만, 점유를 침탈당한 후 1년 내에 점유를 회수한 경우 처음부터 점유를 상실하지 않은 것으로 보므로 유치권도 소멸하지 않은 것이 된다.

(3) 채권과 목적물 사이에 견련성이 있을 것
① '관하여 생긴'의 의미: 유치권이 성립하기 위해서는 채권과 목적물 사이의 견련성(牽連性)이 있어야 한다.
② 채권과 목적물의 '점유'의 견련성은 요구되지 않는다. 즉, 채권이 목적물의 점유 중 또는 점유와 동시에 발생할 필요는 없다는 것이다. 목적물을 점유하기 전에 채권이 발생하였고 후에 점유를 취득한 경우에도 유치권은 성립한다.

(4) 채권의 변제기가 도래할 것
① 유치권이 성립하기 위해서는 채권의 변제기가 도래하여야 한다.
② 유익비상환청구권에 대해 법원이 상당한 상환기간을 허여한 경우에는 유치권이 성립하지 않는다.

(5) 유치권 배제의 특약이 없을 것
① 당사자 사이에 유치권을 배제하는 특약이 없어야 한다.
② 유치권 규정은 임의규정이다.

3. 유치권의 효력

(1) 유치권자의 권리
① **목적물의 유치**: 유치권자는 자기채권의 변제를 받을 때까지 목적물을 유치할 수 있다. 유치(留置)란 채권의 변제를 받을 때까지 점유를 계속하면서 인도를 거절하는 것을 말한다.
② **경매권**

> **제322조【경매, 간이변제충당*】** ① 유치권자는 채권의 변제를 받기 위하여 유치물을 경매할 수 있다.

용어 정리

* **간이변제충당**
유치권자나 질권자가 유치물 또는 질물을 경매에 의하지 않고 목적물의 가치가 적어 경매에 부치는 것이 부적당한 경우와 같은 정당한 이유가 있는 때 감정인의 평가에 의해 유치물 또는 질물로 직접 변제에 충당할 것을 법원에 청구할 수 있는 것을 말한다.
➕ 법원이 간이변제충당을 허가하는 결정을 하면 유치권자 또는 질권자는 유치물 또는 질물의 소유권을 취득한다.

③ **우선변제권의 여부**: 유치권에는 원칙적으로 법률상 우선변제권은 없으나, 채무자 또는 제3자가 목적물을 인도받으려면 유치권자에게 채무를 변제할 책임을 지므로 사실상 우선변제권이 있는 것과 마찬가지가 된다.

④ **과실수취권**: 유치권자가 유치물의 과실(果實)을 수취하여 다른 채권자보다 먼저 자기채권의 변제에 충당할 수 있는 권리를 말한다(제323조).

⑤ **유치물사용권**

> **제324조 【유치권자의 선관의무】** ① 유치권자는 선량한 관리자의 주의로 유치물을 점유하여야 한다.
> ② 유치권자는 채무자의 승낙 없이 유치물의 사용, 대여 또는 담보제공을 하지 못한다. 그러나 유치물의 보존에 필요한 사용은 그러하지 아니하다.
> ③ 유치권자가 전2항의 규정에 위반한 때에는 채무자는 유치권의 소멸을 청구할 수 있다.

⑥ **비용상환청구권**

> **제325조 【유치권자의 상환청구권】** ① 유치권자가 유치물에 관하여 필요비를 지출한 때에는 소유자에게 그 상환을 청구할 수 있다.
> ② 유치권자가 유치물에 관하여 유익비를 지출한 때에는 그 가액의 증가가 현존한 경우에 한하여 소유자의 선택에 좇아 그 지출한 금액이나 증가액의 상환을 청구할 수 있다. 그러나 법원은 소유자의 청구에 의하여 상당한 상환기간을 허여할 수 있다.

(2) 유치권자의 의무

① **선관주의의무***: 유치권자는 선량한 관리자의 주의로 유치물을 점유하여야 한다(제324조 제1항). 선관주의의무를 위반한 경우 채무불이행에 의한 손해배상을 청구하거나 유치권소멸청구를 할 수 있다.

> **📖 용어 정리**
>
> *****선관주의의무**
> 평균적·추상적 채무자가 마땅히 기울여야 할 일반적·객관적 주의의무를 말한다. 선관주의의무를 추상적 경과실이라고도 하는데, 우리 민법에서는 추상적 경과실이 채무자가 부담하는 주의의무의 기본원칙이다.

② **사용금지의무**: 유치권자는 채무자의 승낙 없이 유치물을 사용·대여·담보제공하지 못한다.

4. 유치권의 소멸

(1) 일반적 소멸원인
① **모든 물권에 공통된 소멸원인**: 목적물의 멸실, 공용징수, 혼동, 몰수, 포기, 첨부에 의해 소멸한다.
② **담보물권에 공통된 소멸원인**: 유치권은 피담보채권의 소멸로 소멸하고, 채권자가 유치권을 행사하더라도 '피담보채권의 소멸시효'는 그와 관계없이 진행한다(제326조).

(2) 특유한 소멸원인
① 유치권자의 의무위반에 대하여 채무자의 소멸청구가 있으면 유치권은 소멸한다(제324조 제3항).
② **점유의 상실**: 점유의 계속은 유치권의 존속요건이므로 점유를 상실하면 유치권도 소멸한다(제328조). 다만, 점유를 침탈당한 후 1년 내에 점유를 회수한 경우에는 처음부터 점유를 상실하지 않은 것으로 보므로 유치권도 소멸하지 않은 것이 된다.

2 저당권

1. 서설

(1) 의의

> **제356조【저당권의 내용】** 저당권자는 채무자 또는 제3자가 점유를 이전하지 아니하고 채무의 담보로 제공한 부동산에 대하여 다른 채권자보다 자기채권의 우선변제를 받을 권리가 있다.

① 저당권(抵當權)이란 채무자 또는 **물상보증인***이 채무의 담보로 제공한 부동산 기타의 목적물을 채권자가 제공자로부터 인도받지 않고 채무의 변제가 없는 경우에 그 목적물로부터 우선변제를 받을 수 있는 담보물권을 말한다(제356조).

용어 정리

* **물상보증인**
채무는 없으면서 자신의 재산으로 책임만 지는 자를 말한다.

② 저당권은 약정담보물권이라는 점에서 질권과 유사하지만, 질권이 주로 동산을 대상으로 하는 데 비해 저당권은 부동산을 대상으로 한다. 또한 질권이 동산을 인도받아 질권자가 이를 유치하는 데 비해 저당권은 저당부동산에 관해 저당권설정등기를 할 뿐 점유의 이전을 받지 않는다는 점에서 양자는 서로 다르다.

(2) 성질

① 저당권은 채무자 또는 물상보증인이 점유를 이전하지 않고 채무의 담보로 제공한 부동산 기타 목적물에 대하여 우선변제를 받는 약정담보물권이다(제356조).
② 저당권은 목적물에 대한 점유·사용은 그 소유자에게 그대로 맡겨 놓은 채 그 목적물에 대한 교환가치만을 파악하는 담보제도이다.

2. 저당권의 성립

(1) 저당권이 성립하는 경우

① **약정저당권의 성립**: 저당권은 저당권설정계약과 등기에 의해 성립한다.
② **법정저당권의 성립**: 제649조는 토지임대인이 변제기를 경과한 최후 2년의 차임채권에 의해 그 지상에 있는 임차인소유의 건물을 **압류***한 때에는 저당권과 동일한 효력이 있다고 규정하고 있다. 이는 법률규정에 의해 저당권이 성립하는 경우로서 압류등기를 한 때 저당권이 성립한다. 한편, 제666조에서는 부동산공사의 수급인은 자신의 보수청구권을 담보하기 위해 그 부동산을 목적으로 한 저당권의 설정을 청구할 수 있다고 규정하고 있다. 부동산공사수급인의 저당권설정청구권의 행사의 경우에는 도급인이 수급인의 청구에 의해 등기한 때 저당권이 성립한다.

> **용어 정리**
>
> *압류
> 금전채권의 실행을 확보하기 위해 집행기관이 확정판결 기타의 집행권원에 기하여 채무자의 재산처분을 금하는 강제집행을 말한다.

(2) 저당권설정계약

① **성질**: 저당권설정계약이란 직접 저당권의 발생을 목적으로 하는 물권계약이다. 이는 불요식행위에 해당하고, 종된 계약이다. 저당권설정계약에 관해서도 조건과 기한을 붙이는 것이 가능하다.
② **당사자**
   ㉠ 저당권설정자는 채무자뿐만 아니라 물상보증인도 포함된다.
   ㉡ 저당권자는 피담보채권의 채권자에 한하는 것이 원칙이나, 채권자 아닌 제3자의 명의로 저당권등기를 하는 데 대해 채권자와 채무자 및 제3자 사이에 합의가 있었고, 나아가 제3자에게 그 채권이 실질적으로 귀속되었다고 볼 수 있는 특별한 사정이 있는 경우에는 제3자 명의의 저당권등기도 유효하다.

(3) 저당권설정등기

저당권은 저당권설정계약 외에 설정등기가 있어야 성립한다.

(4) 저당권의 객체

① 저당권의 목적물은 반드시 등기·등록이 가능한 것에 한한다.
② 민법상 저당권의 목적물에는 토지, 건물, 지상권, 전세권이 있고, 특별법상 저당권의 목적물에는 선박·자동차·항공기·건설기계, 입목, 광업권·어업권, 각종 재단저당 등이 있다.

(5) 피담보채권

① 피담보채권은 금전채권인 경우가 보통이나, 금전지급 이외의 급부를 목적으로 하는 채권도 가능하다.
② 장래의 특정·불특정채권을 위해서도 저당권을 설정할 수 있다.

3. 저당권의 효력

(1) 저당권의 효력이 미치는 범위

① 목적물의 범위

> **제358조 【저당권의 효력의 범위】** 저당권의 효력은 저당부동산에 부합된 물건과 종물에 미친다. 그러나 법률에 특별한 규정 또는 설정행위에 다른 약정이 있으면 그러하지 아니하다.
> **제359조 【과실에 대한 효력】** 저당권의 효력은 저당부동산에 대한 압류가 있은 후에 저당권설정자가 그 부동산으로부터 수취한 과실 또는 수취할 수 있는 과실에 미친다. 그러나 저당권자가 그 부동산에 대한 소유권, 지상권 또는 전세권을 취득한 제3자에 대하여는 압류한 사실을 통지한 후가 아니면 이로써 대항하지 못한다.

㉠ 부합물과 종물*

ⓐ 원칙적으로 저당권의 효력은 저당권 설정 전후를 불문하고 부합물과 종물에 미친다(제358조 본문).
ⓑ 법률에 특별규정이 있거나 설정행위에서 다른 약정을 한 경우에는 저당권의 효력이 미치지 않는다(제358조 단서).

📖 용어 정리

*종물
물건의 소유자가 그 물건의 경제적 가치를 높이기 위해 자기소유의 다른 물건을 이에 부속시켜 사용하는 경우, 부속시켜 사용하는 물건을 종물이라고 하고, 원 물건을 주물이라고 한다.

ⓛ 과실(果實): 원칙적으로 과실에는 저당권의 효력이 미치지 않는다. 그러나 저당부동산에 대한 압류가 있은 후에 저당권설정자가 그 부동산으로부터 수취한 과실 또는 수취할 수 있는 과실에는 효력이 미친다. 다만, 저당권자는 그 부동산에 대한 소유권, 지상권 또는 전세권을 취득한 제3자에 대하여는 압류한 사실을 통지한 후가 아니면 이로써 대항하지 못한다(제359조).
ⓒ 물상대위: 저당목적물의 멸실, 훼손, 공용징수로 인해 저당권설정자가 받을 금전 기타 물건에 대해서도 저당권을 실행할 수 있다. 물상대위를 행사하기 위해서는 설정자가 금전 기타의 물건을 지급 또는 인도받기 전에 압류를 하여야 한다.

② **피담보채권의 범위**

> **제360조【피담보채권의 범위】** 저당권은 원본, 이자, 위약금*, 채무불이행으로 인한 손해배상 및 저당권의 실행비용을 담보한다. 그러나 지연배상에 대하여는 원본의 이행기일을 경과한 후의 1년분에 한하여 저당권을 행사할 수 있다.

용어 정리

*위약금
채무불이행이 있는 경우에 채무자가 채권자에게 지급할 것을 약속한 금전이다.

㉠ 제360조의 취지: 저당권의 피담보채권의 범위에 관한 제360조는 후순위담보물권자나 저당부동산의 제3취득자를 보호하기 위해 지연배상에 관해 일정한 제한을 가하고 있다.
㉡ 내용
ⓐ 원본, 이자, 위약금은 등기하여야 담보되나, 채무불이행으로 인한 손해배상청구권, 저당권실행비용은 등기하지 않아도 담보된다. 주의할 것은 이자는 무제한 담보되나, 지연배상은 원본의 이행기일을 경과한 후의 1년분에 한한다는 점이다.
ⓑ 저당권의 피담보채권의 범위는 질권의 경우와 달리 그 범위가 좁다. 저당권은 목적물을 점유하는 것이 아니므로, 저당물 보존비용과 저당목적물의 하자로 인한 손해배상청구권은 저당권의 피담보채권의 범위에 속하지 않는다.

(2) 우선변제적 효력

① 저당권자가 피담보채권의 변제를 받는 방법
   ㉠ 저당권을 실행하는 방법
   ㉡ 개시된 집행에 참가하는 방법
   ㉢ 채무자의 일반재산에 대한 강제집행

② 우선변제의 순위
   ㉠ 일반채권자에 대한 관계: 저당권은 언제나 일반채권자에 우선한다. 다만, 「주택임대차보호법」상의 대항력과 확정일자를 갖춘 임차인과 소액보증금의 최우선변제라는 예외가 있다(주택임대차보호법 제3조의2, 제8조). 보증금 중 일정액은 경매신청의 등기 전에 대항력을 갖춘 경우 언제나 최우선변제된다. 그리고 저당권과 「주택임대차보호법」상의 대항력과 확정일자를 갖춘 주택임차권은 각각 확정일자와 저당권등기를 비교하여 우선순위를 결정한다.
   ㉡ 전세권자에 대한 관계: 전세권과 저당권의 우선순위는 등기의 선후로 결정한다.
   ㉢ 저당권 상호간의 관계: 저당권 상호간의 우선순위는 등기의 선후로 결정한다. 선순위저당권이 변제 기타의 사유로 소멸하면 후순위저당권은 그 순위가 승진한다. 이를 순위승진의 원칙이라고 한다.
   ㉣ 국세우선권과의 관계: 저당물의 소유자가 체납하고 있는 국세와 저당권의 우선순위는 법정기일과 등기를 비교하여 우선순위를 결정한다. 다만, 저당물 자체에 부과된 국세와 가산금, 즉 당해세는 언제나 저당권에 우선한다.
   ㉤ 파산채권자에 대한 관계: 저당부동산의 소유자가 파산한 경우 저당권자는 별제권(別除權)을 행사할 수 있다.
   ㉥ 근로관계채권과의 관계: 기업이 도산하여 근로관계가 소멸하는 경우 최종 3월분의 임금, 최종 3년분의 퇴직금, 재해보상금은 사용자의 총재산에 대해 저당권에 의해 담보된 채권에 우선한다.

4. 저당권과 용익관계

(1) 저당권과 용익권의 관계
① 저당권과 용익권의 관계는 등기 또는 대항력의 선후로 결정한다.
② 용익권이 저당권실행에 의해 소멸하는지의 여부는 최고 순위의 저당권과 비교하여 결정한다.

(2) 법정지상권

> **제366조【법정지상권】** 저당물의 경매로 인하여 토지와 그 지상건물이 다른 소유자에 속한 경우에는 토지소유자는 건물소유자에 대하여 지상권을 설정한 것으로 본다. 그러나 지료는 당사자의 청구에 의하여 법원이 이를 정한다.

① **의의**: 제366조는 "토지와 건물이 동일인의 소유에 속한 경우에 토지 또는 건물에 저당권이 설정된 후 저당물의 경매로 토지와 건물의 소유자가 다르게 된 경우 토지소유자는 건물소유자에 대하여 지상권을 설정한 것으로 본다."라고 규정하고 있다.
② **인정이유**: 가치권과 이용권의 조절을 위한 공익상의 이유로 지상권의 설정을 강제하는 것이다.
③ **성질**: 법정지상권에 관한 제366조 규정은 강행규정이다. 따라서 저당권설정 당시의 특약으로 법정지상권의 성립을 배제할 수 없다.
④ **성립요건**
　㉠ 저당권설정 당시에 건물이 존재할 것
　㉡ 저당권설정 당시에 토지와 건물이 동일인의 소유에 속할 것
　㉢ 토지 또는 건물에 저당권이 설정되었을 것
　㉣ 경매로 토지와 건물의 소유자가 달라질 것

(3) 저당토지 위의 건물에 대한 일괄경매청구권

> **제365조【저당지상의 건물에 대한 경매청구권】** 토지를 목적으로 저당권을 설정한 후 그 설정자가 그 토지에 건물을 축조한 때에는 저당권자는 토지와 함께 그 건물에 대하여도 경매를 청구할 수 있다. 그러나 그 건물의 경매대가에 대하여는 우선변제를 받을 권리가 없다.

① **의의**: 일괄경매청구권(一括競賣請求權)이란 토지를 목적으로 하는 저당권을 설정한 후 설정자가 그 토지에 건물을 축조한 경우 저당권자가 토지와 함께 그 건물에 대해서도 경매를 청구할 수 있는 권리를 말한다(제365조).
② **인정이유**: 제366조의 법정지상권 취득이 불가능한 경우 건물철거를 방지하고 토지의 교환가치를 확보하기 위해 일괄경매청구권이 인정된다.

5. 특수저당권

(1) 공동저당

① **의의**: 공동저당(共同抵當)이란 동일한 채권을 담보하기 위해 수개의 부동산에 저당권을 설정하는 것을 말한다. 예를 들어, 甲이 乙에게 1천만원을 빌려 주고 그 담보로 乙 소유의 토지와 건물에 저당권을 설정받는 경우이다.

② **공동저당의 특수성**: 공동저당권자는 어느 부동산이든 임의로 골라 경매하여 피담보채권의 전부 또는 일부를 우선변제받을 수 있게 되므로, 공동저당권자가 저당권을 실행하는 목적물의 소유자나 이 목적물에 관해 후순위담보권을 가지는 자는 공동저당권자의 자의에 의해 불리하게 될 염려가 있다.

③ **공동저당권의 성립**
　㉠ 공동저당권설정계약: 하나의 채권의 담보로서 수개의 부동산 위에 저당권이 설정되면 공동저당권이 성립하는데, 공동저당은 때를 달리하여 설정되는 경우도 있고, 수개의 목적물의 소유자 내지 수개의 저당권의 순위를 달리하여 설정되는 경우도 있다.
　㉡ 등기: 각 부동산에 관해 저당권설정등기를 요하며, 각 부동산이 하나의 채권의 공동담보로 되어 있다는 것을 아울러 기재하여야 한다.

④ **공동저당권의 효력**

> **제368조【공동저당과 대가의 배당, 차순위자의 대위】** ① 동일한 채권의 담보로 수개의 부동산에 저당권을 설정한 경우에 그 부동산의 경매대가를 동시에 배당하는 때에는 각 부동산의 경매대가에 비례하여 그 채권의 분담을 정한다.
> ② 전항의 저당부동산 중 일부의 경매대가를 먼저 배당하는 경우에는 그 대가에서 그 채권 전부의 변제를 받을 수 있다. 이 경우에 그 경매한 부동산의 차순위저당권자는 선순위저당권자가 전항의 규정에 의하여 다른 부동산의 경매대가에서 변제를 받을 수 있는 금액의 한도에서 선순위자를 대위하여 저당권을 행사할 수 있다.

(2) 근저당

> **제357조【근저당】** ① 저당권은 그 담보할 채무의 최고액만을 정하고 채무의 확정을 장래에 보류하여 이를 설정할 수 있다. 이 경우에는 그 확정될 때까지의 채무의 소멸 또는 이전은 저당권에 영향을 미치지 아니한다.
> ② 전항의 경우에는 채무의 이자는 최고액 중에 산입한 것으로 본다.

① **의의**: 근저당(根抵當)이란 계속적 거래관계로부터 증감변동하는 장래의 불특정다수의 채권을 결산기에 계산한 후 잔존하는 채무를 일정한 한도액의 범위 내에서 담보하는 저당권을 말한다.

② 근저당의 특수성
  ㉠ **피담보채권의 불특정성**: 근저당권은 장래의 증감변동하는 불특정다수의 채권을 담보하는 점에서 보통의 저당권과 다르다.
  ㉡ **소멸상의 부종성의 불요**: 근저당에서는 일반저당권에 있어서의 부종성이 요구되지 않는다. 즉, 채무액이 일시 존재하지 않더라도 근저당권은 소멸하지 않는다는 점에 특색이 있다. 즉, 채무가 일시적으로 전부 변제되더라도 근저당권은 소멸하지 않고, 채권이 다시 발생하면 근저당권은 동일성을 유지한 채 그 채권을 담보한다.

③ 근저당권의 성립
  ㉠ 근저당권도 근저당권설정계약과 등기에 의해 성립한다. 근저당권설정계약의 당사자는 근저당권자와 근저당권설정자이다. 근저당권설정계약에는 기본계약관계도 명백히 정해져 있어야 한다.
  ㉡ 근저당권설정등기 시에는 근저당이라는 취지와 채권최고액을 반드시 등기하여야 한다. 원본, 이자, 위약금 모두 채권최고액에 포함되며, 지연배상도 1년분에 한하지 않는다. 다만, 근저당권실행비용은 채권최고액에 포함되지 않는다. 한편, 근저당권의 결산기 또는 존속기간은 필요적 등기사항이 아니다.

PART 3

계약법

계약법에서는 계약법 총론과 계약법 각론(매매, 교환, 임대차)에 대해 학습합니다. 계약법 총론에서는 쌍무계약의 효력과 계약해제에 관한 내용을, 매매부분에서는 해약금과 담보책임에 관한 내용을 잘 정리해야 합니다. 임대차부분에서는 임대차의 효력을 꼼꼼히 살펴 두어야 합니다.

Chapter 01 계약법 총론

학습포인트 계약의 성립과 효력을 이해한다.

1 계약의 종류

1. 전형계약과 비전형계약

(1) 전형계약

민법전에서 규정하고 있는 15종의 계약을 전형계약 또는 유명(有名)계약이라고 한다.

(2) 비전형계약과 혼합계약

비전형계약 또는 무명(無名)계약이란 전형계약 이외의 계약을 말하고, 혼합계약이란 두 가지 이상의 전형계약의 성질을 겸하고 있는 계약을 말한다(예 제작물공급계약 등).

2. 유상계약과 무상계약

(1) 의의

① 유상계약이란 계약의 전 과정을 고찰하여 볼 때 양 당사자가 서로 대가적 의미를 가지는 출연(出捐)을 하는 계약을 말하고, 무상계약이란 일방당사자만이 급부를 하든지 쌍방당사자 모두 급부를 하더라도 그것이 대가적 의미를 가지지 않는 계약을 말한다.
② 매매·교환·임대차·고용·도급·조합·현상광고·화해는 유상계약에 해당하고, 증여·사용대차는 무상계약에 해당한다. 한편, 소비대차·위임·임치·종신정기금은 유상으로 할 수도 있고 무상으로 할 수도 있는 계약이다.

(2) 구별실익

구별실익은 유상계약에는 매매에 관한 규정, 특히 **매도인의 담보책임***규정이 준용된다는 데 있다.

> 📖 **용어 정리**
>
> * **매도인의 담보책임**
> 매매계약에 있어 매매목적물의 권리 또는 물건에 하자가 있는 경우 매수인이 매도인에 대해 대금감액, 계약해제, 손해배상청구 등을 물을 수 있는 제도를 말한다.

3. 쌍무계약과 편무계약

(1) 의의

① 쌍무계약이란 양 당사자의 채무가 서로 대가적 의미, 즉 견련성(牽連性)을 가지는 경우를 말하고, 편무계약이란 일방당사자만이 채무를 부담하든가 양 당사자가 채무를 부담하더라도 서로 대가적 의미, 즉 견련성을 가지지 않는 경우를 말한다.

② 쌍무계약은 모두 유상계약에 해당하지만, 유상계약이 모두 쌍무계약에 해당하는 것은 아니다. 예를 들어, 현상광고는 유상계약이지만 편무계약에 속한다.

(2) 구별실익

구별실익은 쌍무계약에 대해서는 **동시이행의 항변권***(제536조)과 **위험***부담(제537조, 제538조)의 문제가 발생하고, 편무계약에 대해서는 원칙적으로 이러한 문제들이 발생하지 않는다는 점에 있다.

> 📖 **용어 정리**
>
> * **동시이행의 항변권**
> 채권자가 자기채무의 이행은 하지 않고 채무자에게 이행을 청구한 경우 채무자가 자신의 채무이행을 거절할 수 있는 권능을 말한다.
>
> * **위험**
> 계약당사자의 책임 없는 사유로 채무의 내용이 실현될 수 없게 됨으로써 발생된 불이익을 말한다.

4. 낙성계약과 요물계약

(1) 의의

① 낙성계약(諾成契約)이란 당사자 간의 의사표시의 합치만으로 성립하는 계약을 말하고, 요물계약(要物契約)이란 의사표시의 합치 이외에 물건의 인도 또는 지정행위의 완료와 같은 현실적인 급부를 함으로써 성립하는 계약을 말한다.

② 현상광고, **대물변제***, 계약금계약, 보증금계약(다수설) 등이 요물계약에 해당하고, 이외에는 낙성계약에 해당한다.

> **용어 정리**

* **대물변제**
  채권자의 승낙을 얻어 채무자가 본래의 급부에 갈음하여 다른 급부를 현실적으로 함으로써 채권을 소멸시키는 것을 말한다.

(2) 구별실익

구별실익은 계약성립시기에 차이가 있다는 점이다.

5. 요식계약과 불요식계약

① 요식계약이란 계약의 성립에 있어 일정한 방식을 요하는 계약을 말하고, 불요식계약이란 일정한 방식을 요하지 않는 계약을 말한다.
② 계약자유의 원칙상 계약은 불요식계약이 원칙이며, 전형계약 15가지 중 요식계약에 해당하는 계약은 없다.

6. 일시적 계약과 계속적 계약

(1) 의의

① 일시적 계약이란 채무의 내용인 급부의 실현이 시간적 계속성을 요하지 않는 계약을 말한다.
② 계속적 계약이란 채무의 내용인 급부의 실현이 어느 정도 시간적 계속성을 요하는 계약을 말한다. 소비대차·사용대차·임대차·고용·위임·임치·조합·종신정기금 등이 계속적 계약에 해당한다.
③ 일시적 계약과 계속적 계약이 결합된 계약을 회귀적 계약이라고 한다(예 신문·잡지의 정기구독, 우유배달 등).

(2) 계속적 계약의 특징

① 계속적 계약에 대해서는 당사자 사이의 인적 신뢰관계가 존재하고 채권관계가 일정 기간 동안 계속되므로 **사정변경의 원칙***이 고려되어야 할 필요성이 크다.

> **용어 정리**

* **사정변경의 원칙**
  계약성립의 기초가 된 사정에 당사자가 예견하지 못하거나 예견할 수 없는 중대한 변경이 생겨 당초에 정해진 행위의 결과를 그대로 강제하는 것이 심히 부당한 결과가 되는 경우, 당사자는 상대방에게 일방적으로 계약내용의 변경을 청구하거나 계약을 해제·해지할 수 있다는 원칙을 말한다.

② 또한 계약의 해소는 장래에 대해 효력을 가지는 해지에 의한다는 점이다.

7. 예약과 본계약

① 예약이란 장차 본계약을 체결할 것을 미리 약정하는 계약을 말하고, 본계약이란 예약에 의해 장차 체결될 계약을 말한다.
② 본계약은 채권계약, 물권계약, 가족법상의 계약일 수 있지만, 예약은 언제나 채권계약이다.

2 계약의 성립

1. 계약성립의 모습

① 계약은 보통 청약과 승낙의 의사표시의 합치에 의해 성립한다. 그러나 민법은 이외에도 의사실현에 의한 계약성립(제532조)과 교차청약에 의한 계약성립(제533조)에 대해서도 규정하고 있다.
② 그 밖에 사실적 계약관계론이 주장되기도 하였으나, 현재에는 이를 부정하는 것이 다수설의 태도이다.

2. 청약과 승낙에 의한 계약의 성립

(1) 청약의 의사표시

① **서설**
  ㉠ 청약이란 승낙과 결합하여 일정한 내용의 계약을 성립시킬 것을 목적으로 하는 의사표시를 말한다.
  ㉡ 청약은 하나의 의사표시로서 법률사실에 해당한다.

② **청약의 요건**
  ㉠ 청약은 장차 계약의 일방당사자가 될 특정인에 의해 행해져야 한다. 그러나 청약자가 누구인지 그 의사표시에 명시적으로 나타나야 하는 것은 아니다(예 자동판매기의 설치 등의 경우).
  ㉡ 청약은 상대방 있는 의사표시이지만, 그 상대방은 특정인뿐만 아니라 불특정다수인이라도 무방하다. 이때 청약은 장래 계약의 당사자로 될 수 있는 자에 대하여만 효력을 가진다.

③ **청약의 효력**
  ㉠ 청약의 효력발생시기: 청약도 상대방이 있는 의사표시이므로, 의사표시의 효력발생시기에 관한 일반원칙에 따라 상대방에게 도달한 때에 효력이 발생한다(제111조 제1항). 청약의 의사표시를 발신한 후 도달 전에 청약자가 사망하거나 제한능력자가 되더라도 청약의 효력에는 영향을 미치지 않는다(제111조 제2항).
  ㉡ 청약의 구속력: 계약의 청약은 이를 철회하지 못한다(제527조). 청약이 있게 되면 상대방은 승낙함으로써 계약을 체결할 수 있는 기회를 가지게 되고 계약체결을 위한 준비행위를 하게 된다. 그런데 청약자가 청약을 임의로 철회한다면 상대방에게 부당하게 손해를 줄 염려가 있기 때문에 원칙적으로 철회를 허용하지 않는 것이다.
  ㉢ 청약의 실질적 효력(승낙적격): 청약이 도달하면 상대방은 그에 대해 승낙함으로써 계약을 성립시킬 수 있다. 즉, 청약은 그에 대응하는 승낙만 있으면 곧바로 계약이 성립하게 되는 효력을 가지고 있는데, 이를 청약의 실질적 효력 또는 승낙적격이라고 한다.

(2) 승낙의 의사표시
  ① **서설**
    ㉠ 승낙이란 청약에 대응하여 계약을 성립시킬 목적으로 청약자에 대해 하는 승낙자의 의사표시를 말한다.
    ㉡ 승낙도 의사표시로서 법률사실에 해당한다.
  ② **승낙의 요건**
    ㉠ 승낙은 청약에 대해 동의를 준다는 내심의 결의로는 부족하고 청약자에게 표시되어야 한다. 승낙의 방법은 명시적으로 뿐만 아니라 묵시적으로도 가능하다.
    ㉡ 승낙은 청약의 내용과 일치하여야 한다. 따라서 승낙자가 청약에 대해 조건을 붙이거나 변경을 가하여 승낙한 때에는 그 청약의 거절과 동시에 새로 청약한 것으로 본다(제534조).
    ㉢ 승낙은 특정의 청약자에 대해 하여야 한다. 불특정 다수인에 대한 승낙은 있을 수 없다.
  ③ **연착된 승낙**
    ㉠ 아예 늦게 보낸 경우: 승낙기간을 정한 청약에 대해 승낙기간을 경과하여 승낙의 의사표시가 도달한 경우라든가 승낙기간을 정하지 않은 청약에 대해 상당한 기간을 경과하여 승낙이 도달한 경우에는 계약이 성립하지 않는다. 다만, 연착된 승낙은 청약자가 이를 새 청약으로 볼 수 있다(제530조).

ⓒ 도달 가능하게 보낸 경우: 승낙의 통지가 승낙기간 후에 도달한 경우에 보통 그 기간 내에 도달할 수 있는 발송인 때에는 청약자는 지체 없이 상대방에게 그 연착의 통지를 하여야 한다(제528조 제2항 본문). 다만, 승낙의 의사표시가 도달하기 전에 청약자가 지연의 통지를 발송한 경우에는 연착의 통지를 할 필요가 없다(제528조 제2항 단서). 청약자가 연착의 통지를 하지 아니한 때에는 승낙의 통지는 연착되지 아니한 것으로 되어 계약은 성립한 것으로 간주된다(제528조 제3항).

(3) 계약의 성립시기

① **대화자* 간의 계약성립시기**: 대화자 간의 계약의 성립시기에 관하여는 특별한 규정이 없으므로 도달주의의 일반원칙(제111조)에 따라 승낙의 의사표시가 도달한 때 계약이 성립한다.

② **격지자* 간의 계약성립시기**

> 제531조 【격지자 간의 계약성립시기】 격지자 간의 계약은 승낙의 통지를 발송한 때에 성립한다.

📖 용어 정리

* 대화자, 격지자
대화자란 대화나 전화를 통해 의사표시를 주고받는 경우를 말하고, 격지자란 편지나 전보를 통해 의사표시를 주고받는 경우를 말한다. 대화자와 격지자는 장소적 개념이 아니라 시간적 개념이다.

3. 기타의 방법에 의한 계약의 성립

(1) 의사실현에 의한 계약의 성립

> 제532조 【의사실현에 의한 계약성립】 청약자의 의사표시나 관습에 의하여 승낙의 통지가 필요하지 아니한 경우에는 계약은 승낙의 의사표시로 인정되는 사실이 있는 때에 성립한다.

(2) 교차청약에 의한 계약의 성립

> 제533조 【교차청약】 당사자 간에 동일한 내용의 청약이 상호교차된 경우에는 양 청약이 상대방에게 도달한 때에 계약이 성립한다.

4. 계약체결상의 과실책임

> **제535조【계약체결상의 과실】** ① 목적이 불능한 계약을 체결할 때에 그 불능을 알았거나 알 수 있었을 자는 상대방이 그 계약의 유효를 믿었음으로 인하여 받은 손해를 배상하여야 한다. 그러나 그 배상액은 계약이 유효함으로 인하여 생길 이익액을 넘지 못한다.
> ② 전항의 규정은 상대방이 그 불능을 알았거나 알 수 있었을 경우에는 적용하지 아니한다.

(1) 서설
① 甲이 자기소유의 건물에 대해 乙과 매매계약을 체결하였는데, 매매계약 체결 전에 그 건물이 화재로 전부 소실되어 버렸다고 가정하자. 이 경우 건물소유권을 이전하는 것이 불가능하므로 이 매매계약은 무효가 된다.
② 그러나 乙이 그 계약이 유효한 것으로 믿고 비용을 들였다면 불능에 과실이 있는 甲은 乙이 입은 그 손해를 배상해 주어야 한다. 이를 계약체결상의 과실책임이라고 한다.

(2) 효과
① 요건이 충족되는 경우 과실이 있는 당사자는 상대방이 그 계약의 유효를 믿었음으로 인해 생긴 손해, 즉 신뢰이익의 손해를 배상하여야 한다.
② 그러나 그 배상액은 계약이 유효함으로 인해 생길 이익액, 즉 이행이익의 손해를 넘지 못한다.

3 계약의 효력

1. 서설

(1) 계약의 효력 일반
① 계약의 성립요건과 효력요건
  ㉠ 계약의 성립요건: 계약이 성립하기 위해서는 당사자, 목적, 의사표시 그리고 청약과 승낙의 의사표시의 합치가 있으면 된다.
  ㉡ 계약의 효력요건: 계약도 법률행위이므로 그 효력을 발생하기 위해서는 일반적 효력요건과 특별효력요건을 갖추어야 한다.
② **계약의 효력에 관한 규정**: 민법은 계약의 효력으로 동시이행의 항변권(제536조), 위험부담(제537조, 제538조), 제3자를 위한 계약(제539조~제542조)을 규정하고 있다. 동시이행의 항변권과 위험부담은 쌍무계약의 특유한 효력이다.

(2) 쌍무계약의 특유한 효력

① **쌍무계약의 의의**: 양 당사자의 채무가 서로 대가적 의미를 갖는 계약을 말한다(give and take의 계약). 따라서 쌍무계약에 있어 양 채무는 그 가치에 있어 균형이 잡힐 것이 요구되는바, 이것이 바로 견련성(牽連性)이다.

② **쌍무계약의 특질 – 견련성**
  ㉠ **성립상의 견련성**: 일방의 채무가 성립하여야만 타방의 채무도 성립하고, 일방의 채무가 무효·취소된 경우에는 타방의 채무도 성립하지 않는다는 것을 말한다.
  ㉡ **이행상의 견련성**: 일방의 채무가 이행될 때까지는 타방의 채무도 이행하지 않아도 좋다는 것을 말한다. 이러한 이행상의 견련성으로부터 동시이행의 항변권이 도출된다.
  ㉢ **존속상의 견련성**: 일방의 채무가 채무자의 책임 없는 사유로 인해 후발적 불능으로 된 경우 타방의 채무도 원칙적으로 같이 소멸하는 것을 말한다. 이러한 존속상의 견련성으로부터 위험부담의 문제가 발생한다.

2. 동시이행의 항변권

> **제536조 【동시이행의 항변권】** ① 쌍무계약의 당사자 일방은 상대방이 그 채무이행을 제공할 때까지 자기의 채무이행을 거절할 수 있다. 그러나 상대방의 채무가 변제기에 있지 아니하는 때에는 그러하지 아니하다.
> ② 당사자 일방이 상대방에게 먼저 이행하여야 할 경우에 상대방의 이행이 곤란할 현저한 사유가 있는 때에는 전항 본문과 같다.

(1) 서설
① **의의**: 동시이행의 항변권이란 채권자가 자기채무의 이행은 하지 않고 채무자에게 이행을 청구한 경우 채무자가 자신의 채무의 이행을 거절할 수 있는 권능을 말한다.
② **성질**: 동시이행의 항변권은 상대방이 가지는 청구권의 효력을 일시적으로 저지하는 연기적 항변권에 해당한다. 이러한 동시이행의 항변권은 공평의 원칙과 신의칙에 기초한 제도이다.

(2) 성립요건
① 쌍무계약일 것
② 상대방채무의 변제기가 도래할 것
③ 상대방이 자기채무의 이행 또는 이행제공을 하지 않고서 이행을 청구할 것

(3) 효력
① **이행거절권능**: 채무자는 상대방이 채무를 이행하거나 이행의 제공을 할 때까지 자기채무의 이행을 거절할 수 있다.
② **이행지체저지효**: 동시이행의 항변권이 존재하는 것만으로 이행지체가 성립하지 않는다. 따라서 동시이행의 항변권을 가지는 채무자는 변제기에 이행을 하지 않더라도 이행지체의 책임을 지지 않는다.
③ **상계금지효**: 동시이행의 항변권이 붙은 채권은 자동채권으로 하여 상계할 수 없다.

3. 위험부담

(1) 서설
① **위험의 의의**
   ㉠ 물건의 위험(급부의 위험)이란 재산권이전이라는 급부가 당사자 쌍방의 귀책사유 없이 불능이 된 경우 그 목적물에 대한 재산권을 이전받지 못하는 불이익을 말한다.
   ㉡ 대가의 위험(반대급부의 위험)이란 재산권이전이라는 급부가 당사자 쌍방의 귀책사유 없이 불능이 된 경우 반대급부인 대금지급을 받지 못하는 불이익을 말한다. 일반적으로 위험이라고 하면 대가의 위험을 말한다.
② **위험부담의 의의**: 쌍무계약에 의해 발생한 일방의 채무가 채무자의 책임 없는 사유로 후발적 불능이 되어 소멸한 경우 그에 대응하는 타방당사자의 채무가 존속하느냐에 관한 문제를 말한다.

(2) 채무자위험부담주의 – 원칙

> 제537조【채무자위험부담주의】쌍무계약의 당사자 일방의 채무가 당사자 쌍방의 책임 없는 사유로 이행할 수 없게 된 때에는 채무자는 상대방의 이행을 청구하지 못한다.

① **요건**
   ㉠ 쌍무계약일 것
   ㉡ 당사자 쌍방의 책임 없는 사유일 것
   ㉢ 후발적 불능일 것

② 효과
　㉠ 반대급부청구권의 소멸: 채무자는 자기 채무를 면하는 대신 채권자에게 반대급부를 청구할 수 없다. 다만, 채무자가 이미 반대급부를 이행받았다면 이는 부당이득으로서 반환하여야 한다(제741조).
　㉡ 대상청구권의 인정 여부: 채무자의 책임 없는 사유로 이행불능으로 된 경우라도 채무자가 그 이행불능으로 인해 목적물에 갈음하는 대상물이나 손해배상청구권을 취득한 때에는 채권자는 계약의 존속을 주장하여 자신의 반대급부를 이행하고 대상청구권을 행사할 수도 있다(다수설).

(3) 채권자위험부담주의 – 예외

> **제538조【채권자귀책사유로 인한 이행불능】** ① 쌍무계약의 당사자 일방의 채무가 채권자의 책임 있는 사유로 이행할 수 없게 된 때에는 채무자는 상대방의 이행을 청구할 수 있다. 채권자의 수령지체 중에 당사자 쌍방의 책임 없는 사유로 이행할 수 없게 된 때에도 같다.
> ② 전항의 경우에 채무자는 자기의 채무를 면함으로써 이익을 얻은 때에는 이를 채권자에게 상환하여야 한다.

① 요건
　㉠ 쌍무계약일 것
　㉡ 채권자의 책임 있는 사유 또는 채권자의 수령지체 중에 당사자 쌍방의 책임 없는 사유일 것
　㉢ 후발적 불능일 것

② 효과
　㉠ 채무자의 반대급부청구권: 채무자는 자기 채무를 면하고 채권자에게 반대급부를 청구할 수 있다. 따라서 채권자는 자신의 반대급부를 이행하여야 한다.
　㉡ 채무자의 이득상환의무: 채무자는 채무를 면함으로써 얻은 이익을 채권자에게 상환하여야 한다.

4. 제3자를 위한 계약

(1) 서설

> **제539조 【제3자를 위한 계약】** ① 계약에 의하여 당사자 일방이 제3자에게 이행할 것을 약정한 때에는 그 제3자는 채무자에게 직접 그 이행을 청구할 수 있다.
> ② 전항의 경우에 제3자의 권리는 그 제3자가 채무자에 대하여 계약의 이익을 받을 의사를 표시한 때에 생긴다.

① **의의**: 제3자를 위한 계약이란 계약당사자 이외의 제3자에게 직접 권리를 취득시키는 계약을 말한다.
  ㉠ 구체적인 예: 타인을 위한 생명보험계약이나, 甲이 자신의 건물을 乙에게 매도하면서 乙로 하여금 직접 丙에게 매매대금을 지급하게 하여 丙에게 매매대금청구권을 취득하도록 약속하는 경우가 이에 해당한다. 이 경우 甲을 요약자(채권자), 乙을 낙약자(채무자), 丙을 수익자(제3자)라고 한다.

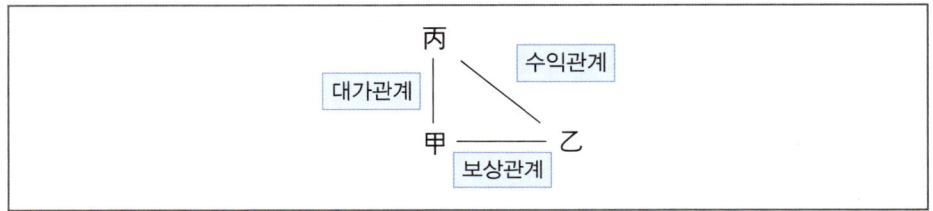

  ㉡ 제3자를 위한 계약의 당사자는 요약자와 낙약자이고, 제3자는 계약의 당사자가 아니다.
② **성질**: 제3자를 위한 계약은 특수한 계약이 아니라, 계약내용에 제3자로 하여금 낙약자에 대한 권리를 직접 취득하도록 한다는 부관을 첨가한 경우에 불과하다.

(2) 성립요건

① **보상관계의 유효**: 요약자와 낙약자 사이에 유효한 계약이 성립하고 있어야 한다.
② **제3자 수익약정**: 제3자에게 권리를 취득하게 하려는 약정이 있어야 한다.
  ㉠ 제3자는 계약체결 당시에 현존하고 있어야 하는 것은 아니다. 따라서 태아나 설립 중인 법인도 제3자가 될 수 있다. 다만, 수익의 의사를 표시할 때에는 현존·특정되어야 한다.
  ㉡ 제3자가 취득할 수 있는 권리의 종류에는 제한이 없다. 제3자는 채권뿐만 아니라 물권 기타 어떠한 권리도 취득할 수 있다. 다만, 물권변동에 관한 성립요건주의와의 관계상 인도나 등기는 제3자가 직접 하여야 한다.

4 계약의 해제·해지

1. 계약의 해제

(1) 해제의 의의
① 해제란 유효하게 성립한 계약에 있어 당사자 일방의 채무불이행 등이 있는 경우 계약을 소급적으로 소멸시키는 일방적 의사표시를 말한다.
② 해제권은 일방적 의사표시로, 계약을 소멸시키는 형성권이다.

(2) 해제권의 발생원인
① **약정해제권**
   ㉠ 약정사유가 발생한 경우 일방이 계약을 해제할 수 있다고 약정한 경우를 말한다. 즉, 당사자 사이의 약정에 계약을 해소할 수 있는 가능성을 유보해 두는 것을 말한다.
   ㉡ 약정해제권을 행사한 경우 계약은 소급적으로 소멸한다. 약정해제는 채무불이행을 전제로 하지 않으므로 채무불이행을 전제로 하는 손해배상청구권을 행사할 수 없다(제551조).

② **법정해제권**: 채무자의 채무불이행이 있는 경우에 발생되는 해제권을 말한다.
   ㉠ 이행지체로 인한 해제권의 발생

> **제544조 【이행지체와 해제】** 당사자 일방이 그 채무를 이행하지 아니하는 때에는 상대방은 상당한 기간을 정하여 그 이행을 최고*하고 그 기간 내에 이행하지 아니한 때에는 계약을 해제할 수 있다. 그러나 채무자가 미리 이행하지 아니할 의사를 표시한 경우에는 최고를 요하지 아니한다.
>
> **제545조 【정기행위와 해제】** 계약의 성질 또는 당사자의 의사표시에 의하여 일정한 시일 또는 일정한 기간 내에 이행하지 아니하면 계약의 목적을 달성할 수 없을 경우에 당사자 일방이 그 시기에 이행하지 아니한 때에는 상대방은 전조의 최고를 하지 아니하고 계약을 해제할 수 있다.

📘 **용어 정리**

* **최고**
상대방에게 일정한 행위를 할 것을 요구하는 통지로서 법률규정에 의해 일정한 효과가 발생하는 것을 말한다. 최고는 그 법적 성질이 의사의 통지이며 상대방 있는 단독행위이다.

   ㉡ 이행불능으로 인한 해제권의 발생

> **제546조 【이행불능과 해제】** 채무자의 책임 있는 사유로 이행이 불능하게 된 때에는 채권자는 계약을 해제할 수 있다.

ⓒ 불완전이행으로 인한 해제권의 발생
　　ⓐ 추완(追完)이 가능한 경우: 이행지체에 준해 이행을 최고한 후 최고 기간 내에 이행이 없을 경우에 해제권을 행사할 수 있다.
　　ⓑ 추완(追完)이 불가능한 경우: 이행불능에 준해 이행의 최고 없이 곧바로 해제권을 행사할 수 있다.

(3) 해제권의 행사

> **제543조【해지, 해제권】** ① 계약 또는 법률의 규정에 의하여 당사자의 일방이나 쌍방이 해지 또는 해제의 권리가 있는 때에는 그 해지 또는 해제는 상대방에 대한 의사표시로 한다.
> ② 전항의 의사표시는 철회하지 못한다.

① 해제의 의사표시
　㉠ 해제권 행사 여부는 해제권자의 자유이며, 해제권은 상대방에 대한 일방적 의사표시로써 한다.
　㉡ 해제의 의사표시는 원칙적으로 조건이나 기한을 붙이지 못한다. 그러나 상대방에게 불이익을 주지 않는 경우에는 예외적으로 조건이나 기한을 붙일 수 있다.
　㉢ 해제의 의사표시가 상대방에게 도달하여 그 효력이 발생한 후에는 상대방이 승낙하지 않는 한 해제의 의사표시를 철회할 수 없다.
　㉣ 해제의 의사표시 자체에 제한능력·착오·사기·강박 등의 사정이 있는 경우에는 취소할 수 있다.

② 해제의 불가분성

> **제547조【해지, 해제권의 불가분성】** ① 당사자의 일방 또는 쌍방이 수인인 경우에는 계약의 해지나 해제는 그 전원으로부터 또는 전원에 대하여 하여야 한다.
> ② 전항의 경우에 해지나 해제의 권리가 당사자 1인에 대하여 소멸한 때에는 다른 당사자에 대하여도 소멸한다.

　㉠ 해제권 행사에 있어서의 불가분성: 해제권의 행사는 특약이 없는 한 전원으로부터 전원에 대해 하여야 한다. 해제권 불가분성의 원칙은 법률관계의 복잡성을 방지하기 위한 취지이다. 해제의 의사표시는 전원으로부터 전원에 대해 행사하면 충분하고, 반드시 공동으로 행사할 필요는 없다.
　㉡ 해제권 소멸에 있어서의 불가분성: 해제권이 당사자의 1인에 대해 소멸한 때에는 다른 당사자에 대하여도 소멸한다. 해제권이 소멸하는 원인은 불문한다. 즉, 해제권의 포기로 소멸하든 제척기간의 경과로 소멸하든 불문한다.
　㉢ 제547조는 임의규정이므로 당사자의 특약으로 이를 배제할 수 있다.

(4) 해제의 효과

> **제548조【해제의 효과, 원상회복의무】** ① 당사자 일방이 계약을 해제한 때에는 각 당사자는 그 상대방에 대하여 원상회복의 의무가 있다. 그러나 제3자의 권리를 해하지 못한다.
> ② 전항의 경우에 반환할 금전에는 그 받은 날로부터 이자를 가하여야 한다.
> **제549조【원상회복의무와 동시이행】** 제536조의 규정은 전조의 경우에 준용한다.
> **제551조【해지, 해제와 손해배상】** 계약의 해지 또는 해제는 손해배상의 청구에 영향을 미치지 아니한다.

① 해제의 효과에 대한 법리구성의 쟁점
  ㉠ 계약이 해제되는 경우 계약의 구속력과 계약상의 채무는 소멸하게 되는데, 이를 계약 시에 소급하여 소멸하도록 할 것인가 아니면 장래에 향하여 소멸하도록 할 것인가가 문제된다.
  ㉡ 계약의 해제로 각 당사자는 상대방에 대해 원상회복의무를 부담하게 되는데, 원상회복의무의 성격과 범위를 어떻게 이해할 것인가가 문제된다.
  ㉢ 계약상 채무의 소멸과 원상회복으로도 전보(塡補)되지 못한 손해는 배상되어야 하는데, 이때 계약해제로 인한 손해배상청구권 규정과의 관계를 어떻게 유기적으로 이해할 것인가가 문제된다.

② 해제의 효과
  ㉠ 계약을 해제하는 경우 그 직접적인 효과로서 계약은 처음부터 존재하지 않았던 것처럼 소급적으로 소멸한다.
  ㉡ 따라서 이행하기 전이면 이행할 필요가 없고, 이행한 후면 부당이득으로서 반환하여야 하나 제748조에 대한 특칙규정인 제548조에 따라 원상회복의무가 주어진다.

③ 해제와 물권변동과의 관련성
  ㉠ 채권행위인 매매계약이 실효된 경우 물권행위도 이에 영향을 받아 그 효력을 상실한다(판례).
  ㉡ 이는 물권행위의 유인설의 입장으로, 물권적 효과설이라고 한다.

④ 제3자 보호의 문제
  ㉠ 제548조 제1항 단서에서 말하는 제3자는 원칙적으로 해제의 의사표시가 있기 이전에 해제된 계약을 기초로 법률상 새로운 이해관계를 맺은 자로, 등기나 인도 등으로 완전한 권리를 취득한 자를 의미한다.
  ㉡ 이때의 제3자는 선의·악의를 불문한다.

2. 계약의 해지

(1) 서설
① **의의**: 계약의 해지란 계속적 채권관계에 있어 계약의 효력을 장래에 향하여 소멸시키는 계약 당사자의 일방적 의사표시를 말한다.
② **성질**
  ㉠ 해지는 일방적 의사표시로, 계약을 소멸시키는 형성권이다.
  ㉡ 해지는 계속적 채권계약에 한해 인정되고, 장래에 향하여 효력이 발생한다.

한눈에 보기 해제와 해지의 비교

구분	해제	해지
공통점	• 형성권 • 약정 또는 법률규정에 의해 발생 • 손해배상청구 가능 • 철회 불가	
적용범위	일시적 계약관계에서 인정	계속적 계약관계에서 인정
효력	계약이 소급적으로 소멸	계약이 장래에 향해서만 소멸
의무	원상회복의무를 부담	청산의무를 부담

(2) 해지권의 발생
① **약정해지권의 발생**: 약정해지권은 당사자의 합의에 의해 발생한다.
② **법정해지권의 발생**
  ㉠ 민법은 법정해지권의 발생에 관해 일반적 규정을 두지 않고, 각 계약에 따라 개별적 규정을 두고 있을 뿐이다.
  ㉡ 제544조 내지 제546조가 법정해지의 경우에도 적용될 수 있는지에 대해서는 긍정설과 부정설(다수설)이 대립된다.

Chapter 02 매매

학습포인트 매매의 성립과 매도인의 담보책임을 정리한다.

1 총설

1. 의의

> **제563조【매매의 의의】** 매매는 당사자 일방이 재산권을 상대방에게 이전할 것을 약정하고 상대방이 그 대금을 지급할 것을 약정함으로써 그 효력이 생긴다.

매매란 매도인이 매수인에게 재산권을 이전할 것을 약정하고 매수인은 이에 대해 그 대금을 지급할 것을 약정함으로써 성립하는 계약을 말한다.

2. 법적 성질

> **제567조【유상계약에의 준용】** 본 절의 규정은 매매 이외의 유상계약에 준용한다. 그러나 그 계약의 성질이 이를 허용하지 아니하는 때에는 그러하지 아니하다.

(1) 유상·쌍무계약 *

매매는 양 당사자가 서로 대가성을 가지는 출연을 하므로 유상계약이고, 매도인의 재산권이전의무와 매수인의 대금지급의무가 서로 견련관계에 있으므로 쌍무계약이다.

> **용어 정리**
>
> * **쌍무계약**
>   양 당사자의 채무가 서로 대가적 의미, 즉 견련성(牽連性)을 가지는 경우를 말한다.
>
> ⊕ **편무계약**
>   일방 당사자만이 채무를 부담하든가 양 당사자가 채무를 부담하더라도 서로 대가적 의미, 즉 견련성을 가지지 않는 경우를 말한다.

(2) 낙성·불요식계약

매매는 당사자 간의 의사표시의 합치만으로 성립하는 낙성계약이다. 또한 특별한 방식을 필요로 하지 않는 불요식계약이다.

2 매매의 성립

1. 매매계약의 성립

(1) 의사의 합치
① 매매계약은 재산권이전과 대금지급에 관한 합의가 있으면 성립한다.
② 따라서 매매계약의 세부사항(예 계약비용, 채무의 이행시기, 이행장소 등)에 관한 합의까지는 필요 없다.

(2) 재산권의 이전
① 매매계약은 재산권의 이전을 목적으로 한다. 재산권에는 물권, 채권, 무체재산권 등이 있다.
② 타인소유의 물건도 매매의 목적물이 될 수 있다. 다만, 매도인은 그 물건 또는 권리를 취득하여 매수인에게 이전하여야 할 의무가 있다.
③ 장래에 생길 물건이나 권리도 매매의 목적물이 될 수 있다.

(3) 대금의 지급
매매에 있어 반대급부는 금전에 한한다. 반대급부가 금전 이외의 재산권이면 교환에 해당한다.

(4) 현실매매
현실매매도 매매의 일종이므로 매매에 관한 규정이 준용된다.

2. 계약금계약

(1) 의의
계약금이란 계약을 체결하면서 그에 부수하여 당사자 일방이 상대방에 대해 교부하는 금전 기타 유가물을 말한다.

(2) 계약금계약의 성질
① **종된 계약**: 계약금계약은 매매계약에 종된 계약이다. 따라서 주된 계약이 무효·취소되면 계약금계약도 당연히 실효된다(이를 '부종성'이라 한다). 다만, 계약금계약은 주된 계약과 동시에 행해질 필요는 없다.
② **요물계약**: 계약금계약은 금전 기타 유가물의 교부를 요건으로 하는 요물계약이다.

(3) 해약금에 의한 계약해제

> **제565조【해약금】** ① 매매의 당사자 일방이 계약 당시에 금전 기타 물건을 계약금, 보증금 등의 명목으로 상대방에게 교부한 때에는 당사자 간에 다른 약정이 없는 한 당사자의 일방이 이행에 착수할 때까지 교부자는 이를 포기하고 수령자는 그 배액을 상환하여 매매계약을 해제할 수 있다.
> ② 제551조의 규정은 전항의 경우에 이를 적용하지 아니한다.

① 행사방법
  ㉠ 당사자 일방이 이행에 착수할 때까지 교부자는 이를 포기하고 수령자는 배액을 상환하여 계약을 해제할 수 있다.
  ㉡ 교부자는 해제권을 행사하면 당연히 계약금포기의 효력이 발생하므로 별도의 포기의사가 필요 없다. 그러나 수령자는 해제의 의사표시만으로는 부족하고 반드시 현실적으로 배액을 상환하여야만 해제권을 행사할 수 있다.

② 행사기간
  ㉠ 해제권을 행사할 수 있는 기간은 당사자의 일방이 이행에 착수할 때까지이다.
  ㉡ 당사자의 일방이란 매매계약의 쌍방 중 어느 일방을 말한다. 따라서 매도인이 이행에 착수한 바가 없더라도 매수인이 이미 이행에 착수한 경우 매도인과 매수인은 더 이상 해약금에 의한 계약해제를 할 수 없다.
  ㉢ 이행의 착수란 채무이행의 일부를 행하거나 이행에 필요한 전제행위를 하는 것을 말하고, 이행의 준비만으로는 부족하다. 중도금을 지급한다든가 잔금을 준비하고 등기소에 동행할 것을 촉구하는 것은 이행의 착수에 해당한다.

③ 행사효과
  ㉠ 해약금에 의한 계약해제 역시 계약이 소급적으로 실효된다. 그러나 해약금에 의한 계약해제는 채무불이행을 전제로 한 것이 아니므로 원상회복의무나 손해배상청구권의 문제가 발생하지 않는다.
  ㉡ 해약금에 의한 계약해제는 채무불이행으로 인한 계약해제(법정해제)에 영향을 미치지 않는다.

3. 매매계약비용의 부담

> **제566조【매매계약의 비용의 부담】** 매매계약에 관한 비용은 당사자 쌍방이 균분하여 부담한다.

3 매매의 효력

1. 매매의 기본적 효력

(1) 매도인의 의무

① 재산권이전의무

> **제568조 【매매의 효력】** ① 매도인은 매수인에 대하여 매매의 목적이 된 권리를 이전하여야 하며 매수인은 매도인에게 그 대금을 지급하여야 한다.
> ② 전항의 쌍방의무는 특별한 약정이나 관습이 없으면 동시에 이행하여야 한다.

② 과실취득권

> **제587조 【과실의 귀속, 대금의 이자】** 매매계약 있은 후에도 인도하지 아니한 목적물로부터 생긴 과실은 매도인에게 속한다. 매수인은 목적물의 인도를 받은 날로부터 대금의 이자를 지급하여야 한다. 그러나 대금의 지급에 대하여 기한이 있는 때에는 그러하지 아니하다.

　㉠ 매매계약이 있은 후에도 인도하지 아니한 목적물로부터 생긴 과실은 매도인에게 속한다(제587조 제1문).
　㉡ 매수인이 대금을 완납한 경우에는 매도인이 목적물을 점유하고 있더라도 그 목적물로부터 생긴 과실은 매수인에게 속한다.

(2) 매수인의 의무

① 대금지급의무
　㉠ 의의: 매수인은 매도인의 재산권이전에 대한 반대급부로서 대금지급의무를 진다(제568조 제1항).
　㉡ 대금지급의무의 이행기
　　ⓐ 매매의 당사자 일방에 대한 의무이행의 기한이 있는 때에는 상대방의 의무이행에 대하여도 동일한 기한이 있는 것으로 추정한다(제585조).
　　ⓑ 어느 의무에 대해서도 기한의 약정이 없는 경우에는 당사자는 계약이 성립한 후에 언제든지 상환으로 이행할 것을 청구할 수 있다.
　㉢ 대금의 지급장소: 대금지급채무는 종류채무이므로 채권자의 현주소지에서 대금을 지급하는 것이 원칙이다(제467조 제2항 본문). 그러나 매매의 목적물의 인도와 동시에 대금을 지급할 경우에는 그 인도장소에서 대금을 지급하여야 한다(제586조).

ⓔ 대금의 이자지급: 매수인은 목적물의 인도를 받은 날로부터 대금의 이자를 지급하여야 한다(제587조 제2문). 그러나 대금지급시기가 정해져 있고 또 그 시기가 인도일보다 후인 경우에는 따로 이자를 지급할 필요가 없다(제587조 제3문).

ⓜ 대금지급거절권

ⓐ 매수인이 대금지급을 거절할 수 있는 경우로는 동시이행의 항변권을 원용할 수 있는 경우(제536조)와 매매의 목적물에 대해 권리를 주장하는 자가 있는 경우(제588조)이다.

ⓑ 매매의 목적물에 대해 권리를 주장하는 자가 있는 경우에 매수인이 매수한 권리의 전부나 일부를 잃을 염려가 있는 때에는 매수인은 그 위험의 한도에서 대금의 전부나 일부의 지급을 거절할 수 있다(제588조 본문). 그러나 매도인이 상당한 담보를 제공한 때에는 대금지급을 거절할 수 없다(제588조 단서). 한편, 매수인에게 위와 같은 대금지급거절권이 있는 경우에 매도인은 매수인에 대하여 대금의 **공탁***을 청구할 수 있다(제589조).

📖 용어 정리

*공탁
채권자가 변제를 받지 아니하거나 받을 수 없는 경우에 변제자가 채권자를 위해 변제의 목적물을 공탁소에 임치함으로써 채무를 면하는 제도를 말한다(제487조).
➕ 공탁에는 여러 종류가 있지만, 민법에서 다루는 것은 변제공탁에 관한 것이다.

② **목적물수령의무**

㉠ 매수인은 매도인이 제공한 목적물을 수령할 의무를 부담하는지에 대해 다수설은 신의칙상 매수인(채권자)에게도 일반적인 목적물수령의무가 있다고 한다.

㉡ 따라서 다수설에 의하면 매수인(채권자)이 자신의 고의 또는 과실로 목적물을 수령할 수 없거나 그 수령을 거절하는 것은 채무불이행에 해당하므로, 채권자지체책임(제401조~제403조)을 부담하는 외에 계약해제와 손해배상책임의 불이익을 받을 수 있다.

2. 매도인의 담보책임

(1) 서설

① 의의

㉠ 매도인의 담보책임이란 매매의 목적물인 권리 또는 물건에 하자가 있는 경우, 매도인이 매수인에 대해 부담하는 책임을 말한다. 민법은 매도인의 담보책임에 대해 하자가 권리에 존재하는 경우와 물건에 존재하는 경우에 따라 담보책임의 유형을 달리 정하고 있다. 한편, 물건에 관한 담보책임(하자담보책임)은 **특정물*** 에 하자가 있는 경우뿐만 아니라 **종류물(불특정물)*** 에 하자가 있는 경우에도 적용된다.

> **용어 정리**
>
> ***특정물**
> 당사자가 급부의 목적물을 특정하여 다른 물건으로 바꾸지 못하게 한 물건을 말한다.
>
> ***종류물(불특정물)**
> 당사자가 동종의 다른 물건으로 바꿀 수 있게 한 물건을 말한다.

㉡ 매도인의 담보책임은 매매 이외의 다른 유상계약에 준용된다(제567조).

② 성질

㉠ 법정책임: 매도인의 담보책임은 매매계약의 유상성(대가성)에 비추어 매수인을 보호하고 거래안전을 보호하기 위해 인정되는 법정책임이다. 즉, 매도인의 담보책임은 채무불이행책임이 아니다.

㉡ 무과실책임: 매도인의 담보책임은 매도인이 목적물의 하자에 대한 고의 또는 과실이 없어도 책임을 지는 무과실책임이다.

(2) 권리의 하자에 대한 담보책임

① 권리의 전부가 타인에게 속하는 경우

> **제569조【타인의 권리의 매매】** 매매의 목적이 된 권리가 타인에게 속한 경우에는 매도인은 그 권리를 취득하여 매수인에게 이전하여야 한다.
> **제570조【동전 - 매도인의 담보책임】** 전조의 경우에 매도인이 그 권리를 취득하여 매수인에게 이전할 수 없는 때에는 매수인은 계약을 해제할 수 있다. 그러나 매수인이 계약 당시 그 권리가 매도인에게 속하지 아니함을 안 때에는 손해배상을 청구하지 못한다.

> 🔍 **사 례**
>
> 甲이 丙 소유의 건물에 대하여 乙과 매매계약을 체결하였으나 甲이 그 소유권을 취득하여 乙에게 이전할 수 없는 경우 乙은 甲에 대해 어떠한 책임을 물을 수 있는가?

   ㉠ 성립요건

      ⓐ 매매목적물이 현존하여야 한다.

      ⓑ 매매목적물에 관한 권리의 전부가 타인에게 속하기 때문에 그 권리를 이전할 수 없어야 한다.

   ㉡ 담보책임의 내용

      ⓐ 계약해제권: 매수인은 선의·악의를 불문하고 최고 없이 계약을 해제할 수 있다.

      ⓑ 손해배상청구권: 선의의 매수인에게만 인정된다. 손해배상액의 범위는 이행이익의 배상이며, 손해배상액의 산정시기는 이행불능 당시의 시가를 표준으로 산정된다.

      ⓒ 제척기간의 적용 여부: 제570조에서 인정되는 계약해제권과 손해배상청구권의 행사에는 제척기간의 적용이 없다.

② **권리의 일부가 타인에게 속하는 경우**

> **제572조【권리의 일부가 타인에게 속한 경우와 매도인의 담보책임】** ① 매매의 목적이 된 권리의 일부가 타인에게 속함으로 인하여 매도인이 그 권리를 취득하여 매수인에게 이전할 수 없는 때에는 매수인은 그 부분의 비율로 대금의 감액을 청구할 수 있다.
> ② 전항의 경우에 잔존한 부분만이면 매수인이 이를 매수하지 아니하였을 때에는 선의의 매수인은 계약 전부를 해제할 수 있다.
> ③ 선의의 매수인은 감액청구 또는 계약해제 외에 손해배상을 청구할 수 있다.
> **제573조【전조의 권리행사의 기간】** 전조의 권리는 매수인이 선의인 경우에는 사실을 안 날로부터, 악의인 경우에는 계약한 날로부터 1년 내에 행사하여야 한다.

> 🔍 **사 례**
>
> 甲이 토지 1,000m^2를 乙에게 매각하였으나, 그중 800m^2는 甲의 소유이지만 200m^2는 丙의 소유인 경우에 乙은 甲에 대해 어떠한 책임을 물을 수 있는가?

   ㉠ 성립요건

      ⓐ 매매목적물에 관한 권리의 일부가 타인에게 속하기 때문에 그 권리를 이전할 수 없어야 한다.

ⓑ 단일한 권리의 일부가 타인에게 속하는 경우뿐만 아니라 수개의 권리를 일괄하여 매매의 목적으로 정한 경우에도 그 가운데 이전할 수 없게 된 권리부분이 차지하는 비율에 따른 대금산출이 불가능한 경우에는 제572조가 적용된다는 것이 판례의 태도이다.

ⓒ 담보책임의 내용

ⓐ **대금감액청구권**: 매수인의 선의·악의를 불문하고 타인에게 속하는 부분의 비율로 대금의 감액을 청구할 수 있다. 대금감액청구권은 계약의 일부해제에 해당하므로 형성권이다.

ⓑ **계약해제권**: 선의의 매수인은 이전된 부분만이면 이를 매수하지 않았으리라는 사정이 있는 경우 계약 전부를 해제할 수 있다.

ⓒ **손해배상청구권**: 선의의 매수인은 대금감액 또는 계약해제와 아울러 손해배상도 청구할 수 있다.

ⓓ **제척기간**: 선의의 매수인은 그 사실을 안 날로부터 1년 내에, 악의의 매수인은 계약한 날로부터 1년 내에 권리를 행사하여야 한다.

③ **목적물의 수량부족·일부멸실인 경우**

> **제574조 【수량부족, 일부멸실의 경우와 매도인의 담보책임】** 전2조의 규정은 수량을 지정한 매매의 목적물이 부족되는 경우와 매매목적물의 일부가 계약 당시에 이미 멸실된 경우에 매수인이 그 부족 또는 멸실을 알지 못한 때에 준용한다.

🔍 **사례**

1. 甲이 자기소유 토지 $100m^2$를 $1m^2$당 100만원씩 책정하여 乙에게 매각하였으나, 실측을 해 본 결과 $80m^2$밖에 되지 않는 경우 乙은 甲에 대해 어떠한 책임을 물을 수 있는가?
2. 甲이 창고가 딸린 건물을 乙에게 매각하였으나 그 창고가 매매계약 체결 이전에 이미 화재로 소실된 경우 乙은 甲에 대해 어떠한 책임을 물을 수 있는가?

㉠ 성립요건

ⓐ **수량부족**

ⅰ) 매매목적물은 특정물이어야 한다. 종류물매매에 있어서는 급부된 물건이 부족한 경우 이는 채무불이행책임이 문제될 뿐 담보책임의 문제는 발생하지 않는다.

ⅱ) 수량을 지정한 매매에 있어 목적물의 수량이 부족하여야 한다.

ⓑ **일부멸실**: 매매목적물의 일부가 계약체결 당시에 이미 멸실되어야 한다.

ⓛ 담보책임의 내용
ⓐ 매수인이 선의인 경우: 매수인이 선의인 경우에는 권리의 일부가 타인에게 속하는 경우의 담보책임과 동일하게 대금감액청구권 또는 계약해제권 및 손해배상청구권을 가진다. 선의의 매수인의 이와 같은 권리는 하자를 안 날로부터 1년 내에 행사되어야 한다.
ⓑ 매수인이 악의인 경우: 매수인이 악의인 경우에는 매도인에 대해 어떠한 내용의 담보책임도 물을 수 없다.

④ **용익권에 의해 제한받고 있는 경우**

> **제575조【제한물권 있는 경우와 매도인의 담보책임】** ① 매매의 목적물이 지상권, 지역권, 전세권, 질권 또는 유치권의 목적이 된 경우에 매수인이 이를 알지 못한 때에는 이로 인하여 계약의 목적을 달성할 수 없는 경우에 한하여 매수인은 계약을 해제할 수 있다. 기타의 경우에는 손해배상만을 청구할 수 있다.
> ② 전항의 규정은 매매의 목적이 된 부동산을 위하여 존재할 지역권이 없거나 그 부동산에 등기된 임대차계약이 있는 경우에 준용한다.
> ③ 전2항의 권리는 매수인이 그 사실을 안 날로부터 1년 내에 행사하여야 한다.

🔍 **사 례**

甲이 자기소유의 건물을 乙에게 매도하였는데, 그 건물에 대해 이미 丙이 전세권을 가지고 있는 경우 乙은 甲에 대해 어떠한 책임을 물을 수 있는가?

㉠ 성립요건
ⓐ 매매목적물이 지상권, 지역권, 전세권, 질권 또는 유치권의 목적이 되어 있거나, 매매의 목적이 된 부동산을 위해 존재하여야 할 지역권이 없거나, 목적부동산 위에 등기된 임차권이나 「주택임대차보호법」상의 대항력을 갖춘 임차권이 존재하여야 한다.
ⓑ 위 ⓐ의 제한으로 매수인이 목적물을 충분히 사용·수익할 수 없어야 한다.
㉡ 담보책임의 내용
ⓐ 대금감액청구권의 인정 여부: 매매목적물에 용익권 등의 제한이 있더라도 이로 인해 소유권이전이 불가능한 것은 아니고, 용익권 등에 의한 제한은 질적인 하자에 해당하여 감액되어야 할 금액을 비율적으로 산정하기 어렵기 때문에 대금감액청구권은 인정되지 않는다.
ⓑ 계약해제권: 선의의 매수인은 계약의 목적을 달성할 수 없는 경우에 한해 계약을 해제할 수 있다.
ⓒ 손해배상청구권: 선의의 매수인은 언제나 손해배상을 청구할 수 있다.

ⓓ 제척기간: 선의의 매수인의 계약해제권과 손해배상청구권은 용익적 권리의 존재 또는 지역권의 부존재 사실을 안 날로부터 1년 내에 행사되어야 한다.

⑤ **저당권 또는 전세권의 행사로 소유권을 취득할 수 없거나 상실한 경우**

> **제576조【저당권, 전세권의 행사와 매도인의 담보책임】** ① 매매의 목적이 된 부동산에 설정된 저당권 또는 전세권의 행사로 인하여 매수인이 그 소유권을 취득할 수 없거나 취득한 소유권을 잃은 때에는 매수인은 계약을 해제할 수 있다.
> ② 전항의 경우에 매수인의 출재로 그 소유권을 보존한 때에는 매도인에 대하여 그 상환을 청구할 수 있다.
> ③ 전2항의 경우에 매수인이 손해를 받은 때에는 그 배상을 청구할 수 있다.
> **제577조【저당권의 목적이 된 지상권, 전세권의 매매와 매도인의 담보책임】** 전조의 규정은 저당권의 목적이 된 지상권 또는 전세권이 매매의 목적이 된 경우에 준용한다.

🔍 **사례**

甲은 자신의 토지를 담보로 丙으로부터 1천만원을 차용하고 丙에게 저당권을 설정해 주었다. 그 후 甲은 乙에게 자신의 토지를 매각하였으나, 甲의 채무불이행으로 인해 丙이 저당권을 실행하여 丁에게 토지가 경락되었다. 이 경우 乙은 甲에 대해 어떠한 책임을 물을 수 있는가?

㉠ 성립요건

　　ⓐ 매매의 목적부동산에 저당권 또는 전세권이 설정되었다는 사실만으로는 담보책임이 발생하지 않고, 저당권 또는 전세권의 실행으로 인해 매수인이 매매의 목적부동산의 소유권을 취득할 수 없거나, 취득한 소유권을 상실하거나, 매매의 목적부동산에 설정된 저당권 또는 전세권의 실행에 의한 소유권 상실을 피하기 위해 매수인이 자신의 출재(出財)로 저당권·전세권을 소멸시켜 그 소유권을 보존하거나, 지상권 또는 전세권 위에 설정된 저당권이 실행되어 지상권 또는 전세권을 취득할 수 없거나 잃게 되는 경우 또는 매수인의 출재로 그러한 전세권·지상권을 보존한 경우이어야 한다.

　　ⓑ 매수인이 매도인과의 특약으로 저당권 또는 전세권에 의해 담보된 채권을 인수하기로 한 때에는 제576조가 적용되지 않는다.

㉡ 담보책임의 내용

　　ⓐ 계약해제권: 매수인의 선의·악의를 불문하고 매매의 목적부동산에 대한 소유권을 취득할 수 없거나 상실한 때에는 계약을 해제할 수 있다. 또한 매수인이 자신의 출재로 소유권을 보존한 때에는 매도인에게 그 상환을 청구할 수 있다.

ⓑ 손해배상청구권: 매수인은 선의·악의를 불문하고 소유권을 취득할 수 없거나 상실한 때 또는 자신의 출재로 소유권을 보존하여 손해를 받은 때에는 따로 손해배상을 청구할 수 있다.
ⓒ 제척기간의 적용 여부: 제576조에서 인정되는 계약해제권과 손해배상청구권의 행사에는 제척기간의 적용이 없다.

(3) 물건의 하자에 대한 담보책임(하자담보책임)

① 특정물매매의 목적물에 하자가 있는 경우

> **제580조【매도인의 하자담보책임】** ① 매매의 목적물에 하자가 있는 때에는 제575조 제1항의 규정을 준용한다. 그러나 매수인이 하자 있는 것을 알았거나 과실로 인하여 이를 알지 못한 때에는 그러하지 아니하다.
> ② 전항의 규정은 경매의 경우에 적용하지 아니한다.
> **제582조【전2조의 권리행사기간】** 전2조에 의한 권리는 매수인이 그 사실을 안 날로부터 6월 내에 행사하여야 한다.

🔍 **사례**

甲이 자기소유의 건물을 乙에게 매각하였는데, 그 건물의 바닥과 벽에 균열이 있는 경우 乙은 甲에 대해 어떠한 책임을 물을 수 있는가?

㉠ 성립요건
  ⓐ 특정된 매매목적물에 하자가 있어야 한다.
  ⓑ 매수인은 하자에 대해 선의·무과실이어야 한다. 매수인의 악의 또는 과실은 매도인이 입증하여야 한다.
㉡ 담보책임의 내용
  ⓐ 계약해제권: 매수인은 하자로 계약의 목적을 달성할 수 없는 경우에는 계약을 해제할 수 있다.
  ⓑ 손해배상청구권: 매수인은 하자로 계약의 목적을 달성할 수 있는 경우에는 손해배상만 청구할 수 있다. 그러나 하자로 계약의 목적을 달성할 수 없는 경우에는 계약해제와 함께 손해배상을 청구할 수 있다.
  ⓒ 제척기간: 제580조에서 인정되는 계약해제권과 손해배상청구권은 하자를 안 날로부터 6개월 내에 행사하여야 한다.
  ⓓ 경매에 있어서의 담보책임 적용 여부: 경매에 있어서의 담보책임은 경락목적물의 권리에 하자가 있는 경우에만 적용되므로, 경락받은 특정물에 하자가 있더라도 매도인은 담보책임을 지지 않는다.

② 종류물매매의 목적물에 하자가 있는 경우

> **제581조 【종류매매와 매도인의 담보책임】** ① 매매의 목적물을 종류로 지정한 경우에도 그 후 특정된 목적물에 하자가 있는 때에는 전조의 규정을 준용한다.
> ② 전항의 경우에 매수인은 계약의 해제 또는 손해배상의 청구를 하지 아니하고 하자 없는 물건을 청구할 수 있다.
> **제582조 【전2조의 권리행사기간】** 전2조에 의한 권리는 매수인이 그 사실을 안 날로부터 6월 내에 행사하여야 한다.

🔍 **사례**

甲은 乙로부터 주문받은 그랜저 자동차 한 대를 인도하였으나, 그 인도된 자동차의 엔진에 결함이 있는 경우 乙은 甲에 대해 어떠한 책임을 물을 수 있는가?

㉠ 성립요건
  ⓐ 매매의 목적물을 종류로 지정하였는데 그 후 특정된 목적물에 하자가 있어야 한다.
  ⓑ 매수인은 하자에 대해 선의·무과실이어야 한다.
㉡ 담보책임의 내용
  ⓐ 계약해제권: 매수인은 하자로 계약의 목적을 달성할 수 없는 경우에는 계약을 해제할 수 있다.
  ⓑ 손해배상청구권: 매수인은 하자로 계약의 목적을 달성할 수 있는 경우에는 손해배상만 청구할 수 있다. 그러나 하자로 계약의 목적을 달성할 수 없는 경우에는 계약해제와 함께 손해배상을 청구할 수 있다.
  ⓒ 완전물급부청구권: 매수인은 계약해제권과 손해배상청구권을 행사하지 않고 하자 없는 물건의 급부를 청구할 수도 있다. 즉, 계약해제권·손해배상청구권과 완전물급부청구권은 선택적인 관계에 있다.
  ⓓ 제척기간: 제581조에서 인정되는 계약해제권 및 손해배상청구권 또는 완전물급부청구권은 하자를 안 날로부터 6개월 내에 행사되어야 한다.

Chapter 03 교환

학습포인트 교환의 성립에 대해 이해한다.

1. 서설

> **제596조【교환의 의의】** 교환은 당사자 쌍방이 금전 이외의 재산권을 상호 이전할 것을 약정함으로써 그 효력이 생긴다.

(1) 의의
교환이란 당사자 쌍방이 금전 이외의 재산권을 서로 이전할 것을 약정함으로써 성립하는 계약이다.

(2) 법적 성질
교환은 유상·쌍무·낙성·불요식계약이다.

2. 교환의 성립

(1) 의사의 합치
교환은 금전 이외의 재산권을 이전하기로 하는 당사자 간의 의사표시의 합치로써 성립한다.

(2) 교환의 목적물
① 교환은 반대급부의 내용이 금전 이외의 재산권이어야 한다. 어느 일방이 금전을 지급하는 경우에는 매매이다.
② 교환의 일방당사자가 재산권을 이전하면서 일정액의 금전을 보충적으로 지급할 것을 약정하는 경우에도 교환계약은 성립한다. 보충금이란 서로 교환하는 목적물 또는 권리의 가격이 균등하지 않은 경우 그 차액을 보충하기 위한 금전을 말한다. 보충금에 대해서는 매매대금에 관한 규정이 준용된다(제597조).

3. 교환의 효력

① 교환은 유상계약이므로 매매에 관한 규정이 준용된다(제567조). 따라서 양 당사자는 담보책임 등을 부담한다.
② 교환은 쌍무계약이므로 동시이행의 항변권(제536조)과 위험부담(제537조, 제538조)에 관한 규정이 준용된다.

Chapter 04 임대차

학습포인트 임대차의 존속기간과 효력을 이해한다.

1 서설

> **제618조 【임대차의 의의】** 임대차는 당사자 일방이 상대방에게 목적물을 사용, 수익하게 할 것을 약정하고 상대방이 이에 대하여 차임을 지급할 것을 약정함으로써 그 효력이 생긴다.

1. 의의

임대차란 당사자 일방이 상대방에게 목적물을 사용·수익하게 할 것을 약정하고 상대방이 이에 대하여 차임을 지급할 것을 약정함으로써 성립하는 계약이다.

2. 법률적 성질

① 임대차는 물건의 사용·수익을 목적으로 하는 채권계약이다.
  ㉠ 임대차의 목적물은 물건이다.
    ⓐ 권리나 기업을 빌리고 그 대가를 지급하는 계약은 임대차와 유사한 일종의 무명계약이다.
    ⓑ 임대차의 목적물은 원칙적으로 유체물로서 사용·수익으로 소멸하지 않아야 한다. 따라서 전기 기타 관리할 수 있는 자연력도 물건이기는 하지만 이들은 성질상 임대차의 목적물이 되지 못한다.
    ⓒ 부동산 중 농지에 대한 임대차는 원칙적으로 금지된다(농지법 제23조).
  ㉡ 임대차는 임차인이 목적물을 사용·수익하는 계약이다. 사용·수익 중 어느 하나만을 목적으로 하는 것도 가능하다.
  ㉢ 임대차는 채권계약이다. 따라서 임대인이 임차목적물에 대한 소유권 기타 처분권을 가지고 있어야 하는 것은 아니다.
② 임대차에 있어서는 차임의 지급이 임대차의 요소이다. 차임은 금전에 한하지 않는다.
③ 임대차는 유상·쌍무·낙성·불요식계약이며, 계속적 채권계약에 속한다.

2 임대차의 성립

1. 임대차의 성립요건

(1) 낙성계약
임대차는 낙성계약이므로 당사자의 합의에 의해 성립한다.

(2) 법률규정에 의한 성립
시장·군수·구청장은 농지이용증진사업의 일환으로 유휴농지에 대하여 당해 농지 소유자 또는 임차인에 갈음하여 농작물을 경작할 자(이를 '대리경작자'라 한다)를 지정할 수 있다(농지법 제20조 제1항). 이러한 경우에는 유휴농지의 소유자 또는 임차인과 대리경작자 사이에 법률규정에 의한 임대차관계가 성립하는 것으로 볼 수 있다.

2. 임대차의 존속기간

(1) 존속기간을 약정한 경우
민법상의 임대차에는 최단존속기간 제한규정과 최장존속기간 제한규정이 없다. 따라서 당사자는 합의를 통해 존속기간을 자유롭게 결정할 수 있고, 임대차의 존속기간을 영구무한으로 정하는 것도 원칙적으로 허용된다.

(2) 존속기간을 약정하지 않은 경우 ⇨ 해지통고

> **제635조【기간의 약정 없는 임대차의 해지통고】** ① 임대차기간의 약정이 없는 때에는 당사자는 언제든지 계약해지의 통고를 할 수 있다.
> ② 상대방이 전항의 통고를 받은 날로부터 다음 각 호의 기간이 경과하면 해지의 효력이 생긴다.
>   1. 토지, 건물 기타 공작물에 대하여는 임대인이 해지를 통고한 경우에는 6월, 임차인이 해지를 통고한 경우에는 1월
>   2. 동산에 대하여는 5일
>
> **제636조【기간의 약정 있는 임대차의 해지통고】** 임대차기간의 약정이 있는 경우에도 당사자 일방 또는 쌍방이 그 기간 내에 해지할 권리를 보류한 때에는 전조의 규정을 준용한다.
>
> **제638조【해지통고의 전차인에 대한 통지】** ① 임대차계약이 해지의 통고로 인하여 종료된 경우에 그 임대물이 적법하게 전대되었을 때에는 임대인은 전차인에 대하여 그 사유를 통지하지 아니하면 해지로써 전차인에게 대항하지 못한다.
> ② 전차인이 전항의 통지를 받은 때에는 제635조 제2항의 규정을 준용한다.

① 임대차기간의 약정이 없는 때에는 각 당사자는 언제든지 계약해지의 통고를 할 수 있다(제635조 제1항). 해지통고는 해지의 의사표시 외에 일정 기간이 경과하여야 그 효력이 발생한다. 임대차목적물이 부동산인 경우에는 임대인이 해지통고를 한 때에는 6개월, 임차인이 해지통고를 한 때에는 1개월, 동산인 경우에는 공히 5일이 경과하여야 해지의 효력이 발생한다.

② 임대차기간의 약정이 있는 경우에도 당사자 일방 또는 쌍방이 그 기간 내에 해지할 권리를 보류한 때에는 제635조의 해지통고가 적용된다.

(3) 존속기간의 갱신

① **계약에 의한 갱신**
  ㉠ 약정한 존속기간이 만료한 경우 당사자는 합의로 그 기간을 자유롭게 갱신할 수 있다.
  ㉡ 일정한 토지임대차에 대해서는 계약갱신이 간접적으로 강제된다. 즉, 건물 기타 공작물의 소유 또는 식목, 채염, 목축을 목적으로 한 토지임대차의 기간이 만료한 경우에 건물, 수목 기타 지상시설이 현존한 때에는 임차인은 계약의 갱신을 청구할 수 있으며, 임대인이 계약의 갱신을 원하지 않는 경우 임차인은 임대인에 대하여 상당한 가액으로 지상물의 매수를 청구할 수 있다(제643조에서 제283조를 준용).

② **법정갱신**(묵시의 갱신): 임대차기간이 만료한 후 임차인이 임차물의 사용·수익을 계속하는 경우에 임대인이 상당한 기간 내에 이의를 제기하지 아니한 때에는 전임대차와 동일한 조건으로 다시 임대차한 것으로 본다(제639조 제1항 본문). 법정갱신으로 인해 전임대차와 동일한 조건으로 다시 임대차한 것으로 보게 되나, 다만 존속기간만은 기간의 약정이 없는 것으로 된다. 따라서 이 경우에는 제635조가 적용되므로 각 당사자는 언제든지 해지통고를 할 수 있다.

3 임대차의 효력

1. 개관

(1) 임대인의 권리와 의무

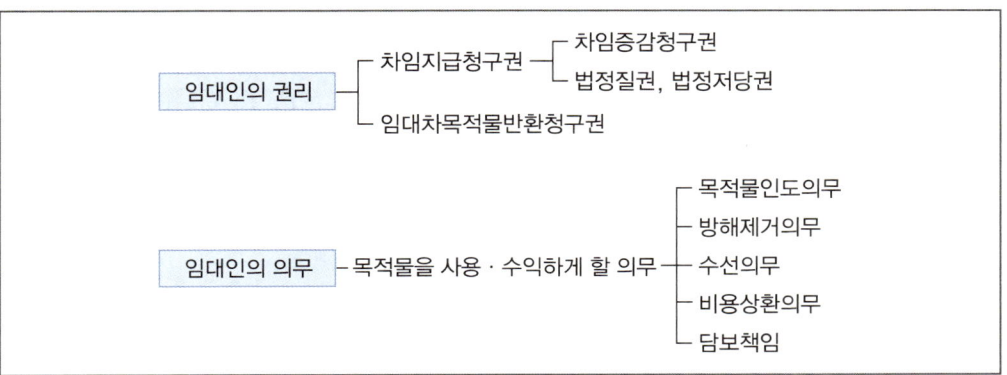

(2) 임차인의 권리와 의무

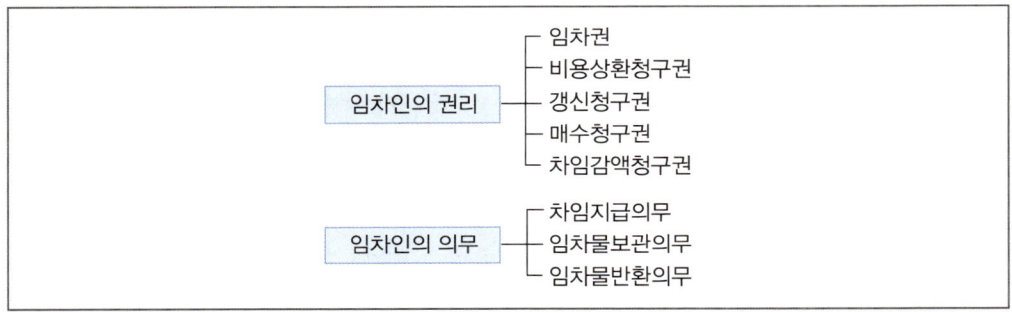

2. 임대인의 권리

위에서 본 임대인의 권리는 임차인의 의무로 설명하는 것이 편리하므로 임차인의 의무에서 다루기로 한다.

3. 임대인의 의무

> **제623조【임대인의 의무】** 임대인은 목적물을 임차인에게 인도하고 계약존속 중 그 사용, 수익에 필요한 상태를 유지하게 할 의무를 부담한다.

임대인은 임대차관계가 존속하는 동안 임차인이 목적물을 사용·수익할 수 있도록 할 적극적인 의무를 부담한다. 이 의무로부터 다음과 같은 의무들이 파생한다.

(1) 목적물인도의무

임차인이 목적물의 사용·수익을 위해 점유를 필요로 하는 경우에는 임대인은 목적물을 인도하여야 한다(제623조 전단).

(2) 방해제거의무

① 제3자가 임차인이 점유하는 임차목적물을 침해하는 등 그 사용·수익을 방해하는 경우 임대인은 임차인을 위해 그 방해를 제거할 의무를 진다(통설).
② 임차인이 점유보호청구권을 가지거나 임차권 자체에 기한 방해제거청구권을 가지더라도 임대인은 방해제거의무를 면하지 못한다.

(3) 수선의무

임대인은 임대차계약존속 중 그 사용·수익에 필요한 상태를 유지하게 할 의무를 부담한다(제623조 후단).
① 임대인의 수선의무는 임대차목적물에 관해 수선을 필요로 하는 상태, 즉 파손이 생기고 그 수선이 가능한 경우에 생긴다.
② 임대인의 수선의무불이행에 대해 임차인은 계약해지(제544조)와 손해배상청구(제551조) 외에 차임지급의 거절 또는 차임감액청구를 할 수 있다.
③ 임대인이 임대물의 보존에 필요한 행위를 하는 때에는 임차인은 이를 거절하지 못하고(제624조), 임대인이 임차인의 의사에 반하여 보존행위를 하는 경우에 임차인이 이로 인하여 임차의 목적을 달성할 수 없는 때에는 계약을 해지할 수 있다(제625조).

(4) 비용상환의무

임대인은 임차인이 목적물에 지출한 필요비나 유익비에 대해 상환할 의무를 진다. 자세한 내용은 임차인의 권리에서 다루기로 한다.

(5) 담보책임

임대차는 유상계약이므로 매매에 관한 규정이 준용된다(제567조). 따라서 임대인은 매도인과 같은 담보책임을 진다.

4. 임차인의 권리

(1) 임차권

① **의의**: 임차권이란 임차인이 목적물을 사용·수익할 수 있는 권리를 말한다.

② **사용·수익의 범위**

㉠ 임차인은 계약 또는 목적물의 성질에 의하여 정하여진 용법으로 임차물을 사용·수익하여야 한다(제654조, 제610조). 임차인이 이를 위반한 경우 임대인은 위반행위의 정지를 청구하거나 손해가 있으면 손해배상을 청구할 수 있고 그 밖에 계약을 해지할 수 있다.

㉡ 임차인은 임대인의 동의 없이 그 권리를 양도하거나 임차물을 전대하지 못한다. 임차인이 이를 위반한 경우 임대인은 계약을 해지할 수 있다(제629조).

③ **임차권의 대항력**

㉠ 부동산임차인은 당사자 간에 반대약정이 없으면 임대인에 대하여 그 임대차등기절차에 협력할 것을 청구할 수 있고, 부동산임대차를 등기한 때에는 그때부터 제3자에 대하여 효력이 생긴다(제621조). 따라서 임차권이 등기된 경우에는 제3자가 임대인인 소유자로부터 그 부동산을 양수하여 임차인에 대해 부동산명도청구를 하더라도 임차인은 이를 거절할 수 있다.

㉡ 건물의 소유를 목적으로 한 토지임대차는 이를 등기하지 아니한 경우에도 임차인이 그 지상건물을 등기한 때에는 제3자에 대하여 임대차의 효력이 생긴다(제622조 제1항). 토지임차인이 대항력을 취득하기 위해서는 자신이 건물을 신축하고 소유권보존등기를 한 경우뿐만 아니라 토지임차권과 건물을 양도받아 건물에 대한 소유권이전등기를 한 경우까지도 포함된다. 다만, 토지임차인에게 토지에 관한 적법한 임대차계약 없이 그 지상건물에 관하여 등기를 한 경우에는 대항력이 인정되지 않는다. 한편, 건물이 임대차기간 만료 전에 멸실 또는 후폐한 때에는 토지임차인을 보호할 필요가 없으므로 토지임대차는 그 대항력을 잃는다(제622조 제2항).

 판례

> **보증금의 지연이자를 청구하기 위한 요건**
> 임차인이 민법 제621조에 의하여 임차권등기를 마친 경우 당사자 사이에 다른 약정이 없는 한 임대차 종료 후 임대인의 임차보증금 반환의무와 임차인의 임차권등기 말소의무는 동시이행관계에 있으므로, 임차인은 임차권등기 말소의무를 이행하거나 이행제공을 하여 상대방을 이행지체에 빠뜨려야 비로소 임차보증금에 대한 지연손해금의 지급을 청구할 수 있다(대판 2024.12.12, 2024다261989).

(2) 비용상환청구권

> **제626조【임차인의 상환청구권】** ① 임차인이 임차물의 보존에 관한 필요비를 지출한 때에는 임대인에 대하여 그 상환을 청구할 수 있다.
> ② 임차인이 유익비를 지출한 경우에는 임대인은 임대차종료 시에 그 가액의 증가가 현존한 때에 한하여 임차인의 지출한 금액이나 그 증가액을 상환하여야 한다. 이 경우에 법원은 임대인의 청구에 의하여 상당한 상환기간을 허여할 수 있다.

① **필요비상환청구권**
  ㉠ 임차인이 임차물의 보존에 관한 필요비를 지출한 때에는 임대인에 대하여 그 상환을 청구할 수 있다(제626조 제1항).
  ㉡ 필요비란 임차물의 수선비 등과 같이 그 보존을 위해 지출한 비용을 말한다. 필요비는 임대인의 사용·수익하게 할 의무의 내용이므로 이는 원칙적으로 임대인의 부담에 속한다.
  ㉢ 필요비의 범위는 단순히 목적물 자체의 현상을 유지하거나 그 원상을 회복하는 비용에 한하지 않으며, 목적물을 통상의 용도에 적합한 상태로 보존하기 위해 지출된 비용을 포함한다.
  ㉣ 필요비상환청구는 필요비 지출 즉시, 즉 임대차존속 중에도 가능하고, 가액의 증가가 현존하는지의 여부에 관계없이 지출비용 전액에 미친다.

② **유익비상환청구권**
  ㉠ 임차인이 유익비를 지출한 경우에는 임대인은 임대차종료 시에 그 가액의 증가가 현존한 때에 한하여 임차인이 지출한 금액이나 그 증가액을 상환하여야 한다. 이 경우에 법원은 임대인의 청구에 의하여 상당한 상환기간을 허여할 수 있다(제626조 제2항).
  ㉡ 유익비는 목적물을 개량하기 위해 지출한 비용을 말한다. 유익비는 임대인이 지출하여야 하는 것은 아니지만 목적물의 가치가 증가한 때에는 임대인에게 부당이득이 되므로 상환하게 하는 것이다.
  ㉢ 유익비란 임차인의 주관적인 취미나 특수한 영업목적을 위해 지출된 것만으로는 부족하고 목적물의 객관적 가치를 증가하게 하는 것이어야 한다. 또한 유익비는 그 지출에 의한 개량이 임차물의 구성부분이 되어 임대인이 그 소유권을 취득하는 경우(제256조)에만 문제된다.
  ㉣ 유익비상환청구는 임대차가 종료하고 그 가액의 증가가 현존한 경우에 한해 청구할 수 있다.
  ㉤ 임차인은 비용상환청구권을 담보하기 위해 유치권을 행사할 수 있다. 그러나

임대인의 청구에 의해 법원이 상환기간을 허여한 경우에는 유치권을 행사할 수 없다.

③ **행사기간**
  ㉠ 필요비·유익비상환청구권은 임대인이 목적물을 반환받은 날로부터 6개월 내에 행사하여야 한다(제654조, 제617조). 이 기간은 제척기간에 해당한다.
  ㉡ 필요비상환청구는 필요비를 지출한 즉시 가능하므로 위 제척기간과 관계없이 지출한 때로부터 소멸시효가 진행한다.

④ **제626조의 성격**: 임차인의 비용상환청구권에 관한 규정은 강행규정이 아니므로 비용상환면제특약이 가능하다.

(3) 건물임차인의 부속물매수청구권

> **제646조【임차인의 부속물매수청구권】** ① 건물 기타 공작물의 임차인이 그 사용의 편익을 위하여 임대인의 동의를 얻어 이에 부속한 물건이 있는 때에는 임대차의 종료 시에 임대인에 대하여 그 부속물의 매수를 청구할 수 있다.
> ② 임대인으로부터 매수한 부속물에 대하여도 전항과 같다.

① 임차인이 임차물에 부속한 물건이 독립한 존재를 가지게 되는 경우 임차인은 그 부속물에 대한 소유권을 취득하게 된다(제256조 단서). 그런데 임대차가 종료한 경우 임차인은 그 부속물을 수거할 수도 있으나, 수거하게 되면 부속물의 경제적 가치가 떨어지고 이는 사회·경제적으로도 손실이 생기게 되므로, 민법은 임차인을 보호하기 위하여 일정한 경우 부속물매수청구권을 인정하고 있다. 즉, 건물 기타 공작물의 임차인이 그 사용의 편익을 위하여 임대인의 동의를 얻어 이에 부속한 물건 또는 임대인으로부터 매수한 부속물이 있는 때에는 임대차의 종료 시에 임대인에 대하여 그 부속물의 매수를 청구할 수 있다(제646조).

② 부속물이란 건물에 부속된 물건으로서 임차인의 소유에 속하고 건물의 구성부분으로는 되지 아니한 것으로, 건물의 사용에 객관적인 편익을 가져오게 하는 물건을 말한다. 따라서 부속된 물건이 오로지 임차인의 특수목적에 사용하기 위해 부속된 경우에는 부속물에 포함되지 않는다.

(4) 토지임차인의 갱신청구권과 지상물매수청구권

> **제643조【임차인의 갱신청구권, 매수청구권】** 건물 기타 공작물의 소유 또는 식목, 채염, 목축을 목적으로 한 토지임대차의 기간이 만료한 경우에 건물, 수목 기타 지상시설이 현존한 때에는 제283조의 규정을 준용한다.

① 건물 기타 공작물의 소유 또는 식목, 채염, 목축을 목적으로 한 토지임대차의 기간이 만료한 경우에 건물, 수목 기타 지상시설이 현존한 때에는 토지임차인은 계약의 갱신을 청구할 수 있고, 갱신청구에 대해 임대인이 거절하는 경우 지상물매수청구권을 행사할 수 있다.
② 매수청구권의 대상은 원칙적으로 토지 위의 지상물이다. 주의할 것은 임대차계약 당시의 기존 건물이거나 임대인의 동의를 얻어 신축한 것에 한정되지 않는다는 점이다.
③ 지상물의 객관적인 경제적 가치나 임대인에 대한 효용 여부는 매수청구권의 행사 요건이 아니다.

(5) 차임감액청구권
① 임차물의 일부가 임차인의 과실 없이 멸실 기타 사유로 인하여 사용·수익할 수 없는 때에는 임차인은 그 부분의 비율에 의한 차임의 감액을 청구할 수 있다(제627조 제1항).
② 차임감액청구권은 형성권이다.

5. 임차인의 의무

(1) 차임지급의무
임차인은 임대차목적물의 사용·수익의 대가로서 임대인에게 차임을 지급할 의무를 진다(제618조). 차임지급의무는 임차인의 가장 중요한 의무이다.
① **차임의 내용 및 액수**: 차임은 금전에 한하지 않고, 물건으로 지급해도 무방하다. 차임의 액수에 대해서는 민법에 제한규정이 없으므로 원칙적으로 당사자의 약정으로 자유로이 정할 수 있다.
② **차임의 지급시기**: 당사자의 약정으로 자유로이 정할 수 있으나, 당사자 사이의 특약이 없는 경우에는 동산, 건물이나 대지에 대하여는 매월 말에, 기타 토지에 대하여는 매년 말에 지급하여야 한다(제633조 본문). 그러나 수확기에 있는 것에 대하여는 그 수확 후 지체 없이 지급하여야 한다(제633조 단서).
③ **차임지급의 연체와 계약의 해지**
㉠ 건물 기타 공작물의 임대차에는 임차인의 차임연체액이 2기의 차임액에 달하는 때에는 임대인은 계약을 해지할 수 있다(제640조). 여기서 '2기'의 차임연체란 연속하여 2기의 차임을 연체하는 것을 말하는 것이 아니라 차임연체 횟수가 총 두 번이면 충분하다는 의미이다.

ⓒ 건물 기타 공작물의 소유 또는 식목, 채염, 목축을 목적으로 한 토지임대차의 경우에도 제640조의 규정이 준용되므로, 차임연체액이 2기의 차임액에 달하는 때에는 임대인은 계약을 해지할 수 있다(제641조). 이 경우에 그 지상에 있는 건물 기타 공작물이 담보물권의 목적이 된 때에는 그 담보물권자에게 통지한 후 상당한 기간이 경과하여야 해지의 효력이 생긴다(제642조).

④ **임대인의 차임채권확보를 위한 법정질권과 법정저당권**
   ㉠ 토지임대인의 법정질권과 법정저당권: 토지임대인이 임대차에 관한 채권에 의하여 임차지에 부속 또는 그 사용의 편익에 공용한 임차인의 소유동산 및 그 토지의 과실을 압류한 때에는 질권과 동일한 효력이 있다(제648조). 또한 토지임대인이 변제기를 경과한 최후 2년의 차임채권에 의하여 그 지상에 있는 임차인소유의 건물을 압류한 때에는 저당권과 동일한 효력이 있다(제649조).
   ㉡ 건물임대인의 법정질권: 건물 기타 공작물의 임대인이 임대차에 관한 채권에 의하여 그 건물 기타 공작물에 부속한 임차인소유의 동산을 압류한 때에는 질권과 동일한 효력이 있다(제650조).

⑤ **사정변경에 의한 차임증감청구**
   ㉠ 임대물에 대한 공과부담의 증감 기타 경제사정의 변동으로 인하여 약정한 차임이 상당하지 아니하게 된 때에는 당사자는 장래에 대한 차임의 증감을 청구할 수 있다(제628조).
   ㉡ 차임증감청구권에 관한 규정은 편면적 강행규정이다. 따라서 차임불감액의 특약은 임차인에게 불리하므로 언제나 무효이다. 그러나 차임불증액의 특약은 임차인에게 유리하므로 원칙적으로 유효하다. 다만, 차임불증액의 특약이 있더라도 그 특약을 그대로 유지시키는 것이 신의칙에 반한다고 인정될 정도의 사정변경이 있는 경우에는 형평의 원칙상 임대인에게 차임증액청구를 인정할 수 있다는 것이 판례의 태도이다.

⑥ **공동임차인의 연대의무**: 여러 사람이 공동으로 목적물을 임차한 경우 민법은 임대인을 보호하기 위해 임차인이 연대하여 의무를 부담하도록 하고 있다(제654조, 제616조).

 판례

임대인의 수선의무 불이행과 임차인의 차임지급거절
임대인이 임차인에게 목적물을 인도하여 이를 사용·수익할 수 있도록 할 의무를 불이행하여 목적물의 사용·수익에 지장이 있는 경우, 임차인은 지장이 있는 한도에서 차임지급을 거절할 수 있다(대판 2024.9.13, 2024다256116).

(2) 임차물보관의무

① 임차인은 임차목적물을 인도할 때까지 선량한 관리자의 주의로 보존하여야 한다(제374조). 선관주의의무에 위반하여 목적물이 멸실한 경우 채무불이행에 의한 손해배상책임을 진다.

② 보관의무와 관련하여, 임차물의 수리를 요하거나 임차물에 대하여 권리를 주장하는 자가 있는 때에는 임차인은 지체 없이 임대인에게 이를 통지하여야 한다. 그러나 임대인이 이미 이를 안 때에는 통지할 필요가 없다(제634조).

(3) 임차물반환의무

임대차가 종료한 때에는 임차인은 임차물을 임대인에게 반환하여야 한다. 임차인이 임차목적물을 반환하는 때에는 이를 원상에 회복하여야 하고, 이에 부속시킨 물건은 철거할 수 있다(제615조, 제654조).

4 임차권의 양도와 전대

1. 의의와 법적 성질

① 임차권의 양도란 임차인이 임차권의 동일성을 유지하면서 제3자에게 그 임차권을 이전하는 처분계약을 말한다. 임차권의 양도가 있는 경우 임차인은 임차인으로서의 지위에서 벗어나고 제3자인 양수인이 임차인의 지위를 승계하게 된다. 이러한 임차권의 양도는 임차권 자체의 이전을 목적으로 하는 준물권계약이다.

② 임차권의 전대란 임차인이 제3자에게 임차물을 사용·수익하게 하는 채권계약이다. 임차권의 전대의 경우 임차인은 임차인으로서의 지위를 그대로 유지하면서 전차인과의 사이에 새로운 임대차관계가 생긴다. 이러한 임차권의 전대는 임차인과 전차인 사이의 낙성·불요식계약이다.

2. 무단양도 및 무단전대의 금지

(1) 민법의 규정

> **제629조 【임차권의 양도, 전대의 제한】** ① 임차인은 임대인의 동의 없이 그 권리를 양도하거나 임차물을 전대하지 못한다.
> ② 임차인이 전항의 규정에 위반한 때에는 임대인은 계약을 해지할 수 있다.

① 임차인은 임대인의 동의 없이 그 권리를 양도하거나 임차물을 전대하지 못하고(제629조 제1항), 임차인이 무단으로 양도 또는 전대를 한 때에는 임대인은 임대차계약을 해지할 수 있다(제629조 제2항). 제629조 규정은 강행규정이 아니므로 양도 및 전대에 있어 임대인의 동의를 요하지 않는다는 특약은 언제나 유효하다.

② 무단양도 및 전대를 금지하는 이유는 무단양도 및 전대행위가 임대인에 대한 배신행위이기 때문이다. 따라서 임차인의 무단양도 및 전대행위가 임대인에 대한 배신행위가 아니라는 특별한 사정이 있는 경우 임대인은 임대차계약을 해지할 수 없다는 것이 판례의 태도이다.

③ 제629조 제1항의 취지는 무단양도 및 전대가 임대인에 대해 아무런 효력이 없다는 의미이고, 양도인과 양수인 또는 임차인과 전차인 사이의 계약이 무효로 된다는 뜻은 아니다.

(2) 임대인의 동의

① **동의의 의미**: 임차권의 양도에 있어서의 임대인의 동의는 임차인에 대해 그 목적물에 대한 용익권능을 승계적으로 이전할 수 있는 권능을 주는 의사표시이다. 따라서 임차권의 양도에 있어 임대인의 동의는 임대인 기타 제3자에 대한 대항요건에 해당한다.

② **동의의 방식과 상대방**: 동의는 특별한 방식을 요하지 않으며, 양수인 또는 전차인에 대한 의사표시로써 해도 무방하다.

③ **동의의 철회 여부**: 임대인의 동의는 이를 신뢰한 임차인과 양수인 또는 전차인에게 중대한 영향을 미치므로 임대인이 한 번 한 동의는 철회할 수 없다고 보는 것이 통설이다.

5 임대차의 종료

1. 종료원인

(1) 존속기간의 만료

임대차의 존속기간을 약정한 경우에는 그 기간이 만료됨으로써 임대차는 종료한다.

(2) 해지통고

① 임대차의 존속기간을 약정하지 않은 경우

> **제635조【기간의 약정 없는 임대차의 해지통고】** ① 임대차기간의 약정이 없는 때에는 당사자는 언제든지 계약해지의 통고를 할 수 있다.
> ② 상대방이 전항의 통고를 받은 날로부터 다음 각 호의 기간이 경과하면 해지의 효력이 생긴다.
>   1. 토지, 건물 기타 공작물에 대하여는 임대인이 해지를 통고한 경우에는 6월, 임차인이 해지를 통고한 경우에는 1월
>   2. 동산에 대하여는 5일

② **임대차의 존속기간을 약정한 경우**
  ㉠ 임대차기간의 약정이 있는 경우에도 당사자 일방 또는 쌍방이 그 기간 내에 해지할 권리를 보류한 때에는 제635조 규정을 준용한다(제636조).
  ㉡ 임차인이 파산선고를 받은 경우에는 임대차기간의 약정이 있는 때에도 임대인 또는 파산관재인은 제635조의 규정에 의하여 계약해지의 통고를 할 수 있다(제637조 제1항). 그러나 이 경우 각 당사자는 상대방에 대하여 계약해지로 인하여 생긴 손해의 배상을 청구하지 못한다(제637조 제2항).

(3) 즉시해지

기간의 약정이 있더라도 일정한 경우에는 임대차계약을 즉시 해지할 수 있다. 민법상 즉시해지가 인정되는 경우는 다음과 같다.

① 임대인이 임차인의 의사에 반하여 보존행위를 함으로써 임대차의 목적을 달성할 수 없는 때(제625조)
② 임차물의 일부가 임차인의 과실에 의하지 않고 멸실한 경우에 그 잔존부분만으로는 임대차의 목적을 달성할 수 없는 때(제627조)
③ 임차인이 임대인의 동의 없이 무단으로 임차권을 양도하거나 임차물을 전대한 때(제629조)
④ 2기의 차임이 연체된 때(제640조, 제641조)
⑤ 당사자 일방에 의한 채무불이행이 있는 때(제544조, 제546조)
⑥ **기타 부득이한 사유가 있는 때**(제661조의 유추적용): 임대인과 신소유자의 계약만으로 임대인의 지위가 양도된 때에 임차권의 승계를 원하지 않는 임차인은 곧바로 이의를 제기함으로써 승계되는 임대차관계의 구속을 면할 수 있고, 임대인과의 임대차관계도 해지할 수 있다(대결 1998.9.2, 98마100).

2. 임대차종료의 효과

① 임대차관계의 해지는 장래에 대하여만 그 효력이 소멸한다(제550조). 해지는 손해배상청구에 영향을 미치지 아니하므로(제551조), 상대방에게 과실이 있으면 이에 대한 손해배상을 청구할 수 있다.

② 임대차가 종료하면 임차인은 임차물을 수거하여 원상으로 회복하여 임대인에게 반환하여야 한다(제654조, 제615조). 한편, 임차인은 임대인에 대하여 유익비의 상환을 청구하거나(제626조), 지상물 또는 부속물의 매수를 청구할 수 있다(제643조, 제646조).

PART 4

민사특별법

「주택임대차보호법」과 「상가건물 임대차보호법」은 임차인을 보호하기 위한 제도들 중심으로 정리해야 하고, 「집합건물의 소유 및 관리에 관한 법률」과 「가등기담보 등에 관한 법률」은 법조문을 잘 숙지해 두어야 합니다. 「부동산 실권리자명의 등기에 관한 법률」은 명의신탁약정과 등기에 의한 물권변동의 효력을 꼭 알아두어야 합니다.

Chapter 01 주택임대차보호법

학습포인트 「주택임대차보호법」의 특징을 파악한다.

1 입법목적

① 「주택임대차보호법」은 주택임차인을 보호하여 국민의 주거생활의 안정을 보장하는 데에 목적이 있다(제1조).
② 「주택임대차보호법」은 민법상의 임대차의 특별법이다.
③ 「주택임대차보호법」은 편면적 강행규정이다(제10조). 즉, 「주택임대차보호법」 규정에 위반된 약정으로서 임차인에게 불리한 것은 그 효력이 없다.

2 적용범위

1. 물적 적용범위

① 주택(주거용 건물)의 전부 또는 일부에 대한 임대차에 적용된다(제2조 전단).
② 주택(주거용 건물)의 일부가 주거 외의 목적으로 사용되는 경우에도 적용된다(제2조 후단). 그러나 비주거용 건물의 일부가 주거의 목적으로 사용되는 경우에는 적용되지 않는다.
③ 등기하지 아니한 전세계약에 대해서도 적용된다(제12조).
④ 일시사용을 위한 임대차에는 적용되지 않는다(제11조).

2. 인적 적용범위

① 「주택임대차보호법」은 자연인에게만 적용되고, 법인에게는 원칙적으로 적용되지 않는다. 다만, 「한국토지주택공사법」에 따른 한국토지주택공사와 「지방공기업법」 제49조에 따라 주택사업을 목적으로 설립된 지방공사가 주택도시기금을 재원으로 하여 저소득층의 무주택자에게 주거생활안정을 목적으로 전세임대주택을 지원하는 경우에는 그 법인에 대항력 및 우선변제권이 인정된다. 또한 중소기업 법인이 직원의 주거지원을 위해 주택을 임차하는 경우에도 대항력을 취득할 수 있다.

② 외국인도 「출입국관리법」에 의한 외국인등록을 하면 「주택임대차보호법」의 적용을 받을 수 있다.

3 대항력

1. 요건

주택임대차는 그 등기가 없는 경우에도 주택의 인도와 주민등록(전입신고)을 마친 때에는 그 다음 날부터 대항력을 취득한다.

2. 내용

① 대항력을 취득한 후에 임차주택의 소유권을 취득한 양수인에 대해 임차인은 임차권을 주장할 수 있다(임대차기간 동안 계속 사용·수익 가능).

② 임차주택의 양수인은 임대인의 지위를 승계한 것으로 본다.

4 보증금의 회수

1. 우선변제권

① 대항요건과 확정일자를 갖춘 주택임차인은 임차주택(대지를 포함한다)의 환가대금에서 후순위 권리자나 그 밖의 채권자보다 우선하여 보증금을 변제받을 권리가 있다(제3조의2 제2항).

② 임차인이 임차주택에 대하여 보증금반환청구소송의 확정판결 기타 이에 준하는 집행권원에 기한 경매를 신청하는 경우에는 「민사집행법」 제41조에도 불구하고 반대의무의 이행 또는 이행의 제공을 집행개시의 요건으로 하지 아니한다(제3조의2 제1항).

③ 임차인은 임차주택을 양수인에게 인도하지 아니하면 보증금을 수령할 수 없다(제3조의2 제3항).

2. 우선변제권의 승계

① 일정한 금융기관이 우선변제권을 취득한 임차인의 보증금반환채권을 계약으로 양수한 경우에는 양수한 금액의 범위에서 우선변제권을 승계한다(제3조의2 제7항).

■■ **우선변제권을 승계할 수 있는 금융기관**

1. 「은행법」에 따른 은행
2. 「중소기업은행법」에 따른 중소기업은행
3. 「한국산업은행법」에 따른 한국산업은행
4. 「농업협동조합법」에 따른 농협은행
5. 「수산업협동조합법」에 따른 수협은행
6. 「우체국예금·보험에 관한 법률」에 따른 체신관서
7. 「한국주택금융공사법」에 따른 한국주택금융공사
8. 「보험업법」 제4조 제1항 제2호 라목의 보증보험을 보험종목으로 허가받은 보험회사
9. 「주택도시기금법」에 따른 주택도시보증공사
10. 그 밖에 위 1.~9.에 준하는 것으로서 대통령령으로 정하는 기관

② 우선변제권을 승계한 금융기관은 임차인이 대항요건을 상실한 경우와 임차권등기명령에 따른 임차권등기가 말소된 경우 및 민법상 임대차등기가 말소된 경우에는 우선변제권을 행사할 수 없다(제3조의2 제8항).

③ 우선변제권을 승계한 금융기관이더라도 우선변제권을 행사하기 위하여 임차인을 대리하거나 대위하여 임대차를 해지할 수는 없다(제3조의2 제9항).

5 보증금 중 일정액의 보호

1. 최우선변제권

① 임차인은 보증금 중 일정액을 다른 담보물권자보다 우선하여 변제받을 권리가 있다(제8조 제1항 전단).

② 이 경우 임차인은 주택에 대한 경매신청의 등기 전에 대항요건을 갖추어야 한다(제8조 제1항 후단). 최우선변제 시에는 확정일자는 필요 없다.

③ 최우선변제를 받을 임차인 및 보증금 중 일정액의 범위와 기준은 주택가액(대지의 가액을 포함한다)의 2분의 1의 범위 안에서 대통령령으로 정한다. 현재 최우선변제의 범위는 다음과 같다.

구분	보증금의 범위	최우선변제금액
서울특별시	1억 6,500만원 이하	5,500만원
수도권 과밀억제권역, 세종특별자치시, 용인시, 화성시 및 김포시	1억 4,500만원 이하	4,800만원
광역시 등	8,500만원 이하	2,800만원
기타 지역	7,500만원 이하	2,500만원

2. 최우선변제 관련 판례

① 대지에 관한 저당권의 실행으로 경매가 진행된 경우에도 그 지상 건물의 소액임차인은 대지의 환가대금 중 소액보증금을 우선변제받을 수 있다. 그러나 소액보증금의 최우선변제권은 대지에 관한 저당권설정 당시에 이미 그 지상건물이 존재하는 경우에만 적용될 수 있는 것이고, 저당권설정 후에 비로소 건물이 신축된 경우에는 적용되지 않는다.

② 임대차계약의 주된 목적이 주택을 사용·수익하려는 데 있는 것이 아니고 소액임차인으로 보호받아 기존채권을 회수하려는 데에 있는 경우에는 「주택임대차보호법」상의 소액임차인으로 보호받을 수 없다.

6 임차권등기명령제도

1. 입법취지

종래에는 임차인이 임대차가 종료된 후 보증금을 반환받지 못한 상태에서 다른 곳으로 이사를 가거나 주민등록을 전출하면 임차인이 종전에 가지고 있던 대항력과 우선변제권을 상실하게 되어 사실상 보증금을 반환받는 것이 곤란하게 되자 임차권등기명령제도를 도입하였다.

2. 내용

① 임대차가 종료된 후 보증금을 반환받지 못한 임차인은 임차주택의 소재지를 관할하는 법원에 임차권등기명령을 신청할 수 있다.

② 임차권등기명령의 집행에 의한 임차권등기가 경료되면 임차인은 대항력 및 우선변제권을 취득한다. 다만, 임차인이 임차권등기 이전에 이미 대항력 또는 우선변제권을 취득한 경우에는 그 대항력 또는 우선변제권은 그대로 유지되며, 임차권등기 이후에는 대항요건을 상실하더라도 이미 취득한 대항력 또는 우선변제권을 상실하지 아니한다.

③ 임차권등기명령의 집행에 의한 임차권등기가 경료된 주택을 그 이후에 임차한 임차인은 최우선변제를 받을 권리가 없다.

④ 임차인은 임차권등기명령의 신청 및 그에 따른 임차권등기와 관련하여 소요된 비용을 임대인에게 청구할 수 있다.

7 존속기간

1. 최단존속기간의 보장

① 기간의 정함이 없거나 기간을 2년 미만으로 정한 임대차는 그 기간을 2년으로 본다. 다만, 임차인은 2년 미만으로 정한 기간이 유효함을 주장할 수 있다.

② 임대차가 종료한 경우에도 임차인이 보증금을 반환받을 때까지는 임대차관계는 존속하는 것으로 본다.

2. 기간의 갱신

(1) 계약갱신요구권

① 임대인은 임차인이 임대차기간이 끝나기 6개월 전부터 2개월 전까지의 기간 이내에 계약갱신을 요구할 경우 정당한 사유 없이 거절하지 못한다(제6조의3 제1항).

▪︎ **임대인이 임차인의 계약갱신요구를 거절할 수 있는 경우**

> 1. 임차인이 2기의 차임액에 해당하는 금액에 이르도록 차임을 연체한 사실이 있는 경우
> 2. 임차인이 거짓이나 그 밖의 부정한 방법으로 임차한 경우
> 3. 서로 합의하여 임대인이 임차인에게 상당한 보상을 제공한 경우
> 4. 임차인이 임대인의 동의 없이 목적 주택의 전부 또는 일부를 전대한 경우
> 5. 임차인이 임차한 주택의 전부 또는 일부를 고의나 중대한 과실로 파손한 경우
> 6. 임차한 주택의 전부 또는 일부가 멸실되어 임대차의 목적을 달성하지 못할 경우

7. 임대인이 다음의 어느 하나에 해당하는 사유로 목적 주택의 전부 또는 대부분을 철거하거나 재건축하기 위하여 목적 주택의 점유를 회복할 필요가 있는 경우
   가. 임대차계약 체결 당시 공사시기 및 소요기간 등을 포함한 철거 또는 재건축 계획을 임차인에게 구체적으로 고지하고 그 계획에 따르는 경우
   나. 건물이 노후·훼손 또는 일부 멸실되는 등 안전사고의 우려가 있는 경우
   다. 다른 법령에 따라 철거 또는 재건축이 이루어지는 경우
8. 임대인(임대인의 직계존속·직계비속을 포함한다)이 목적 주택에 실제 거주하려는 경우
9. 그 밖에 임차인이 임차인으로서의 의무를 현저히 위반하거나 임대차를 계속하기 어려운 중대한 사유가 있는 경우

 판례

1. 임차권등기가 마쳐진 주택을 임차한 임차인에게도 대항력과 우선변제권이 인정되는지 여부
「주택임대차보호법」에서 임차권의 대항력과 우선변제권에 관한 규정에는 임차인이 주택의 인도와 주민등록을 마친 때에는 대항력이 생기고 임대차계약 증서에 확정일자를 갖추면 우선변제권까지 생긴다고 정하고 있을 뿐, 선순위 임차권 내지 임차권등기의 존재를 소극적 요건으로 정하고 있지 않으므로, 임차권등기가 마쳐진 주택을 임차한 임차인에게도 소액임차보증금에 관한 최우선변제권을 제외한 대항력과 우선변제권을 인정할 수 있다(대판 2023.9.27, 2022다246610).

2. 임대인의 실거주에 대한 입증책임
임대인이 목적 주택에 실제 거주하려는 경우에 해당한다는 점에 대한 증명책임은 임대인에게 있다(대판 2023.12.7, 2022다279795).

② 임차인은 1회에 한하여 계약갱신요구권을 행사할 수 있다. 이 경우 갱신되는 임대차의 존속기간은 2년으로 본다(제6조의3 제2항).

③ 갱신되는 임대차는 전 임대차와 동일한 조건으로 다시 계약된 것으로 본다. 다만, 차임과 보증금은 제7조의 범위에서 증감할 수 있다(제6조의3 제3항).

④ 임차인의 계약갱신요구권의 행사에 의하여 임대차가 갱신되는 경우 임차인은 언제든지 임대인에게 계약해지를 통지할 수 있고, 임대인이 그 통지를 받은 날부터 3개월이 지나면 그 효력이 발생한다(제6조의3 제4항).

⑤ 임대인이 목적 주택에 실제 거주하려는 사유로 갱신을 거절하였음에도 불구하고 갱신요구가 거절되지 아니하였더라면 갱신되었을 기간이 만료되기 전에 정당한 사유 없이 제3자에게 목적 주택을 임대한 경우에는 임대인은 갱신거절로 인하여 임차인이 입은 손해를 배상하여야 한다(제6조의3 제5항).

⑥ 위 ⑤의 손해배상액은 거절 당시 당사자 간에 손해배상액의 예정에 관한 합의가 이루어지지 않는 한 다음의 금액 중 큰 금액으로 한다(제6조의3 제6항).
  ㉠ 갱신거절(更新拒絶) 당시 월차임(차임 외에 보증금이 있는 경우에는 그 보증금을 제7조의2 각 호 중 낮은 비율에 따라 월 단위의 차임으로 전환한 금액을 포함한다)의 3개월분에 해당하는 금액
  ㉡ 임대인이 제3자에게 임대하여 얻은 환산월차임과 갱신거절 당시 환산월차임 간 차액의 2년분에 해당하는 금액
  ㉢ 임대인이 목적 주택에 실제 거주하려는 사유로 인한 갱신거절로 인하여 임차인이 입은 손해액

판례

해지통고의 효력 발생시기

임차인이 「주택임대차보호법」 제6조의3 제1항에 따라 임대차계약의 갱신을 요구한 경우, 갱신의 효력이 발생하는 시점은 임대인에게 갱신요구가 도달한 때이며, 임차인이 동법 제6조의2 제1항에 따라 한 계약해지의 통지가 갱신된 임대차계약 기간이 개시되기 전에 임대인에게 도달한 경우, 그 효력이 발생하는 시점은 해지통지 후 3개월이 지난 때이다(대판 2024.1.11, 2023다258672).

(2) 법정갱신

① 임대인이 임대차기간이 끝나기 6개월 전부터 2개월 전까지의 기간에 임차인에게 갱신거절의 통지를 하지 아니하거나 계약조건을 변경하지 아니하면 갱신하지 아니한다는 뜻의 통지를 하지 아니한 경우에는 그 기간이 끝난 때에 전 임대차와 동일한 조건으로 다시 임대차한 것으로 본다. 임차인이 임대차기간이 끝나기 2개월 전까지 통지하지 아니한 경우에도 또한 같다(제6조 제1항).
② 위 ①의 경우 임대차의 존속기간은 2년으로 본다(제6조 제2항).
③ 묵시적 갱신이 된 경우 임차인은 언제든지 임대인에게 계약해지를 통지할 수 있다(임대인은 해지통고 불가). 이때 임대인이 그 통지를 받은 날부터 3개월이 지나면 그 효력이 발생한다(제6조의2).
④ 그러나 임차인이 2기의 차임액에 달하도록 차임을 연체하거나 그 밖에 임차인으로서의 의무를 현저히 위반한 경우에는 묵시의 갱신이 인정되지 않는다(제6조 제3항).

8 차임 등의 증감청구권

1. 차임 등의 증감청구와 범위

① 당사자는 약정한 차임이나 보증금이 임차주택에 관한 조세, 공과금, 그 밖의 부담의 증감이나 경제사정의 변동으로 인하여 적절하지 아니하게 된 때에는 장래에 대하여 그 증감을 청구할 수 있다(제7조 제1항 제1문). 이 경우 증액청구는 임대차계약 또는 약정한 차임이나 보증금의 증액이 있은 후 1년 이내에는 하지 못한다(제7조 제1항 제2문).

② 차임 등의 증액청구는 약정한 차임이나 보증금의 20분의 1의 금액을 초과하지 못한다(제7조 제2항 본문). 다만, 특별시·광역시·특별자치시·도 및 특별자치도는 관할 구역 내의 지역별 임대차 시장 여건 등을 고려하여 본문의 범위에서 증액청구의 상한을 조례로 달리 정할 수 있다(제7조 제2항 단서).

③ 임차인이 증액비율을 초과하여 차임 또는 보증금을 지급한 경우에는 초과 지급된 차임 또는 보증금 상당금액의 반환을 청구할 수 있다(제10조의2).

2. 월차임 전환 시 산정률의 제한

보증금의 전부 또는 일부를 월 단위의 차임으로 전환하는 경우에는 그 전환되는 금액에 「은행법」에 따른 은행에서 적용하는 대출금리와 해당 지역의 경제 여건 등을 고려하여 대통령령으로 정하는 비율과, 한국은행에서 공시한 기준금리에 대통령령으로 정하는 이율(연 2%)을 더한 비율 중 낮은 비율을 곱한 월차임의 범위를 초과할 수 없다.

9 임차권의 승계

1. 임차인이 사망한 경우

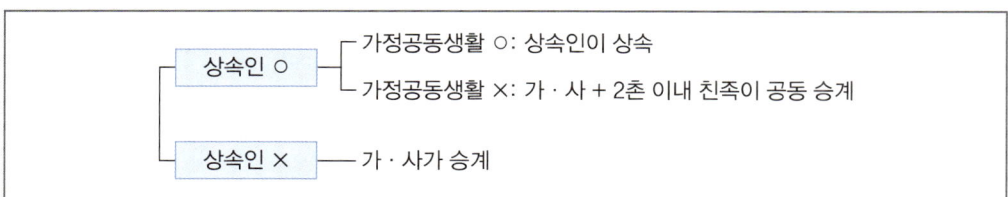

➕ 가·사: 가정공동생활을 하던 사실상의 혼인관계에 있는 자

2. 내용

① 임차인이 상속권자 없이 사망한 경우 그 주택에서 가정공동생활을 하던 사실상의 혼인관계에 있는 자는 임차인의 권리와 의무를 승계한다.

② 임차인이 사망한 경우 사망 당시 상속권자가 그 주택에서 가정공동생활을 하고 있지 아니한 때에는 그 주택에서 가정공동생활을 하던 사실상의 혼인관계에 있는 자와 2촌 이내의 친족은 공동으로 임차인의 권리와 의무를 승계한다.

③ 위 ① 및 ②의 경우 임차인이 사망한 후 1개월 이내에 임대인에 대해 반대의사를 표시한 때에는 임차인의 권리와 의무를 승계하지 않는다.

④ 위 ① 및 ②의 경우 임대차관계에서 생긴 채권·채무는 임차인의 권리의무를 승계한 자에게 귀속한다.

Chapter 02 상가건물 임대차보호법

학습포인트 「상가건물 임대차보호법」의 특징을 파악한다.

1 서설

1. 입법목적

(1) 경제생활의 안정

① 「상가건물 임대차보호법」은 상가임차인을 보호하여 국민의 경제생활의 안정을 보장하는 데에 목적이 있다(제1조).

② 「상가건물 임대차보호법」은 민법상 임대차의 특별법이다(제1조).

(2) 편면적 강행규정

「상가건물 임대차보호법」은 편면적 강행규정이다(제15조). 즉, 「상가건물 임대차보호법」 규정에 위반된 약정으로서 임차인에게 불리한 것은 그 효력이 없다.

2. 적용범위

(1) 물적 적용범위

① 상가건물의 임대차(임대차 목적물의 주된 부분을 영업용으로 사용하는 경우를 포함한다)에 대하여 적용한다(제2조).

② 등기하지 아니한 전세계약에 대해서도 적용된다(제17조).
③ 일시사용을 위한 임대차에는 적용되지 않는다(제16조).

(2) 보증금의 제한

① 「상가건물 임대차보호법」의 적용을 받기 위해서는 보증금이 일정액 이하이어야 한다. 다만, 상가건물임대차위원회의 심의를 거쳐 대통령령으로 정하는 보증금액을 초과하는 임대차에 대하여는 적용되지 않는다. 대통령령으로 정하는 보증금액은 다음과 같다(시행령 제2조 제1항).

구분	보증금의 범위
서울특별시	9억원 이하
수도권 과밀억제권역 및 부산광역시	6억 9천만원 이하
광역시 등	5억 4천만원 이하
기타	3억 7천만원 이하

② 대통령령으로 정하는 보증금액을 정함에 있어서는 당해 지역의 경제여건 및 임대차 목적물의 규모 등을 감안하여 지역별로 구분하여 규정하되, 보증금 외에 차임이 있는 경우에는 그 차임액에 「은행법」에 의한 금융기관의 대출금리 등을 감안하여 대통령령으로 정하는 비율을 곱하여 환산한 금액을 포함하여야 한다. 현재 대통령령으로 정하는 비율은 1분의 100이다(시행령 제2조 제3항).

2 대항력과 우선변제

1. 대항력

(1) 요건

상가건물 임대차는 그 등기가 없는 경우에도 임차인이 건물의 인도와 「부가가치세법」 제8조, 「소득세법」 제168조 또는 「법인세법」 제111조의 규정에 의한 사업자등록을 신청한 때에는 그 다음 날부터 대항력이 인정된다(제3조 제1항).

(2) 내용

① 대항력을 취득한 후에 임차건물의 소유권을 취득한 양수인에 대해 임차인은 임차권을 주장할 수 있다(임대차기간 동안 계속 사용·수익 가능).
② 임차건물의 양수인은 임대인의 지위를 승계한 것으로 본다(제3조 제2항).

판례

상속인이 임차건물의 양수인에 해당하는지 여부

「상가건물 임대차보호법」 제3조는 '대항력 등'이라는 표제로 제1항에서 대항력의 요건을 정하고, 제2항에서 "임차건물의 양수인(그밖에 임대할 권리를 승계한 자를 포함한다)은 임대인의 지위를 승계한 것으로 본다."라고 정하고 있다. 상속에 따라 임차건물의 소유권을 취득한 자도 위 조항에서 말하는 임차건물의 양수인에 해당한다(대판 2024.8.1, 2023다318857).

(3) 준용규정

대항력을 갖춘 임차권이 있는 건물을 매수한 자나 매각(경락)받은 자를 보호하기 위하여 민법의 매도인의 담보책임규정과 동시이행의 항변권규정을 준용하고 있다(제3조 제3항·제4항).

2. 우선변제권

(1) 우선변제의 요건(보증금의 회수)

대항요건을 갖추고 관할 세무서장으로부터 임대차계약서상의 확정일자를 받은 임차인은 「민사집행법」에 따른 경매 또는 「국세징수법」에 따른 공매 시 임차건물(임대인 소유의 대지를 포함한다)의 환가대금에서 후순위권리자나 그 밖의 채권자보다 우선하여 보증금을 변제받을 권리가 있다(제5조 제2항).

(2) 경매신청 시의 특칙

① 임차인이 임차건물에 대하여 보증금반환청구소송의 확정판결 그 밖에 이에 준하는 집행권원에 기한 경매를 신청하는 경우에는 「민사집행법」 제41조의 규정에도 불구하고 반대의무의 이행 또는 이행의 제공을 집행개시의 요건으로 하지 아니한다(제5조 제1항).
② 임차인은 임차건물을 양수인에게 인도하지 아니하면 보증금을 받을 수 없다(제5조 제3항).

3. 최우선변제권

(1) 최우선변제의 요건(보증금 중 일정액의 보호)

임차인은 보증금 중 일정액을 다른 담보물권자보다 우선하여 변제받을 권리가 있다. 이 경우 임차인은 건물에 대한 경매신청의 등기 전에 대항요건을 갖추어야 한다(제14조 제1항).

(2) 최우선변제의 범위

최우선변제를 받을 임차인 및 보증금 중 일정액의 범위와 기준은 임대건물가액(임대인 소유의 대지 가액을 포함한다)의 2분의 1의 범위 안에서 당해 지역의 경제여건, 보증금 및 차임 등을 고려하여 대통령령으로 정한다. 현재 최우선변제의 범위는 다음과 같다 (시행령 제6조, 제7조).

구분	보증금의 범위	최우선변제금액
서울특별시	6,500만원 이하	2,200만원
수도권 과밀억제권역	5,500만원 이하	1,900만원
광역시 등	3,800만원 이하	1,300만원
기타	3,000만원 이하	1,000만원

3 임차권등기명령제도

1. 입법취지

임차인이 임대차가 종료된 후 보증금을 반환받지 못한 상태에서 다른 곳으로 영업을 이전하면 대항력과 우선변제권을 상실하게 되어 사실상 보증금을 반환받는 것이 곤란하게 된다. 이에 「상가건물 임대차보호법」은 「주택임대차보호법」과 동일하게 임차권등기명령제도를 도입하였다.

2. 임차권등기명령제도의 내용

(1) 신청과 효력

① 임대차가 종료된 후 보증금을 돌려받지 못한 임차인은 임차건물의 소재지를 관할하는 법원에 임차권등기명령을 신청할 수 있다(제6조 제1항).
② 임차권등기명령의 집행에 의한 임차권등기를 마치면 임차인은 대항력과 우선변제권을 취득한다. 다만, 임차인이 임차권등기 이전에 이미 대항력 또는 우선변제권을 취득한 경우에는 그 대항력 또는 우선변제권은 그대로 유지되며, 임차권등기 이후에는 대항요건을 상실하더라도 이미 취득한 대항력 또는 우선변제권을 상실하지 아니한다(제6조 제5항).
③ 임차권등기명령의 집행에 의한 임차권등기가 경료된 건물을 그 이후에 임차한 임차인은 최우선변제를 받을 권리가 없다(제6조 제6항).

(2) 비용의 청구

임차인은 임차권등기명령의 신청 및 그에 따른 임차권등기와 관련하여 소요된 비용을 임대인에게 청구할 수 있다(제6조 제8항).

(3) 민법 규정에 의한 주택임대차의 효력

① 임차권등기의 효력은 민법상의 임대차등기의 효력에 관해서도 준용된다(제7조).
② 따라서 민법상의 임대차등기에도 대항력과 우선변제권이 부여된다.

4 존속기간 등

1. 존속기간

(1) 최단존속기간의 보장

① 기간의 정함이 없거나 기간을 1년 미만으로 정한 임대차는 그 기간을 1년으로 본다. 다만, 임차인은 1년 미만으로 정한 기간이 유효함을 주장할 수 있다(제9조 제1항).
② 임대차가 종료한 경우에도 임차인이 보증금을 반환받을 때까지는 임대차관계는 존속하는 것으로 본다(제9조 제2항).

(2) 임차인의 계약갱신요구권

① 임대인은 임차인이 임대차기간이 만료되기 6개월 전부터 1개월 전까지 사이에 계약갱신을 요구할 경우 정당한 사유 없이 거절하지 못한다(제10조 제1항).

■ **임대인이 임차인의 계약갱신요구를 거절할 수 있는 경우**

> 1. 임차인이 3기의 차임액에 해당하는 금액에 이르도록 차임을 연체한 사실이 있는 경우
> 2. 임차인이 거짓이나 그 밖의 부정한 방법으로 임차한 경우
> 3. 서로 합의하여 임대인이 임차인에게 상당한 보상을 제공한 경우
> 4. 임차인이 임대인의 동의 없이 목적 건물의 전부 또는 일부를 전대한 경우
> 5. 임차인이 임차한 건물의 전부 또는 일부를 고의나 중대한 과실로 파손한 경우
> 6. 임차한 건물의 전부 또는 일부가 멸실되어 임대차의 목적을 달성하지 못할 경우
> 7. 임대인이 목적 건물의 전부 또는 대부분을 철거하거나 재건축하기 위해 목적 건물의 점유를 회복할 필요가 있는 경우
> 8. 그 밖에 임차인이 임차인으로서의 의무를 현저히 위반하거나 임대차를 존속하기 어려운 중대한 사유가 있는 경우

② 임차인의 계약갱신요구권은 최초의 임대차기간을 포함한 전체 임대차기간이 10년을 초과하지 않는 범위에서만 행사할 수 있다(제10조 제2항).

③ 갱신되는 임대차는 전 임대차와 동일한 조건으로 다시 계약된 것으로 본다. 다만, 차임과 보증금은 대통령령으로 정하는 범위에서 증감할 수 있다(제10조 제3항).
④ 임대인의 동의를 받고 전대차계약을 체결한 전차인은 임차인의 계약갱신요구권 행사기간 이내에 임차인을 대위하여 임대인에게 계약갱신요구권을 행사할 수 있다(제13조 제2항).

(3) 법정갱신(묵시의 갱신)
① 임대인이 임대차기간이 만료되기 6개월 전부터 1개월 전까지 사이에 임차인에게 갱신거절의 통지 또는 조건변경의 통지를 하지 아니한 경우에는 그 기간이 만료된 때에 전임대차와 동일한 조건으로 다시 임대차한 것으로 본다.
② 이 경우에 임대차의 존속기간은 1년으로 본다(제10조 제4항).
③ 법정갱신의 경우 임차인은 언제든지 임대인에 대하여 계약해지의 통고를 할 수 있고, 임대인이 그 통고를 받은 날부터 3개월이 지나면 그 효력이 발생한다(제10조 제5항).

2. 차임 등의 증감청구권

(1) 증감청구와 증액 시의 제한
① 차임 또는 보증금이 임차건물에 관한 조세, 공과금, 그 밖의 부담의 증감이나 「감염병의 예방 및 관리에 관한 법률」 제2조 제2호에 따른 제1급 감염병 등에 의한 경제사정의 변동으로 인하여 상당하지 아니하게 된 경우에는 당사자는 장래의 차임 또는 보증금에 대하여 증감을 청구할 수 있다(제11조 제1항). 그러나 **증액의 경우에는 대통령령으로 정하는 기준에 따른 비율을 초과하지 못한다. 현재 대통령령으로 정하는 기준은 100분의 5이다**(시행령 제4조).
② 증액청구는 임대차계약 또는 약정한 차임 등의 증액이 있은 후 1년 이내에는 하지 못한다(제11조 제2항).
③ 「감염병의 예방 및 관리에 관한 법률」 제2조 제2호에 따른 제1급 감염병에 의한 경제사정의 변동으로 차임 등이 감액된 후 임대인이 위 ①에 따라 증액을 청구하는 경우에는 증액된 차임 등이 감액 전 차임 등의 금액에 달할 때까지는 같은 항 단서를 적용하지 아니한다(제11조 제3항).

(2) 월차임 전환 시 산정률의 제한
보증금의 전부 또는 일부를 월 단위의 차임으로 전환하는 경우에는 그 전환되는 금액에 「은행법」에 따른 은행의 대출금리 및 해당 지역의 경제 여건 등을 고려하여 대통령령으로 정하는 비율(연 1할 2푼)과, 한국은행에서 공시한 기준금리에 대통령령으로 정하는 배수(4.5배)를 곱한 비율 중 낮은 비율을 곱한 월차임의 범위를 초과할 수 없다.

3. 권리금의 보호

(1) 권리금의 의의
① 권리금이란 임대차 목적물인 상가건물에서 영업을 하는 자 또는 영업을 하려는 자가 영업시설·비품, 거래처, 신용, 영업상의 노하우, 상가건물의 위치에 따른 영업상의 이점 등 유형·무형의 재산적 가치의 양도 또는 이용대가로서 임대인, 임차인에게 보증금과 차임 이외에 지급하는 금전 등의 대가를 말한다.
② 권리금계약이란 신규임차인이 되려는 자가 임차인에게 권리금을 지급하기로 하는 계약을 말한다.

(2) 권리금 회수기회 보호
① 임대인은 임대차기간이 끝나기 6개월 전부터 임대차종료 시까지 법 제10조의4 제1항 각 호의 어느 하나에 해당하는 행위를 함으로써 권리금계약에 따라 임차인이 주선한 신규임차인이 되려는 자로부터 권리금을 지급받는 것을 방해하여서는 아니 된다.
② 임대인이 이에 위반하여 임차인에게 손해를 발생하게 한 때에는 그 손해를 배상할 책임이 있다. 이 경우 그 손해배상액은 신규임차인이 임차인에게 지급하기로 한 권리금과 임대차종료 당시의 권리금 중 낮은 금액을 넘지 못한다.

4. 차임연체와 해지

임차인의 차임연체액이 3기의 차임액에 달하는 때에는 임대인은 계약을 해지할 수 있다(제10조의8).

Chapter 03 집합건물의 소유 및 관리에 관한 법률

♥ **학습포인트** 「집합건물의 소유 및 관리에 관한 법률」의 규정 내용을 파악한다.

1. 건물의 구분소유

① 1동의 건물을 구분하여 그 각각의 부분을 수인이 소유하는 것을 구분소유라고 한다.
② 민법 제215조는 과거에 규모가 작은 건물을 세로로 구분한 경우를 생각하여 제정된 조문이어서 오늘날의 중·고층의 대규모 구분소유를 합리적으로 규율할 수 없다. 따라서 특별법으로 「집합건물의 소유 및 관리에 관한 법률」이 제정·시행되고 있다.

2. 「집합건물의 소유 및 관리에 관한 법률」의 내용

(1) 구분소유권과 전유부분

① 구분소유권이란 1동 건물 중 구조상 독립성 및 이용상의 독립성을 가진 전유부분을 목적으로 하는 소유권을 말한다. 전유부분이란 구분소유권의 목적인 건물부분을 말한다.
② **상가건물의 구분소유**: 1동의 건물이 다음에 해당하는 방식으로 여러 개의 건물부분으로 이용상 구분된 경우에 그 건물부분(이하 '구분점포'라고 한다)은 이 법에서 정하는 바에 따라 각각 소유권의 목적으로 할 수 있다(제1조의2).

> ㉠ 구분점포의 용도가 「건축법」 제2조 제2항 제7호의 판매시설 및 운수시설일 것
> ㉡ 경계를 명확하게 알아볼 수 있는 표지를 바닥에 견고하게 설치할 것
> ㉢ 구분점포별로 부여된 건물번호표지를 견고하게 붙일 것

③ **분양자의 담보책임**: 집합건물을 건축하여 분양한 자와 시공자는 담보책임을 진다.
④ **분양자의 권리와 의무**
㉠ 분양자는 제24조 제3항에 따라 선임(選任)된 관리인이 사무를 개시(開始)할 때까지 선량한 관리자의 주의로 건물과 대지 및 부속시설을 관리하여야 한다.
㉡ 분양자는 제28조 제4항에 따른 표준규약을 참고하여 공정증서로써 규약에 상응하는 것을 정하여 분양계약을 체결하기 전에 분양을 받을 자에게 주어야 한다.
㉢ 분양자는 예정된 매수인의 2분의 1 이상이 이전등기를 한 때에는 규약 설정 및 관리인 선임을 위한 관리단집회를 소집할 것을 대통령령으로 정하는 바에 따라 구분소유자에게 통지하여야 한다. 이 경우 통지받은 날부터 3개월 이내에 관리단집회를 소집할 것을 명시하여야 한다.

ⓔ 분양자는 구분소유자가 위 ⓒ의 통지를 받은 날부터 3개월 이내에 관리단집회를 소집하지 아니하는 경우에는 지체 없이 관리단집회를 소집하여야 한다.

(2) 공용부분

① **법정공용부분**: 그 성질 및 구조상 당연한 공용부분을 말한다.

> ㉠ 전유부분 이외의 건물부분: 복도, 계단, 지붕, 엘리베이터, 지하실 등
> ㉡ 전유부분에 속하지 아니하는 건물의 부속물: 전기배선, 저수탱크, 소화시설 등

② **규약공용부분**: 구조상으로는 전유부분이지만 규약에 의하여 공용부분으로 된 부속건물을 말한다(예 관리사무실, 창고, 차고 등).

③ 공용부분은 구분소유자 전원의 공유에 속한다. 다만, 일부의 구분소유자만의 공용에 제공되는 것임이 명백한 공용부분(일부공용부분)은 그들 구분소유자의 공유에 속한다. 이 경우 각 공유자의 지분은 그가 가지는 전유부분의 면적의 비율에 의한다.

④ 공용부분에 대해서는 일체성의 원칙이 적용된다. 즉, 공용부분은 그의 전유부분의 처분에 따르고, 공용부분에 대한 지분권만을 분리하여 처분할 수 없는 것이 원칙이다.

(3) 대지사용권

① 대지사용권이란 전유부분을 소유하기 위하여 건물의 대지에 대해 가지는 권리(소유권, 지상권, 전세권, 임차권 등)를 말한다. 대지사용권으로서 건물과 분리하여 처분할 수 없는 것을 대지권이라고 한다.

② 대지사용권에 대해서는 일체성의 원칙이 적용된다. 즉, 대지사용권은 그의 전유부분의 처분에 따르고, 전유부분과 분리하여 처분할 수 없는 것이 원칙이다.

③ 민법 제267조 규정은 대지사용권에는 적용하지 아니한다.

> 민법 제267조 【지분포기 등의 경우의 귀속】 공유자가 그 지분을 포기하거나 상속인 없이 사망한 때에는 그 지분은 다른 공유자에게 각 지분의 비율로 귀속한다.

(4) 구분소유자의 권리·의무

① 구분소유자는 건물의 보존에 해로운 행위 기타 건물의 관리 및 사용에 관해 구분소유자의 공동의 이익에 반하는 행위를 하여서는 아니 된다. 이를 위반한 경우 관리인 또는 관리단집회의 결의에 의해 지정된 구분소유자는 위반행위의 정지청구(제43조), 사용금지청구(제44조), 경매청구(제45조), 인도청구(제46조)를 할 수 있다.

② 각 공유자는 공용부분을 그 용도에 따라 사용할 수 있다.
③ 공용부분의 관리에 관한 사항은 원칙적으로 통상의 집회결의로써 결정한다. 다만, 보존행위는 각 공유자가 할 수 있다.
④ 공용부분의 변경에 관한 사항은 관리단집회에서 구분소유자의 3분의 2 이상 및 의결권의 3분의 2 이상의 결의로써 결정하는 것이 원칙이다. 그러나 구분소유권과 대지사용권의 범위나 내용에 변동을 일으키는 공용부분의 변경에 관한 사항은 관리단집회에서 구분소유자의 5분의 4 이상 및 의결권의 5분의 4 이상의 결의로써 결정한다.
⑤ 건물의 노후화 억제 또는 기능 향상 등을 위한 것으로 구분소유권 및 대지사용권의 범위나 내용에 변동을 일으키는 공용부분의 변경에 관한 사항은 관리단집회에서 구분소유자의 5분의 4 이상 및 의결권의 5분의 4 이상의 결의로써 결정한다.
⑥ 각 공유자는 규약에 달리 정함이 없는 한 그 지분의 비율에 따라 공용부분의 관리비용 기타 의무를 부담하며 공용부분에서 생기는 이익을 취득한다.
⑦ 공유자가 공용부분에 관해 다른 공유자에 대해 가지는 채권은 그 특별승계인에 대하여도 행사할 수 있다.

(5) 관리단

① 건물에 대해 구분소유관계가 성립되면 구분소유자는 전원으로써 건물 및 그 대지와 부속시설의 관리에 관한 사업의 시행을 목적으로 하는 관리단이 설립된다.
② 구분소유자가 10인 이상일 때에는 관리인을 선임하여야 한다.
③ **임시관리인**: 관리인이 없는 경우에는 구분소유자, 그의 승낙을 받아 전유부분을 점유하는 자, 분양자 등 이해관계인이 법원에 임시관리인의 선임을 청구할 수 있고, 임시관리인은 선임된 날부터 6개월 이내에 관리인 선임을 위하여 관리단집회 또는 관리위원회를 소집하여야 한다.
④ 관리인은 관리단집회의 결의에 의해 선임되거나 해임된다. 관리인에게 부정한 행위나 그 밖의 그 직무를 수행하기에 적합하지 아니한 사정이 있을 때에는 각 구분소유자는 그 해임을 법원에 청구할 수 있다.
⑤ 관리인은 대통령령으로 정하는 바에 따라 매년 1회 이상 구분소유자에게 그 사무에 관한 보고를 하여야 한다.
⑥ 관리인은 매년 회계연도 종료 후 3개월 이내에 정기 관리단집회를 소집하여야 한다.

⑦ 관리인은 필요하다고 인정한 때에는 관리단집회를 소집할 수 있다. **구분소유자의 5분의 1 이상이 회의의 목적사항을 명시하여 관리단집회의 소집을 청구한 때에는 관리인은 관리단집회를 소집하여야 한다.**

⑧ 관리단집회를 소집하고자 할 때에는 관리단집회일의 1주일 전에 회의의 목적사항을 명시하여 각 구분소유자에게 통지하여야 한다. 한편, 관리단집회는 구분소유자 전원의 동의가 있는 때에는 소집절차를 거치지 아니하고 소집할 수 있다.

⑨ 관리단집회는 통지한 사항에 관하여서만 결의할 수 있고, 각 구분소유자의 의결권은 규약에 특별한 규정이 없는 경우에는 지분비율에 의한다.

⑩ 관리단집회의 의사는 이 법 또는 규약에 특별한 규정이 없는 경우에는 구분소유자의 과반수 및 의결권의 과반수로써 의결한다.

⑪ **의결권은 서면 또는 대리인 및 전자적 방법에 의해 행사할 수 있다.**

⑫ 관리단집회의 결의는 구분소유자의 특별승계인에 대하여도 효력이 있다.

(6) 규약

① 건물과 대지 또는 부속시설의 관리 또는 사용에 관한 구분소유자 사이의 사항 중 「집합건물의 소유 및 관리에 관한 법률」에서 규정하지 아니한 사항은 규약으로써 정할 수 있다.

② **규약의 설정, 변경 및 폐지는 관리단집회에서 구분소유자의 4분의 3 이상 및 의결권의 4분의 3 이상의 찬성을 얻어 행한다.**

③ 규약은 구분소유자의 특별승계인에 대하여도 효력이 있다.

(7) 재건축

① 건물 건축 후 상당한 기간이 경과되어 건물이 훼손 또는 일부 멸실되거나 그 밖의 사정에 의해 건물의 가격에 비해 과다한 수선, 복구비나 관리비용이 소요되는 경우 또는 부근 토지의 이용상황의 변화나 그 밖의 사정에 의해 건물을 재건축하면 그에 소요되는 비용에 비해 현저한 효용의 증가가 있게 되는 경우 관리단집회는 그 건물을 철거하여 그 대지를 구분소유권의 목적이 될 신건물의 대지로 이용할 것을 결의할 수 있다.

② **재건축의 결의는 구분소유자의 5분의 4 이상 및 의결권의 각 5분의 4 이상의 결의에 의한다.**

③ 재건축의 결의가 있은 때에는 집회를 소집한 자는 지체 없이 그 결의에 찬성하지 아니한 구분소유자에 대해 그 결의내용에 따른 재건축 참가 여부를 회답할 것을 서면으로 촉구하여야 한다.

④ 촉구를 받은 구분소유자는 촉구를 받은 날로부터 2개월 이내에 회답하여야 한다. 그 기간 내에 회답하지 아니한 경우 그 구분소유자는 재건축에 참가하지 아니하겠다는 뜻을 회답한 것으로 본다.
⑤ 위 기간이 경과한 때에는 매수지정자는 기간만료일로부터 2개월 이내에 재건축에 참가하지 아니하는 뜻을 회답한 구분소유자에 대해 구분소유권 및 대지사용권을 시가에 따라 매도할 것을 청구할 수 있다.

Chapter 04 가등기담보 등에 관한 법률

학습포인트 「가등기담보 등에 관한 법률」의 적용범위를 파악한다.

1 가등기담보 등에 관한 법률의 적용범위

① 「가등기담보 등에 관한 법률」은 명칭 여하를 불문하고 실질이 채권담보를 목적으로 하는 경우에는 모두 적용된다. 즉, 「가등기담보 등에 관한 법률」은 소비대차와 관련하여 **대물변제의 예약***과 결부된 담보계약 및 그 담보의 목적으로 경료된 가등기 또는 소유권이전등기에 관해 적용된다.
② 다만, 판례는 동산의 **양도담보***에 관해서는 「가등기담보 등에 관한 법률」을 적용하지 않고 신탁적 소유권이전설에 따라 해결하고 있다.

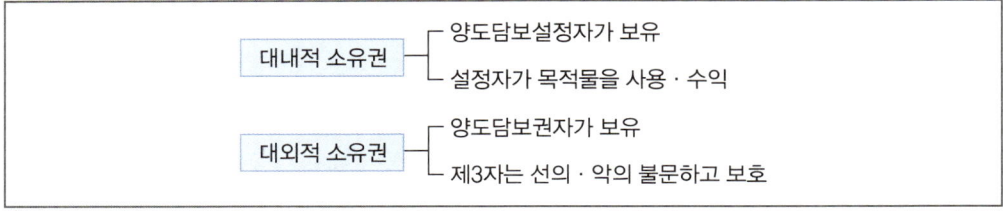

용어 정리

* **대물변제의 예약**
현실적인 대물급부 없이 단지 약속만 하는 것을 말한다.

* **양도담보**
채무자가 채무를 담보하기 위해 채권자에게 자신 소유 물건의 소유권을 이전해 주는 것을 말한다.

2 가등기담보권의 실행

1. 권리취득에 의한 실행

가등기담보권자가 목적부동산의 소유권을 취득하기 위해서는 목적물을 평가하여 채권액에 충당하고 남는 것은 반환하여야 한다(귀속청산방식).

변제기 도래 ➡ 실행통지 ➡ 청산기간 경과 ➡ 청산금 지급 ➡ 소유권 취득

(1) 실행통지

① 통지사항은 청산금의 평가액이다. 구체적으로는 통지 당시의 목적부동산의 가액에서 그 채권액을 공제한 금액과 민법 제360조에 규정된 채권액을 명시하여야 한다.
② 청산금의 평가액이 채권액에 미달하여 청산금이 없다고 인정되는 때에는 그 뜻을 통지하여야 한다.
③ 채권자는 자신이 통지한 청산금의 금액에 관하여 다툴 수 없다.
④ 통지의 상대방은 채무자와 물상보증인 및 담보가등기 후 소유권을 취득한 제3자이다. 통지는 이들 모두에 대해 하여야 한다.
⑤ 통지시기는 피담보채권의 변제기 이후라면 언제라도 좋다.
⑥ 통지방법은 서면·구두 모두 가능하다.

(2) 청산

① 실행통지가 채무자 등에게 도달한 날로부터 2개월이 경과하여야 한다.
② 목적부동산의 가액이 채권액을 넘는 경우에는 가등기담보권자는 그 차액을 청산금으로서 채무자 등에게 지급하여야 한다.
③ 목적부동산에 선순위담보권 등의 권리가 있을 때에는 그 채권액을 계산함에 있어 선순위담보 등에 의해 담보된 채권액을 포함한다.
④ 청산의무에 관한 「가등기담보 등에 관한 법률」 제4조 제1항에 위반하는 특약으로서 채무자에게 불리한 것은 효력이 없다.
⑤ 청산금청구권자는 채무자와 물상보증인 및 목적부동산의 **제3취득자***이다. 그 밖에 후순위권리자도 청산금청구권을 행사할 수 있으며, 담보가등기 후에 대항력 있는 임차권을 취득한 자도 청산금의 범위 내에서 보증금의 반환을 청구할 수 있다.

> **용어 정리**
>
> *제3취득자
> 저당권이 설정된 후에 저당목적물을 양도받은 양수인 또는 저당부동산 위에 지상권이나 전세권을 취득한 자를 말한다.

(3) 소유권 취득

① 목적부동산의 가액이 채권액에 미달하여 청산금이 없는 경우에는 가등기담보권자는 청산기간경과 후에 곧바로 가등기에 기한 본등기를 청구할 수 있다.
② 한편, 청산금이 있는 경우에는 가등기담보권자는 청산기간이 경과한 후 청산금을 지급하거나 청산금을 공탁하여야 본등기를 청구할 수 있다. 이 경우 청산금의 지급채무와 부동산의 소유권이전등기 및 인도채무는 동시이행의 관계에 있다.

2. 경매에 의한 실행

① 담보가등기권리자는 그 선택에 따라 권리취득에 의한 담보권을 실행하거나 목적부동산의 경매를 청구할 수 있다. 이 경우 경매에 관하여는 담보가등기권리를 저당권으로 본다.
② 후순위권리자는 청산기간 내에 한해 그 피담보채권의 변제기 도래 전이라도 목적부동산의 경매를 청구할 수 있다.

Chapter 05 부동산 실권리자명의 등기에 관한 법률

학습포인트 명의신탁약정과 등기의 효력을 이해한다.

1 부동산 실권리자명의 등기에 관한 법률 제정 전의 논의

1. 명의신탁의 유효성 여부

명의신탁은 통정허위표시로서 무효라는 견해도 있으나, 명의신탁도 민법상의 신탁행위이므로 유효하다는 것이 통설이다.

2. 명의신탁의 법률관계 – 종전의 판례이론

① 대내관계에서는 신탁자가 소유자이다.
② 대외관계에서는 수탁자가 소유자이다.

2 부동산 실권리자명의 등기에 관한 법률 제정 후의 논의

1. 적용범위

> **제2조【정의】** 이 법에서 사용하는 용어의 뜻은 다음과 같다.
> 1. '명의신탁약정'이란 부동산에 관한 소유권이나 그 밖의 물권(이하 '부동산에 관한 물권'이라 한다)을 보유한 자 또는 사실상 취득하거나 취득하려고 하는 자(이하 '실권리자'라 한다)가 타인과의 사이에서 대내적으로는 실권리자가 부동산에 관한 물권을 보유하거나 보유하기로 하고 그에 관한 등기(가등기를 포함한다. 이하 같다)는 그 타인의 명의로 하기로 하는 약정(위임·위탁매매의 형식에 의하거나 추인에 의한 경우를 포함한다)을 말한다.

(1) 적용대상

「부동산 실권리자명의 등기에 관한 법률」은 부동산에 관한 소유권 기타 물권에 적용된다. 즉, 모든 부동산물권에 「부동산 실권리자명의 등기에 관한 법률」이 적용되는 것이다.

(2) 적용제외

「부동산 실권리자명의 등기에 관한 법률」은 양도담보, 가등기담보, **상호명의신탁***(구분소유적 공유), 「신탁법」 또는 「자본시장과 금융투자업에 관한 법률」에 의한 신탁재산인 사실을 등기한 경우에는 적용되지 않는다.

> 📖 **용어 정리**
>
> *** 상호명의신탁**
> 부동산의 위치와 면적을 특정하여 2인 이상이 구분소유하기로 하는 약정을 하고 그 구분소유자의 공유로 등기하는 경우로, 구분소유적 공유라고도 한다.

(3) 적용특례

종중이 보유한 부동산에 관한 물권을 종중 외의 자의 명의로 등기한 경우, 배우자 명의로 부동산에 관한 물권을 등기한 경우 및 종교단체의 명의로 그 산하 조직이 보유한 부동산에 관한 물권을 등기한 경우는 조세포탈, 강제집행면탈, 법령상의 제한회피의 목적이 아닌 경우에는 유효하다.

2. 명의신탁약정의 효력

> **제4조【명의신탁약정의 효력】** ① 명의신탁약정은 무효로 한다.
> ② 명의신탁약정에 따른 등기로 이루어진 부동산에 관한 물권변동은 무효로 한다. 다만, 부동산에 관한 물권을 취득하기 위한 계약에서 명의수탁자가 어느 한쪽 당사자가 되고 상대방 당사자는 명의신탁약정이 있다는 사실을 알지 못한 경우에는 그러하지 아니하다.
> ③ 제1항 및 제2항의 무효는 제3자에게 대항하지 못한다.

에듀윌이
너를
지지할게
ENERGY

삶의 순간순간이
아름다운 마무리이며
새로운 시작이어야 한다.

– 법정 스님

memo

memo

memo

2026 에듀윌 공인중개사 1차 기초입문서

발 행 일	2025년 9월 25일 초판
편 저 자	이영방, 심정욱
펴 낸 이	양형남
펴 낸 곳	(주)에듀윌
I S B N	979-11-360-3923-1
등록번호	제25100-2002-000052호
주 소	08378 서울특별시 구로구 디지털로34길 55 코오롱싸이언스밸리 2차 3층

* 이 책의 무단 인용·전재·복제를 금합니다.

www.eduwill.net
대표전화 1600-6700

여러분의 작은 소리
에듀윌은 크게 듣겠습니다.

본 교재에 대한 여러분의 목소리를 들려주세요.
공부하시면서 어려웠던 점, 궁금한 점,
칭찬하고 싶은 점, 개선할 점, 어떤 것이라도 좋습니다.

에듀윌은 여러분께서 나누어 주신 의견을
통해 끊임없이 발전하고 있습니다.

에듀윌 도서몰 book.eduwill.net
- 부가학습자료 및 정오표: 에듀윌 도서몰 → 도서자료실
- 교재 문의: 에듀윌 도서몰 → 문의하기 → 교재(내용, 출간) / 주문 및 배송

에듀윌 직영학원에서 합격을 수강하세요

언제나 전문 학습 매니저와 상담이 가능한 안내데스크

고품질 영상 및 음향 장비를 갖춘 최고의 강의실

재충전을 위한 카페 분위기의 아늑한 휴게실

에듀윌의 상징 노란색의 환한 학원 입구

에듀윌 직영학원 대표전화

공인중개사 학원	02)815-0600	공무원 학원	02)6328-0600
주택관리사 학원	02)815-3388	소방 학원	02)6337-0600
전기기사 학원	02)6268-1400		
편입 학원	02)6419-0600	부동산아카데미	02)6736-0600

공인중개사학원 바로가기

합격하고 꼭 해야 할 것 1

에듀윌 공인중개사
동문회 특권

1. 에듀윌 공인중개사 합격자 모임

2. 동문회 인맥북

업계 최대 네트워크

3. 개업 축하 선물

4. 온라인 커뮤니티

부동산 정보 실시간 공유

5. 오프라인 커뮤니티

지부/기수 정기모임

6. 공인중개사 취업박람회

7. 동문회 주최 실무 특강

8. 프리미엄 복지혜택

숙박/자기계발/의료 및 소식지 무료 구독

9. 마이오피스

동문 사무소 등록/조회

10. 동문회와 함께하는 사회공헌활동

※ 본 특권은 회원별로 상이하며, 예고 없이 변경될 수 있습니다.

에듀윌 공인중개사 동문회 | dongmun.eduwill.net
문의 | 1600-6700

합격하고 꼭 해야 할 것 2

에듀윌 부동산 아카데미
강의 듣기

성공 창업의 필수 코스
부동산 창업 CEO 과정

1 튼튼 창업 기초
- 창업 입지 컨설팅
- 중개사무 문서작성
- 성공 개업 실무TIP

2 중개업 필수 과정
- 실전창업과 계약서 작성
- 부동산 IT 마케팅 실무
- 부동산 토지(공법) 실무
- 부동산 상가 중개 실무
- 재개발/재건축 실무
- 부동산 세금 실무

3 성공창업 특별 과정
- 부동산 중개영업 실무
- 빌딩 중개 실무
- 중개사고방지 실무
- 사장분석 및 투자 정책
- 부동산 경매 실무

4 실전 계약서 작성 과정
- 계약서 작성 실습(주거, 상가)
- 계약서 작성 실습(토지)

부동산으로 성장하는
컨설팅 전문가 과정

1 토지, 개발 분야
- 부동산 디벨로퍼 과정
- 토지 전문가 과정
- 생활풍수 과정

2 AI, 마케팅 분야
- IT 마케팅 과정
- AI 자동화 과정
- AI 네이버 과정
- AI 빅데이터 과정

3 중개영업 분야
- 상위 1% 중개영업 과정

4 입지분석 컨설팅
- GIS 빅데이터 컨설팅

중개에서 실전 투자로
경매, 투자 과정

1 경매 분야
- 포커스 경매 과정
- 이거다 경매 과정
- 경매 임장 과정

2 빌딩, 투자 분야
- 빌딩 전문가 과정
- 소액 투자 임장 과정

3 테마 특강
- 재개발/재건축 특강
- 부동산 대출 특강
- 부동산 세법 특강

에듀윌 부동산 아카데미 | uland.eduwill.net
문의 | 온라인 강의 1600-6700, 학원 강의 02)6736-0600

꿈을 현실로 만드는
에듀윌

DREAM

공무원 교육
- 선호도 1위, 신뢰도 1위! 브랜드만족도 1위!
- 합격자 수 2,100% 폭등시킨 독한 커리큘럼

종합출판
- 온라인서점 베스트셀러 1위!
- 출제위원급 전문 교수진이 직접 집필한 합격 교재

학점은행제
- 99%의 과목이수율
- 17년 연속 교육부 평가 인정 기관 선정

자격증 교육
- 9년간 아무도 깨지 못한 기록 합격자 수 1위
- 가장 많은 합격자를 배출한 최고의 합격 시스템

어학 교육
- 토익 베스트셀러 1위
- 토익 동영상 강의 무료 제공

대학 편입
- 편입 교육 1위!
- 최대 200% 환급 상품 서비스

콘텐츠 제휴 · B2B 교육
- 고객 맞춤형 위탁 교육 서비스 제공
- 기업, 기관, 대학 등 각 단체에 최적화된 고객 맞춤형 교육 및 제휴 서비스

직영학원
- 검증된 합격 프로그램과 강의
- 1:1 밀착 관리 및 컨설팅
- 호텔 수준의 학습 환경

부동산 아카데미
- 부동산 실무 교육 1위!
- 상위 1% 고소득 창업/취업 비법
- 부동산 실전 재테크 성공 비법

국비무료 교육
- '5년우수훈련기관' 선정
- K-디지털, 산대특 등 특화 훈련과정
- 원격국비교육원 오픈

에듀윌 교육서비스 **AI 교육** AI 프롬프트 연구소/AI CLASS(ChatGPT/AICE/노션 AI/중개업 AI 등) **공무원 교육** 9급공무원/소방공무원/계리직공무원 **자격증 교육** 공인중개사/주택관리사/손해평가사/감정평가사/노무사/전기기사/경비지도사/검정고시/소방설비기사/소방시설관리사/사회복지사1급/대기환경기사/수질환경기사/건축기사/토목기사/직업상담사/청소년상담사/전기기능사/산업안전기사/산업위생관리기사/건설안전기사/위험물산업기사/위험물기능사/설비보전기사/에너지관리기사/유통관리사/물류관리사/행정사/한국사능력검정/한경TESAT/매경TEST/KBS한국어능력시험·실용글쓰기/국제무역사/무역영어 **어학 교육** 토익 교재/토익 동영상 강의 **금융/IT/비즈니스** 전산세무회계/ERP정보관리사/재경관리사/정보처리기사/컴퓨터활용능력/SQLD/ADsP **대학 편입** 편입영어·수학/연고대/의약대/경찰대/논술/면접 **직영학원** 공무원학원/소방학원/공인중개사 학원/주택관리사 학원/전기기사 학원/편입학원 **종합출판** 공무원·자격증 수험교재 및 단행본 **학점은행제** 교육부평가인정기관 원격평생교육원(사회복지사2급/경영학/CPA) **콘텐츠 제휴·B2B 교육** 교육 콘텐츠 제휴/기업 맞춤 자격증 교육/대학취업역량 강화 교육 **부동산 아카데미** 부동산 창업CEO/부동산 경매마스터/부동산 컨설팅 **주택취업센터** 실무 특강/실무 아카데미 **국비무료 교육(국비교육원)** 전기기능사/전기(산업)기사/소방설비(산업)기사/IT(빅데이터/자바프로그램/파이썬)/게임그래픽/3D프린터/실내건축디자인/웹퍼블리셔/그래픽디자인/영상편집(유튜브) 디자인/온라인 쇼핑몰광고 및 제작(쿠팡, 스마트스토어)/전산세무회계/컴퓨터활용능력/ITQ/GTQ/직업상담사

교육문의 1600-6700 www.eduwill.net

· 2022 소비자가 선택한 최고의 브랜드 공무원·자격증 교육 1위 (조선일보) · 2023 대한민국 브랜드만족도 공무원·자격증·취업·학원·편입·부동산 실무 교육 1위 (한경비즈니스) · 2017/2022 에듀윌 공무원 과정 최종 환급자 수 기준 · 2023년 성인 자격증, 공무원 직영학원 기준 · YES24 공인중개사 부문, 2025 에듀윌 공인중개사 오시훈 필살키 부동산공법 (2025년 8월 월별 베스트) 그 외 다수 · YES24 한국산업인력공단 부문, 2025 에듀윌 산업안전기사 필기 한권끝장 (2025년 7월 월별 베스트) 그 외 다수 · 교보문고 취업/수험서 부문, 2025 에듀윌 공기업 코레일 한국철도공사 실전모의고사 9+2+4회(2025년 2월 1일~2월 28일, 인터넷 월간 베스트) 그 외 다수 · 알라딘 시사/상식 부문, 2025 최신판 에듀윌 취업 공기업 기출 일반상식 (2025년 6월 5주 주별 베스트) 그 외 다수 · YES24 컴퓨터활용능력 부문, 2024 컴퓨터활용능력 1급 필기 기출끝장(2023년 10월 3~4주 주별 베스트) 그 외 다수 · YES24 신규자격증 부문, 2025 에듀윌 SQL 개발자 SQLD 2주끝장+무료특강(2025년 7월 월별 베스트) 그 외 다수 · 인터파크 자격서/수험서 부문, 에듀윌 한국사능력검정시험 2주끝장 심화(1, 2, 3급) (2020년 6~8월 월간 베스트) 그 외 다수 · YES24 국어 외국어사전영어 토익/TOEIC 기출문제/모의고사 분야 베스트셀러 1위 (에듀윌 토익 READING RC 4주끝장 리딩 종합서, 2022년 9월 4주 주별 베스트) · 에듀윌 토익 교재 입문~실전 인강 무료 제공 (2022년 최신 강좌 기준/109강) · 2024년 종강반 중 모든 평가항목 정상 참여자 기준, 99% (평생교육원 기준) · 2008년~2024년까지 234만 누적수강학점으로 과목 운영 (평생교육원 기준) · 에듀윌 국비교육원 구로센터 고용노동부 지정 '5년우수훈련기관' 선정 (2023~2027) · KRI 한국기록원 2016, 2017, 2019년 공인중개사 최다 합격자 배출 공식 인증 (2025년 현재까지 업계 최고 기록)